Reivindicación
de la política

Reivindicación de la política

Veinte años de relaciones internacionales

JAVIER SOLANA,
en conversación con Lluís Bassets

Papel certificado por el Forest Stewardship Council®

MIXTO
Papel | Apoyando la
silvicultura responsable
FSC® C117695

Penguin
Random House
Grupo Editorial

Segunda edición: noviembre de 2010
Primera reimpresión: enero de 2024

© 2010, Javier Solana y Lluís Bassets
© 2010, de la presente edición en castellano para todo el mundo:
Penguin Random House Grupo Editorial, S. A. U.
Travessera de Gràcia, 47-49. 08021 Barcelona

Printed in Spain – Impreso en España

ISBN: 978-84-8306-909-7
Depósito legal: B-33.908-2010

Compuesto en Fotocomposición 2000, S. A.

Impreso en Liberdúplex
Sant Llorenç d'Hortons (Barcelona)

C 84909 A

Índice

El gobierno del cambio • Unión Europea, OTAN y relaciones con Israel: tres elementos vinculados • La caída del Muro y la unificación de Alemania, vistas desde Madrid • El nuevo orden mundial • La presidencia española de la Unión Europea de 1995 • Europa siempre regresa a los mismos problemas • Reconciliación, refundación, necesidad: tres momentos europeístas • La conferencia euromediterránea de Barcelona • La ampliación de la Unión Europea • Secretario general de la Alianza Atlántica • Sincronía entre biografía y marcha del mundo • Comunicación es política • Los modelos de Clinton y Obama • Pensar y decidir • Los españoles en el mundo

Bush padre y los socialistas españoles • Unas relaciones ajustadas y equilibradas • La nueva agenda transatlántica • Bush hijo divide al mundo • La Unión Europea queda en segundo plano • El Alto Representante, en todos los grupos de contacto • Balances presidenciales • Clinton, el globalizador • La superpotencia imprescindible • Averías de la globalización • Los Nuevos Progresistas • El Congreso, los *lobbies* y los *think tanks* • Dificultades de toda política exterior • Guerras que ya no son guerras

Los atentados del 11-S • Cambian las políticas antiterroristas • Guerra en Afganistán y preparativos para derrocar a Sadam • La seguridad de Israel y el petróleo • Armas de destrucción masiva e inspecciones de las Naciones Unidas • Europa se divide • La guerra preventiva • Powell en el Consejo de Seguridad • El decantamiento de Blair • El mundo árabe se aleja • El Gran Oriente Medio de Bush en su segundo mandato • La doctrina europea frente al terrorismo • El multilateralismo eficaz

El fin de la guerra de Bosnia y los Acuerdos de Dayton • La política exterior europea, a prueba en los Balcanes • España ante las guerras balcánicas • Dirigentes y criminales • La guerra de Kosovo • Criterios para la guerra justa • La decisión de bombardear • La futura defensa europea • La generación del 68 se compromete • El debate entre los intelectuales de izquierda • Antitotalitarismo y conciencia del Holocausto • La independencia de Kosovo

El Acta Fundacional entre la OTAN y la Federación Rusa • El fin de la guerra fría • Los diplomáticos de Moscú • Los misiles rusos ya no apuntan a Occidente • Los rusos se sienten engañados • La sentimentalidad eslava • El poder y el territorio • Unos militares poderosos • Las dos Rusias • Sentimientos antirrusos en Europa central • El escudo antimisiles • El suministro de energía a Occidente • La cuestión de Ucrania • La guerra de Georgia • El Estado de derecho y el capitalismo sin libertades • Putin, el hombre de los equilibrios • Percepciones y memorias no compartidas • Una nueva relación con la OTAN • ¿Un vecino fiable?

El sueño europeo • Los márgenes de acción del Alto Representante • El nuevo tratado • Después del fracaso de Lisboa, el objetivo 2020 • Nuevos altos cargos en la Unión Europea • Profundizar el mercado interior • El reto del Servicio Exterior Europeo • A tratado constante • El papel de la sociedad civil europea • Interior y Justicia • Debates y conflictos alrededor de la inmigración • La candidatura de Turquía • Las raíces cristianas de Europa • La identidad europea • Los valores de la socialdemocracia

La Europa del poder militar • Una operación en el Congo • Fuerzas de reacción rápida • Los límites de la defensa europea • La Agencia Europea de Defensa • La identidad europea de defensa y el papel de la OTAN • Las guerras cibernéticas • Los liderazgos europeos • Las alianzas entre países socios

La proliferación nuclear y el desarme • El Tratado de No Proliferación (TNP) • El nuevo acuerdo START entre Washington y Moscú • El arma nuclear en Europa y en el mundo • Las negociaciones con Irán • La elección de Ahmadineyad • Últimos intentos, ya con Obama • Irán, potencia regional • La bomba islámica

El europeo no es fiable para Israel • Reunión urgente en Sharm el-Sheij • La Comisión Mitchell • La Cumbre de Annapolis • Los planes

de Barack Obama • La congelación de los asentamientos • La paralización del proceso de paz • El informe Goldstone • Israel y su problema
demográfico • Salam Fayad, la esperanza palestina • Aislamiento y
muerte de Arafat • La solución de los dos estados, fórmula con fecha de
caducidad

Un amigo de China • ¿Una alternativa asiática al poder occidental? • La
cuarta generación de dirigentes chinos • El genio de Deng Xiaoping •
Zhao Ziyang, el Gorbachov chino • Países reemergentes • Las relaciones entre China y la Unión Europea • Los BRIC • Globalización sin
democracia • La nueva distribución del poder • Multipolaridad y multilateralismo • La soberanía responsable • La reforma de las Naciones
Unidas • El fracaso de la Conferencia del Clima de Copenhague • El
derecho de veto en el Consejo de Seguridad

Un presidente reformista y reformador • La polarización y el sectarismo partidistas • Estados Unidos no cambia de la noche a la mañana •
Continuidades en política antiterrorista • Un mundo más difícil de lo
que creíamos • Dificultades con Europa • Afganistán y el futuro de la
OTAN • La desoccidentalización del mundo • La nueva política exterior estadounidense • Atasco en Oriente Próximo

Entre un tratado y otro • Llega la crisis del euro • El Directorio Europeo
• Una Alemania irreconocible • El fracaso del G-20 • Populismos
europeos • La socialdemocracia no supo civilizar el futuro • Dudas sobre el Estado del bienestar • Situación de urgencia en Oriente Próximo
• Protagonismo turco y brasileño • Las sanciones contra Irán • El avis-

pero afgano se complica • La crisis española • El escaso poder de los más poderosos

Introducción

Las tres últimas décadas son únicas e irrepetibles. España y el mundo han cambiado más en este tiempo que en los anteriores tres siglos y medio. Estalló en pedazos aquel planeta bipolar dividido por la guerra fría. Pero también se quebró poco después un mapa más antiguo, el que trazaron los tratados de la Paz de Westfalia (1648), de donde surgió nuestro universo de estados nacionales soberanos que actúan como sujetos de derecho en la escena internacional. La fuerza de los pobres de la tierra, identificada con el Tercer Mundo surgido de la descolonización tres décadas antes, ha transformado ahora a los más poderosos de entre aquellos países en las economías más dinámicas y pujantes que superan a Europa y desafían a Estados Unidos.

Poco queda de las ideologías e incluso de los partidos políticos y de los movimientos sociales que vieron cómo se iba hundiendo aquel mundo del final de la guerra fría. La desaparición súbita del comunismo ha sido el terremoto determinante que lo ha arrastrado todo en este período, en particular por el nacimiento de varias decenas de nuevos países, antaño enclaustrados y oprimidos en estructuras imperiales, y por el rediseño de los viejos mapamundis con nuevas formas y colores. Pero también han quedado afectadas las ideologías y creencias políticas, de forma que una detrás de otra han ido declinando, desapareciendo o metamorfoseándose hasta hacerse casi irreconocibles.

Para los europeos, estos treinta años son los de la transición hacia un continente al fin unificado, con las cuatro libertades europeas (de circulación de personas, bienes, servicios y capitales) en plena vigencia desde el Atlántico hasta los umbrales de la antigua Unión Soviética. La unión política del continente queda como una quimera alentada sólo en algunos momentos, pero la unificación monetaria que significó la aparición del euro es una de las grandes conquistas de estos años, cuyas limitaciones han quedado ahora evidenciadas por la crisis económica y financiera.

Para los españoles, integrados de nuevo en Europa después de una ausencia de siglos, éstos son los años de consolidación de una de las democracias más vibrantes y descentralizadas del mundo, que por primera e insólita vez ha conseguido durar en el tiempo y hacerlo de una manera estable. No es casual que la culminación del ciclo completo de una generación coincida ahora con una oleada de dudas y debates sobre lo que ha significado la transición y el Estado de las Autonomías y, sobre todo, con cierta quiebra de la brillante imagen proyectada por España durante estas décadas de ascenso, al hilo de la crisis económica y de su impacto en las finanzas públicas españolas.

Si hay un buen testigo y protagonista de esta evolución, comprometido sin discontinuidad ni tregua durante las tres décadas en responsabilidades de gobierno, ya sea en España, ya sea en las instituciones internacionales, éste es Javier Solana, que juró como ministro de Cultura del primer gabinete socialista de Felipe González el 3 de diciembre de 1982 y terminó su mandato como Alto Representante de la política exterior europea el 30 de noviembre de 2009, casi veintisiete años después, día por día. Son esas tres décadas de responsabilidades públicas españolas e internacionales de Javier Solana las que le autorizan y casi le obligan a emprender una reflexión sobre su experiencia y sobre los cambios experimentados por España y el mundo.

Una biografía política en la que se engarzan carteras ministeriales en todos los gobiernos de Felipe González desde 1982 hasta 1995 con dos encargos de máxima relevancia en la arquitectura europea contemporánea, como son la secretaría general de la Alianza Atlántica, de 1995 a 1999, y la Política Exterior y de Seguridad Común de la Unión Europea, de 1999 a 2009, constituye un fondo de experiencia y de reflexión política que exigía una concienzuda labor de recopilación y de memoria. Durante casi veinte horas el protagonista de este libro y el autor de estas líneas han mantenido una conversación centrada sobre todo en el período en que Solana se ha ocupado de los asuntos internacionales, ya sea desde el gobierno de España, ya sea desde sus dos encargos europeos; y en dos ejes: el primero, alrededor del balance del cambio experimentado por Europa y España desde el hundimiento del bloque soviético; y el segundo, sobre el actual panorama de las relaciones internacionales; entreverados ambos con algunas reflexiones autobiográficas y experiencias personales.

Javier Solana cuenta con decenas si no centenares de agendas y cuadernos de notas, donde tiene registrados momentos memorables, frases que no tienen desperdicio o palabras clave de las reuniones decisivas que ha presidido, protagonizado o presenciado. Es un material que algún día le servirá para darnos cuenta de su biografía política en unas memorias en las que de momento ni siquiera ha pensado. También llegará el día en que historiadores y biógrafos se ocupen de reconstruir en todo su detalle el variado y complejo itinerario biográfico de los miembros más destacados de la generación de políticos españoles que presidieron la transición y construyeron la democracia, entre los que sin lugar a dudas la biografía de Javier Solana ocupará un lugar muy destacado.

El libro que el lector tiene en sus manos no es ni unas memorias dialogadas ni una entrevista biográfica, aunque como no podía ser de otra forma en algún momento tiene ribetes tanto de memorialismo como de autobiografía. En todo caso, aspira a convertirse en un material útil para quien desee aproximarse a estos años de la vida política española e internacional y del itinerario político de Javier Solana. Pero no es sólo eso: este libro es también una mirada rápida y panorámica sobre el estado de Europa y del mundo en el momento en que el protagonista del libro abandona sus responsabilidades internacionales y se repliega en la actividad privada de las conferencias y los cursos en los que se reclaman su experiencia y sus reflexiones. Se trata, por tanto, de un ensayo dialogado, escrito a cuatro manos a partir de media docena de conversaciones, sostenidas de forma intensa entre enero y febrero de 2010 y culminadas con una conversación final, ya en julio de este mismo año, que ha servido de epílogo, actualización y remate de muchos temas.

Javier Solana no es únicamente un testigo y un protagonista de la escena internacional, sino también y sobre todo uno de los personajes que mejor encarna el cambio español de las últimas tres décadas. Lo encarna en la integridad de esos treinta años de cambio vertiginoso, desde las fotos en las que le vemos con la trenca y la barba del progre que fue, y lo encarna todavía con mayor exactitud en los veinte años en que se ha ocupado de los asuntos internacionales, ahora con su barba rala de intelectual y político apresurado. En este tiempo ha sido la imagen más internacional de España por el sencillo y definitivo hecho de que también ha sido, al menos en el último decenio, la imagen internacional de Europa. Muy pocos españoles y todavía menos europeos habrían apostado porque uno de los jóvenes socialistas que renovaron el Partido Socialista Obrero Español poco antes de que arrancara la transición democrática llegara a situarse en la continuidad de esos grandes servidores de Europa que han modelado y dejado su sello en la construcción de la unidad europea, desde Jean Monnet y Maurice Schuman.

Es bien conocido el mito de Sísifo, condenado a subir un enorme pedrusco hasta la cima de un monte, que cae una y otra vez hasta el pie en cuanto ha coronado su esfuerzo. Como en todo mito, esa figura trágica y circular ha sido utilizada para expresar numerosos problemas de la vida y de la naturaleza humana. A la vista de lo que ha ocurrido desde 1989, año de partida de la recomposición de nuestro mundo, se diría también que Javier Solana encarna como pocos dirigentes europeos el cambio que ha sufrido el continente y la pugna de nunca acabar de esa Europa que intenta construirse a sí misma como protagonista de la escena internacional, y que justo cuando parece que está a punto de conseguirlo se divide y hunde en la depresión.

Si alguien ha estado ahí todo este tiempo, en pleno campo de brega europeo, acarreando una y otra vez el pedrusco, ése es Javier Solana. Un Sísifo dialogante y componedor, capaz de tejer consensos y conseguir imposibles acuerdos, pero Sísifo al fin, enfrascado en la tarea y angustiado por la precariedad de su esfuerzo. Era ministro de Educación de Felipe González cuando cayó el muro de Berlín, pero no pasaron ni tres años cuando entró, como ministro de Exteriores, en la arena de la diplomacia internacional, que no ha abandonado hasta hoy mismo. No hay, por tanto, crisis europea y mundial de los últimos veinte años en la que no haya estado implicado de una u otra forma desde entonces, algo ciertamente extraño en la historia de España.

Solana no es un caso aislado. Bastan los ejemplos de Federico Mayor al frente de la Unesco, Marcelino Oreja del Consejo de Europa, Rodrigo Rato del FMI o la presidencia del Parlamento Europeo de José María Gil Robles. Desde el ingreso español en la Unión Europea en 1986, ha sido creciente el compromiso con las instituciones internacionales. Pero pocos políticos encarnan de forma tan duradera e intensa el cambio que se ha producido en las relaciones entre los españoles y el mundo desde que España ha regresado a los asuntos internacionales tras varios siglos de inhibición o aislamiento. Lo mismo sucede con el éxito de la transición o la apoteosis europea del nuevo socialismo español, que ha podido ofrecer una continua presencia en sus instituciones, desde el protagonismo de Felipe González en Maastricht hasta la actual comisaría de la Competencia obtenida por Joaquín Almunia, pasando por la presidencia del Parlamento de Enrique Barón y de Josep Borrell.

Los diecisiete años europeos de Solana son la expresión de un éxito socialista y español. Pero las reacciones que suscita en España son también la manifestación de un fracaso y el regreso de un viejo y tradicional vicio nacional. No es seguro que los sucesivos gobiernos del PP y del PSOE hayan sabido aprovechar su presencia primero en la OTAN y después en la Unión Europea para mejorar la presencia española en el mundo, afinar la política exterior e incluso resolver convenientemente los contenciosos en curso. Más bien cabe pensar lo contrario, que desde los despachos gubernamentales se ha evitado solicitar sus consejos. Se diría, incluso, que la sociedad civil, el mundo económico y universitario, *think tanks* y medios de comunicación, han tenido en mayor consideración y estima su trabajo que sus compañeros de profesión política e incluso de partido.

Esta irrupción española en la escena internacional ha encontrado una fuerte resonancia generacional en el resto del mundo. Los jóvenes que en los años sesenta, y especialmente en 1968, se rebelaron contra las sociedades conservadoras de la época son los mismos que en los años noventa y primera década del siglo XXI se han encontrado con responsabilidades internacionales. Pocos episodios explican mejor esta sintonía que la guerra de Kosovo en abril de 1999, uno de los momentos más difíciles de la trayectoria de Solana, cuando el secretario general de la OTAN tuvo que aplicar la decisión del Consejo Atlántico que ordenaba el bombardeo de la Serbia de Milošević para frenar un genocidio. La derrota serbia y la independencia de Kosovo no hubieran sido posibles sin Joschka Fischer en el Ministerio de Exteriores alemán, Tony Blair en Downing Street, Bill Clinton en la Casa Blanca, Bernard Kouchner —actual ministro de Exteriores de Sarkozy— como primer administrador de las Naciones Unidas para Kosovo y Solana al frente de la OTAN: todos ellos jóvenes manifestantes contra la guerra de Vietnam en los años sesenta.

En aquellos combates se forjó un nuevo americanismo. Los antiguos izquierdistas, aleccionados por la historia, transformaron su viejo antiimperialismo en antitotalitarismo, su militancia en acción humanitaria y su pacifismo en disposición para la intervención internacional armada a fin de derrocar tiranos e impedir nuevos genocidios. La presidencia de Bush dividió luego el campo y convirtió a un buen puñado de ellos, encabezados por Tony Blair, en auténticos *neocons*. No fue el caso de Solana, que acomodó, en calidad de Alto Representante, la nueva estrategia de seguridad europea después del 11-S sin caer en las doctrinas de la guerra preventiva y del unilateralismo imperial.

De su etapa de la OTAN cabe destacar los acuerdos de cooperación con Rusia, firmados en 1997, que marcan el fin de la guerra fría y de la Europa dividida por la Conferencia de Yalta (1945). Sin ellos la Alianza no podía abordar su primera ampliación a Polonia, Chequia y Hungría (1999). La tarea más espinosa fue la gestión de las guerras balcánicas y las sucesivas misiones europeas, y en ellas actuó primero en su calidad de jefe civil de una alianza militar y después de jefe político de una institución civil y militar en construcción como es el «ministerio» de Exteriores y Defensa europea del que ahora se ha hecho cargo la británica Catherine Ashton.

Respecto a los diez años de política europea exterior y de seguridad, un estrecho colaborador suyo, Robert Cooper, ha señalado que la Unión Europea «en su conjunto ha funcionado mucho mejor que antes, especialmente comparado con la década de los noventa». Entonces Europa tuvo que tratar con la crisis bélica y el genocidio en su propio territorio, y no consiguió avanzar hasta que Estados Unidos se decidió a hacerlo. Las veintidós misiones internacionales emprendidas no han dado todavía como resultado «una política coherente», pero al menos se han dado pequeños pasos en vez del retroceso que supuso la década de guerra y genocidio anterior.

Lo más importante es que «míster Europa» se convirtió en una persona de confianza de los países aliados, empezando por Estados Unidos, y siguiendo por los socios europeos. Según Bill Clinton es mérito de Solana haber colocado y mantenido a Europa en el mapa. Como Alto Representante tuvo un papel primordial en varios de los lances más complejos de la reciente política internacional, como el proceso de paz entre israelíes y palestinos o la negociación con Irán sobre su programa nuclear. No hay dudas sobre lo mejor de su larga etapa: la ampliación de la Unión Europea hasta 27 socios que culmina la unificación de Europa tras la guerra fría y constituye el mayor proyecto europeo de fabricación de paz, estabilidad y prosperidad de su historia. Tampoco las hay sobre la tarea pendiente: la paz en Oriente Próximo.

Con Solana, los 15 eligieron en 1999 a un experimentado secretario general de la OTAN y ex ministro de uno de los países grandes como su primer ministro de Exteriores, todavía con la denominación de Alto Representante. La Unión Europea se imaginaba a sí misma como una superpotencia, tal como ha señalado el director del Centre for European Reform, Charles Grant. Está por ver cómo su sucesora, la británica Ashton, aprovecha ese legado y las nuevas herramientas que ofrece el tratado actual.

El itinerario político de Solana, tanto en los «años españoles» como en la «época internacional», constituye toda una reivindicación del diálogo y del consenso como instrumentos de la acción política. Son escasas las personalidades políticas españolas e internacionales que han sabido utilizar con tanta intensidad y habilidad las relaciones personales, la capacidad de comunicación y persuasión y la habilidad para tejer acuerdos, a veces entre partes profundamente enfrentadas. La política tiene un aspecto retórico y engañoso, que es el que suele producir rechazo entre los ciudadanos; pero tiene también otro aspecto de debate, reflexión y explicación, imprescindibles en la democracia deliberativa, que la eleva a tarea noble y de legítimos acentos intelectuales. Estas conversaciones pueden entenderse, y de ahí el título del libro, como una reivindicación de la política en dos de sus vertientes más respetables: como el difícil tejido de consensos y como pedagogía y participación. Y también, naturalmente, como acción transformadora. Las instituciones, los programas y los grandes proyectos como la Unión Europea, tal como subraya el protagonista de estas conversaciones, se legitiman a fin de cuentas por la acción eficaz.

Aunque las responsabilidades son siempre individuales, los méritos no lo son. El libro más singular y solitario debe algo a sus contemporáneos, y no digamos ya a los autores del pasado. En el caso de libros como éste, la deuda es más tangible e incluso tasable. Voy a prescindir de las referencias bibliográficas, actuales y pasadas, aunque debo señalar que antes de ponerme en la faena me entretuve en consultar y releer algunas memorias, biografías y diálogos políticos notables, principalmente del ámbito europeo.

Respecto al presente, este libro no habría sido posible ante todo sin las ideas y el trabajo de Miguel Aguilar, el editor que nos hizo el encargo a Solana y a mí y que cargó sobre sus espaldas gran parte del trabajo durísimo de revisión y corrección. Tengo también un deber de reconocimiento y amistad con Antoni Munné, sin cuyo estímulo y consejo no habría llevado a término esta conversación.

El espíritu de la conversación, si se me permite escribir en estos términos, pertenece de lleno a un mundo periodístico y político extraordinario y añorado por mí, que es el de Bruselas y sus instituciones europeas, ciudad en la que Javier Solana ha desarrollado su trabajo durante los últimos veinte años y donde fue corresponsal el autor de estas líneas. Mucho debo profesional y personalmente a los amigos y compañeros de oficio bruselenses, que quisiera personificar en tres nombres, los de Cristina Gallach, Andreu Missé y Xavier Vidal-Folch, con los que he mantenido numerosas conversaciones y discusiones sobre los temas y el personaje que ocupa estas páginas.

También estoy en deuda con numerosos compañeros de trabajo con los que he estado en contacto directamente a diario en *El País*, que me han ayudado en multiplicidad de tareas, y que quiero personificar en Javier Pradera. Un diario es muchas cosas, pero una de las que más agradecemos quienes nos dedicamos a la información y al análisis internacionales es que sea un potente *think tank*, donde se cuenta con enormes recursos documentales, fuentes informativas, accesos privilegiados y oportunidades de reflexión y debate colectivos. Se da la circunstancia de que *El País*, periódico en el que trabajo desde 1982, prácticamente el mismo período de servicio público de Solana, es quizá uno de los mejores *think tank* y en todo caso el mejor *think tank* periodístico en lengua española. De ahí que quien tiene como yo el privilegio de publicar sus textos en sus páginas, tanto en papel como en sus soportes digitales, no pueda dejar pasar esta oportunidad para expresar su agradecimiento y su satisfacción por el honor que significa trabajar en tal institución y con tales y tan magníficos compañeros. Este libro se debe también a todos ellos y a todos sus departamentos, en especial al de documentación, donde siempre he contado con el apoyo de Juan Carlos Blanco y Ana Lorite.

Lamento no poder citar a otros muchos que han dejado una huella u otra en este libro, pero no podría terminar este párrafo de agradecimientos sin mencionar a quienes tienen la paciencia de aguantarme, leerme y escucharme en cualquier circunstancia, concretamente Angels, Martí y Marc. Finalmente, aunque la fiesta es para él, no puedo dejar de agradecerle también a Javier Solana su flexibilidad y buen humor para atender imperturbable las preguntas y el acoso de un interrogador empecinado.

LLUÍS BASSETS

1

Lo que hemos vivido

El gobierno del cambio • Unión Europea, OTAN y relaciones con Israel: tres elementos vinculados • La caída del Muro y la unificación de Alemania, vistas desde Madrid • El nuevo orden mundial • La presidencia española de la Unión Europea de 1995 • Europa siempre regresa a los mismos problemas • Reconciliación, refundación, necesidad: tres momentos europeístas • La conferencia euromediterránea de Barcelona • La ampliación de la Unión Europea • Secretario general de la Alianza Atlántica • Sincronía entre biografía y marcha del mundo • Comunicación es política • Los modelos de Clinton y Obama • Pensar y decidir • Los españoles en el mundo

LLUÍS BASSETS: *Tres años de ministro de Exteriores de España, cuatro de secretario general de la Alianza Atlántica, diez de Alto Representante de la política exterior europea. Son diecisiete años que casi coinciden en el tiempo con las dos décadas transcurridas desde la caída del Muro, esa fecha de 1989 en que Hobsbawm declaró liquidado el siglo XX, lo que denominó el siglo corto. Desde este punto de vista son los primeros veinte años de la nueva centuria, ese siglo XXI adelantado. Empecemos por ahí. ¿Cómo se explica ese quiebro de un ministro español volcado siempre en la política interior, que de pronto se lanza a la escena internacional donde permanece diecisiete años?*

JAVIER SOLANA: No sé si quiebro es la palabra. Hasta mi salida de España formé parte de un gobierno que lideró un cambio muy profundo en España en todos los ámbitos, no sólo en el político, también en el económico, social, cultural, y no digamos en el plano internacional.

Los gobiernos democráticos anteriores habían hecho su parte, pero al gobierno socialista surgido de las elecciones de 1982 le correspondía terminar de definir la posición internacional de España. Evidentemente, el presidente y el ministro de Exteriores son los más activos en este campo, pero el gobierno entero seguía muy de cerca el desafío exterior. En mi caso, desde el inicio Felipe González me encargó algunas gestiones internacionales. Por ejemplo, me entrevisté en su nombre con Fidel Castro en un viaje «discreto» en la primera semana de 1983, días después de llegar al gobierno, para fijar las reglas del juego. Además, todos nos sentimos involucrados en las negociaciones de ingreso en la Comunidad Europea, con Fernando Morán a la cabeza.

Poco después me nombró ministro portavoz del gobierno, manteniendo la cartera de Cultura. Simultáneamente nombró a Francisco Fernández Ordóñez ministro de Exteriores. Con Paco tuve siempre una relación de profunda amistad. Desde ese momento acompañé al presidente en todos sus viajes al extranjero, que fueron muchos, y participé en las reuniones internacionales en Madrid. Quiero decir que en mi caso la acción internacional no me fue ajena incluso antes de ser ministro de Exteriores.

Participé como portavoz de forma muy activa en la campaña del referéndum sobre la OTAN y estuve presente con Felipe cuando firmamos el establecimiento de las relaciones diplomáticas con Israel, un momento que recuerdo perfectamente. Shimon Peres era entonces primer ministro de Israel en aquellos gobiernos compartidos entre él e Isaac Shamir. Para esa firma esperamos a que Peres, con quien estábamos en la Internacional Socialista, fuera primer ministro. Se hizo en Amsterdam, actuando como testigo el primer ministro Lubbers de Holanda.

He querido recordar estos tres acontecimientos iniciales, la entrada en Europa, la entrada en la OTAN y el reconocimiento de Israel, porque fueron hitos en la normalización de la posición de España en el mundo. Y fue importante el orden en que se tomaron las decisiones. Sólo una vez que ya formábamos parte de la Comunidad Europea se tomaron las otras dos. Creo que es interesante recordarlo para comprender mejor la lógica de las actuaciones de aquel gobierno, y frente a la opinión general, de que la entrada en la OTAN era una condición previa.

Pero además nuestro mandato se inició en plena guerra fría con Reagan y acabó con Clinton en la Casa Blanca. Empezó con Brézhnev en Moscú y terminó con Yeltsin como presidente de la Federación Rusa y la Unión Soviética desaparecida. Arrancó con una Alemania dividida y se acabó con una Alemania unida dentro de la Alianza Atlántica.

Con ello quiero decir que no sólo vivimos el acceso de España a un mundo nuevo para nosotros. También en tiempo récord tuvimos que adaptarnos a lo que se convirtió para todos en un mundo novísimo. Generamos una gran confianza en nuestros socios y amigos más importantes y en muy poco tiempo logramos formar parte muy activa de esa nueva dinámica mundial.

LB: *El gobierno español vivió precisamente la reunificación alemana con mucha menos tensión que Francia y el Reino Unido, los enemigos bélicos en las dos guerras mundiales y fuerzas todavía ocupantes de Alemania occidental. Pero además el gobierno del que usted formaba parte acertó en su toma de posición, en contra de todo lo que cabía prever. No entraba dentro de los caminos previsibles que Madrid se adelantara a París y Londres y jugara la carta de una unificación rápida.*

JS: Es verdad que no era previsible. Thatcher y Mitterrand vivieron la reunificación de Alemania y el horizonte de una Alemania más fuerte de manera dramática. La apertura reciente de los archivos de aquellos días en ambos países lo ha puesto claramente de manifiesto. Sin embargo, Felipe González vivió ese momento de una manera mucho más positiva, algo que sería determinante para las relaciones posteriores con Alemania.

Las razones son varias. Sin lugar a dudas, hay un elemento personal en todo ello por la relación de confianza y amistad entre Helmut Kohl y Felipe González. Pero hay una explicación más de fondo que tiene que ver con nuestra historia. El no haber participado en las dos grandes guerras europeas del siglo nos situaba en un ángulo de sombra, casi de irrelevancia histórica, lo que se convirtió en la oportunidad de jugar un papel más activo en esa coyuntura. En resumidas cuentas, fue la «irrelevancia» española durante la primera mitad del siglo lo que nos proporcionó el margen que tan bien utilizó Felipe González sellando con Alemania una relación muy provechosa para nosotros posteriormente.

LB: *Cosa que Kohl agradeció a España y a Felipe infinitamente. Todavía lo sigue diciendo ahora, cada vez que toca repasar el pasado. Ésta es una de las lecciones curiosas de la historia, cómo desde una posición de debilidad en el fondo se consigue alcanzar una posición significativa.*

JS: Muy significativa, porque de una u otra manera estábamos cooperando en un cambio que recibía la máxima atención de Estados Unidos. España siempre apoyó el proceso de reunificación, que pasó por momentos dramáticos, cuando Estados Unidos decidió dar un nuevo impulso a las negociaciones y una mañana y casi por sorpresa pasó en las negociaciones del formato 4 + 2 al formato 2 + 4, o sea, que las dos Alemanias pasaran a negociar directamente entre ellas en presencia de las cuatro potencias ocupantes, en vez de ser las cuatro potencias las que negociaran ante las dos Alemanias.

Los detalles de esa negociación están narrados por Condoleezza Rice, que formaba parte de la delegación estadounidense, en su libro sobre la reunificación alemana. A mí esa historia me la contó el jefe de la delegación estadounidense, Robert Zoellick, que hoy dirige el Banco Mundial y que fue segundo de Rice cuando ella era secretaria de Estado. Ironías de la vida política, tu subordinada acaba siendo tu jefa.

LB: *Sin embargo, parte de esa historia, quizá el momento crucial, usted la vivió desde la política interior, en la cartera de Educación.*

JS: Sí, pero las he revivido en muchas ocasiones con los protagonistas de la época. Y no olvide que, como portavoz del gobierno, estaba implicado en la política exterior. Tanto es así que Paco Fernández Ordóñez siempre me pedía que le sustituyera cuando tenía que estar en dos lugares a la vez.

Así, por ejemplo, pude acompañar al rey poco antes de noviembre del 89 a Polonia en la primera visita de Estado a ese país. La transición polaca fue diferente de la de otros países del Pacto de Varsovia. Desde septiembre del 89 tenían un gobierno sin comunistas aceptado por el presidente Wojciech Jaruzelski, con Tadeusz Mazowiecki como primer ministro. Fue una transición atípica fruto de un proceso negociador tolerado por el presidente Jaruzelski. El primer ministro había tomado posesión pocos días antes y recibía por primera vez a un jefe de Estado. En el brindis de la comida, celebrada en un edificio oficial casi improvisado, lo primero que dijo fue algo así como: «Majestad, todavía no me creo que esté aquí...».

Esa noche cenamos con el presidente. Era la víspera del cuarenta aniversario de la fundación del SED (Partido Socialista Unificado de la Alemania Oriental), el día que Gorbachov y todos los líderes del Pacto de Varsovia iban a reunirse en Berlín.

LB: *El rey y usted pudieron captar el ambiente de derrota que se vivía en el bloque comunista.*

JS: Hablamos mucho con Jaruzelski durante la cena. Nos contó su vida, los momentos difíciles de la entrada rusa en Polonia, las negociaciones para la formación del gobierno ya sin comunistas y lo que podía esperarse de la inminente reunión en Berlín.

«Voy a Berlín mañana, pero si quieren saber la verdad no sé lo que ocurrirá. Si volveremos, cómo lo haremos, quiénes seremos… No sé qué pasará.» Se iba con el presentimiento de que algo dramático podía ocurrir. Jaruzelski ha sido un personaje histórico muy importante, de una talla mayor, en mi opinión, de la que parece reservada para él. El reciente libro de Javier Cercas sobre Suárez y el 23-F menciona un artículo de Hans Magnus Enzensberger sobre la figura del héroe de la retirada, aquel cuyo heroísmo no pasa por resistir a toda costa, sino al revés, consiste en abandonar sus posiciones. Jaruzelski es un extraordinario ejemplo de ese heroísmo, una de las cosas más importantes que hemos vivido en ese período histórico.

LB: *O sea, que Jaruzelski, héroe de la retirada, no sabía si lo iban a detener o si iba a volver efectivamente como un héroe.*

JS: Era un momento muy confuso, muy impredecible, pero tuvo lugar el famoso beso de Gorbachov a Honecker que se convirtió en histórico.

LB: *Y la frase famosa en que Gorbachov reprende al viejo comunista y le dice que quienes llegan tarde serán castigados por la historia. Pero regresemos al examen de esos veinte años. Hemos visto el inicio. ¿Cuál es el balance?*

JS: El primer balance no puede ser más que positivo. Para todos, para los países liberados y también para Rusia, aunque ciertamente las dos partes no lo vivieron de la misma manera.

Los países del Pacto de Varsovia recuperaron su libertad. Tuvieron que hacer difíciles reformas políticas y económicas. Entraron en la Alianza Atlántica y hoy forman parte de la Unión Europea. Todo ello en poco tiempo, en términos relativos, y sobre todo sin violencia. Algo extraordinario, que conviene no olvidar.

Para Rusia fue mucho más complejo. Hay que recordar que el proceso estuvo amenazado por un golpe de Estado contra Gorbachov, que fue un momento crítico. En la memoria colectiva quedó la escena de Yeltsin en agosto de 1990 subido a un tanque en defensa de las reformas. Y al final acabó con la desmembración de la Unión Soviética en 1991. El 24 de diciembre de ese año, la Unión Soviética dejó de formar parte de la ONU. Todo a la velocidad de la luz. En ese momento, Yeltsin se convirtió en el presidente de la Federación Rusa, que era aún el país más grande de la Tierra con un ejército de 2,8 millones de soldados y más de veinte mil armas nucleares. Que repentinamente adquirió fronteras con trece países.

El momento clave fue la reunión en Minsk de los presidentes de Ucrania, Bielorrusia y la Federación Rusa, que acabó con la disolución de la Unión Soviética. Pude comprobar la rapidez del cambio esa Navidad en un viaje que hice como ministro de Educación a la base española en la Antártida. A la ida, pasamos por una base soviética donde ondeaba la bandera con la hoz y el martillo. A los pocos días, ya en el año nuevo, cuando volvimos, ondeaba la bandera rusa, que no sé de dónde habían sacado.

LB: *Y fue entonces cuando se hizo cargo de la cartera de Exteriores.*

JS: En esas circunstancias, pero empeoradas por la ruptura de Yugoslavia, que abría un foco de tensión política con Rusia. Era el final de la presidencia de Bush, que intentaba mantener a la Federación Rusa como potencia en el grupo de países democráticos, considerando su posible acceso al G-7 que culminó el presidente Clinton para ayudar a Yeltsin política y económicamente.

Por la parte positiva, aún estaba reciente el ejemplo de la gran coalición formada en la primera guerra del Golfo, tras la invasión de Kuwait, una coalición que nunca más se ha logrado repetir.

LB: *¿Cuál fue el impacto del colapso de Yugoslavia?*

JS: Fue muy duro, porque la desintegración de Yugoslavia fue violenta y Europa revivió escenas que parecían imposibles. Afortunadamente, la de la Unión Soviética fue pacífica, pero Rusia en cierta manera vivió el proceso yugoslavo como un segundo capítulo, quizá en pequeño, de lo que empezaba a percibirse como un proceso de humillación histórica a la vieja Rusia.

Desde el punto de vista político-económico, el período de Yeltsin estuvo cargado de sobresaltos. Uno de los más importantes, aunque lo vivimos desde la distancia, fue el inicio de la guerra de Chechenia. Como ya he indicado, el proceso de reformas no fue fácil, no lo podía ser, pero además los frecuentes cambios de primeros ministros y su propia personalidad exuberante no contribuyeron a hacer más sencillo un proceso tan complejo. Le traté con frecuencia y no se puede decir que fuera fácil.

El desánimo cundía en el país y se extendía la sensación de que la vieja Rusia había regalado su poder a Occidente y su riqueza a un grupo de rusos privilegiados, los oligarcas.

A la que Putin más adelante le cortó las alas. Pero eso fue más tarde. En ese momento, con Yeltsin, sí hubo algo destacable, si hacemos balance: el papel fundamental de Europa y de la OTAN en la consolidación del nuevo escenario. El acompañamiento de todo ese proceso fue la apertura de las dos instituciones, primero de la OTAN, y luego de la Unión Europea, porque ya en abril de 1993 los presidentes de Polonia, la República Checa y Hungría pidieron su entrada en la Alianza. Todos sabíamos las consecuencias que esa solicitud tendría para las relaciones con Rusia. Ése fue el asunto más delicado que afronté y al que dediqué más tiempo ya como secretario general de la OTAN, porque todos éramos conscientes de lo que suponía para los países del este de Europa formar parte de las instituciones euroatlánticas. Como secretario general, pude zanjar el debate sobre qué países del antiguo Pacto de Varsovia iban a ingresar en la Alianza, y lo hice en la última sesión de la Cumbre de Madrid, celebrada el 8 y el 9 de julio de 1997, al lado de Clinton. El debate se eternizaba y había que decidir cuántos países iban a ingresar y cuáles. Llegué a la conclusión de que al final tendría que decidir yo y zanjé: «Polonia, Hungría y la República Checa». Y otros candidatos, como Rumanía o Bulgaria, tuvieron que esperar a que se les invitara más tarde, en 2002, cuando entraron también las repúblicas bálticas, Eslovenia y Eslovaquia. Pero fue el Acta Fundacional, el acuerdo atlántico con Rusia, lo que permitió ese paso histórico.

LB: *Que ése sí fue el momento formal del final de la guerra fría.*

JS: Claro. Todos éramos conscientes de que la caída del Muro, los acuerdos de la unificación de Alemania y la desaparición de la Unión Soviética iban a modificar profundamente las relaciones con Moscú. Nadie pedía la desaparición de la OTAN desde Moscú o desde los países del antiguo Pacto de Varsovia, pero era obvio que algo había que hacer. Y lo que se hizo, antes de que empezara efectivamente la ampliación, fue el Acta Fundacional, que se firmó en París el 27 de mayo de 1997 y que negocié personalmente con Primakov.

Los rusos no querían negociar con el conjunto de los aliados. Querían una negociación bilateral con los estadounidenses, de potencia a potencia. Pero por fin conseguimos sentarlos con la OTAN —fundamental para los europeos— y fui yo quien se hizo cargo de encabezar una negociación que a los rusos les costó mucho aceptar. En la declaración se formalizó la nueva situación en la que Rusia había dejado de ser una amenaza y la OTAN un enemigo de Moscú. Se establecieron también los mecanismos de consulta y de cooperación y la creación de un Consejo OTAN-Rusia que tenía un enorme potencial de desarrollo. Pero es verdad que el acuerdo pronto quedó limitado y no se le sacó todo el provecho que cabía esperar.

LB: *Regresemos al arranque de su itinerario internacional. Ahí jugó un papel primordial la presidencia española de 1995, la segunda vez en la que a España le correspondía presidir el semestre europeo después de su ingreso en 1986 y la primera vez después de la caída del Muro. Usted era quien tenía que organizarla, algo que le proporcionó una extraordinaria proyección exterior. Usted todavía era un ministro en la vía de circulación interna, hasta que la presidencia le lanzó al circuito exterior.*

JS: Aún recuerdo cuando Felipe González me comunicó formalmente que sería ministro de Exteriores. Yo estaba en Guadalupe en la reunión de Ministros de Educación Latinoamericanos. Habíamos terminado las reuniones y nos encaminábamos a Sevilla a visitar la Expo. En el grupo estaban Ricardo Lagos y Ernesto Zedillo, quienes fueron más tarde presidentes de Chile y México. Tomé posesión a los pocos días y casi de inmediato participé en la cumbre de la presidencia portuguesa, la última en la que estuvo el eterno Andreotti. La política exterior común era tan embrionaria, que al terminar la cumbre, Mitterrand, casi sin avisar, se fue por su cuenta a Sarajevo.

Pero antes de la presidencia del 95 fuimos miembros del Consejo de Seguridad de la ONU durante los años 93 y 94, período fundamental en que la guerra de los Balcanes dominaba la agenda de la ONU. Ello nos permitió llegar a la presidencia europea en condiciones óptimas de preparación sobre los grandes temas de la agenda internacional. Participábamos en pie de igualdad con los «grandes países» en todas las reuniones de alguna importancia. El valor de España y del gobierno de Felipe González estaban en alza. Para España fue un gran momento y para mí, también. Mi amistad con Clinton, elegido en 1992, o Albright, su primera embajadora en la ONU, con España como miembro del Consejo de Seguridad, y con muchos de los que hoy conforman la administración de Obama, data de aquellos días.

Como ministro, antes del 95, también me tocó fajarme en las negociaciones durísimas sobre la ampliación a los países nórdicos, sobre todo en materia de pesca, que salieron bien. Con Marruecos firmamos buenos acuerdos. Peleamos la «guerra del fletán». Obtuvimos los fondos estructurales tras largas noches de complejas negociaciones. Recuerdo la mañana después de una batalla cuando Delors, con un ataque de ciática, dolorido, con bastón, me llamó a solas para hacerme una oferta a «título personal» que coincidía prácticamente con nuestra posición. Me preguntó si la aceptaríamos y le dije que sí. Lo sellamos con un apretón de manos y la defendió en el Consejo: salió adelante con gran éxito para España.

También de antes del 95 es la Conferencia de Paz de Madrid, que fue fundamental y contribuyó a instalarnos en primera fila internacional. De hecho, de resultas de esa cumbre fui invitado al acto de la firma Rabin-Arafat después de los Acuerdos de Oslo en la Casa Blanca. Acudí acompañado por Delors, éramos los únicos europeos presentes. Fue un acto muy emocionante que desgraciadamente se frustró por el asesinato de Rabin poco después.

LB: *Hay una paradoja en esa presidencia. Aquel gobierno de Felipe González era un gabinete muy débil y en todo caso el que tuvo que enfrentar más dificultades de todos sus gabinetes. Tenía una mayoría parlamentaria precaria, con Pujol dudando si debía soltarle o no, los casos GAL y Filesa en marcha, la opinión pública por primera vez absolutamente revuelta. Y en cambio salió un semestre impecable, o incluso magnífico, quizá la mejor presidencia de las cuatro, incluyendo esta última. ¿Cómo es posible?*

JS: Todo cuenta. La coyuntura internacional, el prestigio internacional acumulado, el buen hacer y la responsabilidad y entrega en los problemas internacionales, las redes de amistades tejidas por los años. Felipe González tenía un gran prestigio en Europa y en el mundo.

LB: *Una de las decisiones trascendentales que se tomó en la presidencia española es el nombre que se le daría a la moneda única. Se abandonó el ecu, la «unidad de cuenta europea», y se adoptó el nombre del euro. Pero también estaban el proceso euromediterráneo de Barcelona, el acuerdo con Cuba, el acuerdo con Mercosur, la asociación con Marruecos y la nueva agenda transatlántica con Estados Unidos. Todos esos temas, incluyendo el euro, han estado presentes de nuevo en la agenda de la actual presidencia española de 2010, quince años más tarde. Parece esa metáfora que creo que a usted no le gusta mucho de Europa vista como Sísifo, que siempre tiene que empezar de nuevo sus tareas, trasladar la piedra una vez y otra a lo alto de la cumbre para observar cómo luego rueda de nuevo hacia la llanura.*

JS: No es que no me guste la metáfora, es que Sísifo nunca avanza y Europa sí. Aunque admito la tenacidad de Sísifo y ahí algo comparto con él. Quizá puede más la belleza de la metáfora que su precisión. Yo no veo las cosas de ese modo y pienso que sí se ha avanzado.

Soy más optimista, menos partidario de Sísifo. Creo que se ha avanzado mucho. Empezaré por la ampliación. Lo que llamamos ampliación al este será visto como uno de los grandes éxitos de la Unión Europea. Quizá no elegimos bien la terminología y con ello fracasamos en la explicación. Lo que estábamos haciendo era extender la estabilidad del continente. ¿Podemos imaginarnos hoy un continente estable sin que Polonia, por ejemplo, forme parte de la Unión Europea? Con todo lo que hemos visto en los últimos años, con los intentos de dividir la vieja y la nueva Europa, una Europa no integrada hubiera sin duda significado un continente inestable y dividido por muchos años. Hay que hacer esta reflexión desde la experiencia histórica que hemos vivido. No hay duda de que algunas cosas han sido complicadas. Pero hubieran sido mucho más difíciles con una Europa central y oriental no integrada en la Unión Europea, con Estados Unidos y Rusia utilizándola para sus propios fines. Sería parte del inmenso coste de la inacción del que hablaba Cecchini en su informe *El coste de la no Europa* de 1988. Ver hoy a Polonia en la Unión me tranquiliza. Lógicamente, el tiempo necesario para su adaptación nos ha parecido largo, pero para ellos han sido segundos históricos. Me encanta que el Premio Carlomagno de este año se le conceda al primer ministro de Polonia Donald Tusk, un gran europeo. Insisto, aunque pueda estar en minoría, la historia reconocerá este proceso como uno de los más importantes de la construcción europea, que ha permitido, por ejemplo, el inicio de la reconciliación ruso-polaca.

En la construcción europea hay tres momentos fundamentales. El primero es el de la reconciliación tras las guerras. Es el momento de la genialidad visionaria, intelectual y moral. La hora de la voluntad política, de la tenacidad de los titanes. El segundo momento es más difícil, hay diversidad de opiniones sobre el método a utilizar, es lo que hemos llamado ampliación, que yo hubiera preferido denominar de estabilización continental. En este punto se toma la decisión de gran calado histórico de que queremos un continente estable y que, en consecuencia, hay que dar cabida a todos los que contribuyen a la estabilización. Como he dicho antes, de otra forma nos hubiéramos encontrado con las dos Europas, la vieja y la nueva, terminología que detesto, y sería Estados Unidos en tensión con Rusia el que daría estabilidad a Europa central y oriental. Tenemos que hacer un esfuerzo para imaginar qué hubiera sucedido de no contar con las instituciones europeas a la hora de dar una alternativa a la Europa surgida de 1989. Es lo que podríamos llamar el coste de la no ampliación. En ese momento hubo también visión y voluntad política.

Hay un tercer momento que es el actual, y que se diferencia de los otros dos en que responde a una necesidad de supervivencia. Es una fantasía pensar que en el mundo de hoy algún país europeo tenga futuro fuera de unas instituciones europeas fuertes. La única salida es seguir hacia delante, incluso para antiguas potencias como el Reino Unido o Francia. No tengo ninguna duda. La globalización se construye sobre edificios. Los países europeos debemos comprender que sólo juntos podemos ser un gran edificio, los europeos separados no somos más que ladrillos. O lo reconocemos y actuamos en consecuencia, o las cosas no irán bien para nosotros.

Por tanto, son dos momentos de voluntad y un tercero de necesidad. Saquemos las conclusiones pertinentes.

LB: *Uno de los logros de aquella presidencia del 95 fue el proceso de Barcelona. La idea era equilibrar un poco esa Europa que se ampliaba hacia el este y el norte, pero con el resultado que luego se ha visto. Un caso parecido fue el acuerdo Unión Europea-Marruecos. Aunque el balance de esa presidencia fuera espléndido a su cierre, con el paso del tiempo los frutos han ido marchitándose, como sucede con ese reequilibrio hacia el sur, objetivo del proceso de Barcelona, que fracasa aunque sea por otras razones adicionales. Pero fracasa.*

JS: Ahí intervienen muchos factores. El proceso de Barcelona fue una frustración, porque la clave era generar medidas de confianza entre árabes e israelíes, aprovechando la inercia de los Acuerdos de Oslo. Pero cuando Oslo descarriló, el proceso fue insostenible. Nos correspondió ponerlo en marcha durante nuestra presidencia. Hay que recordar que la conferencia se celebró con la participación de todos los países mediterráneos de las dos orillas. Ehud Barak acababa de llegar al Ministerio de Exteriores en Israel y su primera salida fue a Barcelona. La negociación fue dificilísima. Algunos objetaban la presencia de Israel, pero tenían que estar todos, incluido Israel. No era, ni podía ser, el lugar de resolución del conflicto árabe-israelí. Pero sí un instrumento potente para generar confianza que ayudara a su resolución definitiva. Era el único lugar donde se sentaban todos alrededor de la mesa para cooperar en materia económica, política y social. Desgraciadamente, con el tiempo sucedió lo contrario a lo deseado. El problema de la paz acabó dominando las reuniones, con Israel de un lado y los árabes de otro. Después de la Segunda Intifada, las cosas fueron a peor, haciendo imposible incluso la redacción de conclusiones de las reuniones. Entramos casi en parálisis. Dicho esto, todo el mundo recuerda Barcelona con enorme cariño y nostalgia.

LB: *Y ahora ha regresado, en una segunda versión con nombre distinto, el de Unión para el Mediterráneo, esta vez inventada por Sarkozy, pero que está embarrancada de nuevo. Lo que quiere decir que el análisis de Sarkozy no era bueno, porque contemplaba las relaciones euromediterráneas como si nunca hubiera existido el problema, haciendo abstracción del escollo palestino-israelí.*

JS: Y se lo vuelve a encontrar a las veinticuatro horas debido a la terrible guerra de Gaza. De todos modos, su esquema es mucho más complejo, aunque formalmente sea más simétrico, de igual a igual, porque hay una copresidencia que comparten un país de la ribera norte y otro de la ribera sur. Pero los escollos están ahí de nuevo, algunos agrandados, pues tampoco será fácil que los países del sur se pongan de acuerdo en un presidente. Hoy cuenta Egipto con un consenso total, pero ¿y mañana?

LB: *En todo caso, lo que ha cambiado, y para mal, en todo este tiempo es que se han deteriorado las cosas en todo el Magreb árabe. El balance, pues, llevaría a concluir que, por una parte, no hemos conseguido reequilibrar el peso europeo hacia el sur, y por la otra no hemos conseguido profundizar, y además tenemos la cuestión del Magreb, con unas relaciones entre Argelia y Marruecos envenenadas.*

Veamos, pues, qué más se consigue en esa presidencia española de la Unión Europea, dónde podemos ver el balance positivo de aquellos propósitos y resultados momentáneamente tan espectaculares.

JS: No se puede hacer el balance completo sin tener en cuenta las perspectivas financieras de la Unión Europea y los fondos de cohesión que se aprueban dentro de este paquete presupuestario y que obtuvo España a partir de entonces, fruto de una negociación complicada con Helmut Kohl, en la que el canciller fue muy generoso con el sur y con España. El reequilibrio hacia el sur es en parte financiero, más que político, de hecho. La llegada masiva de fondos europeos a los países mediterráneos ha tenido una función de redistribución muy seria y ha significado un gran impulso para estos países antes del impacto que iba a significar la llegada de los nuevos socios de Europa central y oriental.

LB: *Podemos decir, pues, que en el capítulo financiero ustedes ganan la apuesta pero la pierden en el político. Pero todavía se creía entonces que se podía equilibrar la dialéctica entre profundización de la Unión y ampliación. Y luego se ha perdido del todo.*

JS: La dialéctica se ha mantenido. Su aplicación, frente a lo ocurrido en otros momentos, no. El Tratado de Niza fue un parche, lastrado por el deseo de Alemania de romper por primera vez el equilibrio de votos con Francia en el Consejo, para reflejar la nueva situación tras la reunificación alemana. Pero enseguida nos decidimos por la reforma más ambiciosa posible: intentar una Constitución. ¿Fue lo acertado? Quizá no. Fracasaron dos referendos y se perdió un tiempo precioso para profundizar. Ahí se produce el desacoplamiento entre ampliación y profundización. Si se hubiera ratificado la Constitución, en 2005 habría habido un tratado totalmente nuevo, la ampliación se habría absorbido más rápidamente y la crisis económica se habría atacado con unas estructuras de la Unión Europea más preparadas para hacerle frente. No fue así y pagamos las consecuencias. Pero, en cualquier caso, no ha habido marcha atrás. La Unión Europea nunca retrocede. Puede que no avance al ritmo deseado, pero nunca ha retrocedido. Ahora tampoco.

LB: *No digo que no se vaya a recuperar en algún momento, pero se ha perdido el hilo de la profundización. ¿O no?*

JS: No creo. Se han hecho muchas cosas y muchas están todavía abiertas. La ciudadanía europea, por ejemplo. Pero es verdad que luego hemos entrado en una etapa de marasmo ligada a la crisis económica. Todavía estamos en un período muy rico para el movimiento europeo. La agenda de Lisboa, por ejemplo, que hay que revitalizar porque está llena de recomendaciones acertadas que nunca se llevaron a cabo.

LB: *Volviendo al 95, vayamos dibujando el cuadro en el que se produjo su nombramiento como secretario general de la Alianza Atlántica.*

JS: Sí, España estaba en el corazón de los acontecimientos. Fueron años en los que se avanzaba a gran velocidad. En la cooperación entre los gobiernos y en las relaciones personales. En la política. Con mucha frecuencia antes de ir a los Consejos de Bruselas me reunía a cenar de modo informal con mis homólogos de Francia y Alemania, Roland Dumas y Klaus Kinkel. Había una relación estrecha de confianza, y ese tipo de reuniones tienen una gran utilidad política. No digo que otros no hicieran lo mismo, pero creo que nunca se había actuado así desde España, con esa comodidad y desenvoltura.

LB: *Y en cosa de quince días, aquel noviembre de 1995, le propusieron que hiciera las maletas y se fuera a Bruselas a ocupar el despacho de secretario general de la OTAN.*

JS: Sí, de hecho, la negociación para irme a la OTAN la hice desde Barcelona, durante la Conferencia Euromediterránea, por teléfono.

LB: *Lo que significa que usted se descartaba como candidato a la sucesión de Felipe González.*

JS: La cuestión central en aquel momento era qué se hacía con la propuesta. ¿Y ahora qué hacemos?, nos dijimos Felipe y yo al reunirnos.

LB: *Felipe González ya había dicho que no a la presidencia de la Comisión, que es lo que le hubiera gustado a Kohl.*

JS: Claro, y no podíamos seguir diciendo que no reiteradamente, cada vez que nos ofrecían un cargo internacional. Había quien pensaba que no se nos había perdido nada en la OTAN. Pero, por otra parte, que se ofreciera la Secretaría General a una persona del sur de Europa era extraordinario, era la primera vez que ocurría y no era probable que nos volviera a pasar, sobre todo en el sanctasanctórum de las instituciones anglosajonas. Pensamos que si decíamos que no, jamás nos volverían a proponer nada. Teníamos que aceptar, no había más remedio. Felipe González había dicho que no iba a ser de nuevo candidato, pero su sucesión tenía más fácil arreglo. Tendría que seguir un poco más y afrontar unas elecciones que, en cualquier caso, se presentaban muy difíciles. Todo eso pasó en tres días.

LB: *Entonces usted se descartó como sucesor de Felipe, optó por la OTAN y su vida cambió. Dejó la política española y su papel como dirigente socialista prácticamente se terminó. ¿No se ha arrepentido luego de esa decisión? ¿No ha echado en falta la vida más directa de partido y el contacto diario con la política interior?*

JS: Mi vida cambió, pero arrepentirse no tiene mucho sentido. Y nunca perdí el contacto con mis amigos y con mi gente. Además, me dio la posibilidad de contribuir a la construcción europea y de esa manera también ayudar a mi país, de donde, de hecho, nunca me fui del todo. Trabajar en una institución a la que tu país pertenece es otra manera de ayudar a tu país.

LB: *¿Cómo resumiría su balance como secretario general de la OTAN desde 1995 hasta 1999?*

JS: Yo creo que en esos años se hicieron varias cosas importantes. En primer lugar, una estructura nueva, con la idea de que las fuerzas, sus unidades, tenían que ser multinacionales y de todos los servicios —la Combined Joint Task Force con fuerzas de tierra, mar y aire—, lo que fue una gran novedad. Luego creamos una nueva estructura de mando. En tercer lugar, la ampliación y la firma del Acta Fundacional con Rusia, que es un tema crucial. La intervención en los Balcanes, evidentemente. La definición del mecanismo que permite operaciones conjuntas entre la Unión Europea y la OTAN, dirigidas por la Unión utilizando las capacidades de la OTAN, que se llamó Berlín Plus por la ciudad donde se firmó. Ésas son las cuestiones clave de mis años en la OTAN.

LB: *Me gustaría que habláramos un poco del proceso de selección para la Secretaría General de la OTAN, lo que los estadounidenses llaman el* vetting. *¿Cómo se hace?*

JS: Es una historia complicada. Todo empezó con la dimisión del secretario general anterior, el belga Willy Claes, por un escándalo absurdo y, a mi juicio, injusto: el llamado caso Augusta relacionado con la compra de helicópteros. Había sido ministro de Exteriores de su país y sólo duró dos años en la OTAN. Yo siempre pensé que no debería haber dimitido. Era un hombre honrado.

LB: *Como en su caso, Claes fue el ministro de Exteriores durante la presidencia belga de 1992, y su buena actuación durante el semestre le catapultó a la OTAN.*

JS: La elección de Claes se hizo en Nueva York en la Asamblea General de septiembre de 1992, cuando yo era ministro de Exteriores. El puesto había quedado vacante tras la muerte del secretario general alemán, Manfred Woerner. Pero volvamos a cómo se hace el proceso de selección. Que es con mucha dificultad. Primero, yo nunca me propuse. Había un candidato, que era el ex primer ministro holandés Ruud Lubbers. Por lo que fuera, no alcanzaron el consenso necesario. En mi caso, en plena presidencia, vino Warren Christopher a Bruselas, comí con él, me habló de la posibilidad y me aseguró que me apoyaría si me decidía. Entonces empecé a darle vueltas. Los alemanes me apoyaron enseguida. Los únicos que tuvieron cierta reticencia fueron los británicos, que terminaron apoyando también mi candidatura, aunque todavía con miedo a que este nombramiento pudiera complicarles la vida a propósito de Gibraltar o en nuestras relaciones en el seno de la OTAN.

LB: *Usted había estado negociando con los británicos sobre el futuro del Peñón y tenían miedo de que aprovechara la OTAN para apretarles las tuercas.*

JS: Sí, nos habíamos reunido en Doñana y en Chequers, en la residencia del primer ministro, en varias ocasiones con cierto progreso. Habíamos tratado con el ministro de Exteriores, Douglas Hurd, sobre todo acerca de los tráficos ilícitos y el blanqueo de dinero en el Peñón, y la verdad es que habíamos avanzado mucho.

LB: *Luego hubo otro obstáculo, que fueron sus manifestaciones y su proyecto de apertura hacia Cuba, que iba a incluir un acuerdo de cooperación. ¿Pudo descarrilar su nombramiento por causa de Cuba? Los republicanos estadounidenses hicieron campaña contra su nombramiento.*

JS: Creo que no, aunque hubo una reacción en sectores del Senado de Estados Unidos, es verdad, en relación con Cuba y claro está con la oposición socialista al ingreso de España en la OTAN. Pero los demócratas, y sobre todo el presidente Clinton, no cedieron en el apoyo a mi persona.

LB: *En ese momento jugó un papel fundamental Anthony Lake, el consejero de Seguridad de Bill Clinton. Es quien formalmente le propuso para la OTAN en nombre de Estados Unidos y el que le llamó previamente para sondearle.*

JS: Sí, lo hizo porque era a él a quien le correspondía en nombre del presidente. Y yo con Lake tenía una buena relación desde 1992, ya que él era el consejero nacional de Seguridad mientras España estaba en el Consejo de Seguridad de la ONU. Con el presidente Clinton hablé una vez tomada la decisión. Además, a los pocos días vino a Madrid y nos reunimos con él en la Moncloa Felipe González y yo.

LB: *No es realmente muy sorprendente que se produjera tal reacción republicana a su nombramiento. Si repasamos la historia del PSOE y la historia de su grupo generacional, cuando ustedes llegaron a la escena política, no al poder, sino a la escena política, eran un partido anticapitalista, socialista, tercermundista, marxista; bueno, para un republicano de entonces, y también de ahora, lo peor de lo peor. Sólo tres años antes de llegar al gobierno, sí. El marxismo no se abandonó hasta 1979, un período realmente muy breve que podría justificar esa reacción.*

JS: En eso puede que tenga usted razón. Pero se trataba de los sectores más conservadores del Partido Republicano. Con el presidente Bush padre tuvimos una buena relación. Nosotros llegamos al gobierno después del cambio fundamental que supuso la elaboración de la Constitución.

LB: *En aquellos años tenían ustedes dos modelos para escoger; por una parte, el socialismo francés del programa común con los comunistas y, por la otra, la socialdemocracia, con Helmut Schmidt además, que era el hombre de la moneda única, de las instituciones multilaterales, de la fórmula de las cumbres, del modelo de reuniones internacionales de formato G, es decir, G-6, G-7, etcétera.*

JS: Nosotros siempre quisimos ser un partido de gobierno, decidido a construir un proyecto autónomo para España. Desde el principio teníamos la idea clara de que, una vez lograda la democracia, había que gobernar, y había que hacerlo seriamente, con un proyecto autónomo, basado en nosotros mismos.

LB: *De todas formas, usted había estado cinco años en Estados Unidos. Cuando regresó, ¿sintonizaba con el socialismo europeo, o llegó ya con cierta distancia?*

JS: Yo estuve en Estados Unidos durante las campañas contra la guerra de Vietnam y me identifiqué mucho con la izquierda liberal estadounidense. Hice de todo, iba a todas las manifestaciones, a la marcha sobre el Pentágono, a las dos grandes manifestaciones, en Nueva York y en San Francisco… De manera que no pude aportar un punto de vista especialmente distinto al de mis compañeros. Me hace gracia recordar la primera vez que me reuní con el director de la CIA, siendo ya Clinton presidente, en Langley. Me dijo: «Tú y yo tenemos una cosa en común: los dos tenemos ficha aquí». No habíamos andado muy lejos el uno del otro en las manifestaciones contra la guerra de Vietnam. Es como si nos conociéramos de antaño, me dijo, al menos ellos sí nos conocían.

LB: *Pero no se trajo ninguna idea especial, ninguna actitud distinta, vaya. ¿Su paso por Estados Unidos no influyó en su evolución posterior y en su capacidad de sintonizar con los estadounidenses?*

JS: Es cierto que aprendí muchas cosas además de física, que es lo que había ido a estudiar. Aprecié de primera mano la fuerza de su democracia y su optimismo innato, por ejemplo. Mantengo grandes amigos de aquella época, en la que fui muy feliz. Además, en España estábamos en la ilegalidad, así que era muy distinto vivir allí en libertad total, capaces de manifestarnos abiertamente contra el gobierno. Allí surgió mi profundo afecto por lo que yo llamaría lo mejor de Estados Unidos.

LB: *En cambio, en la ficha estadounidense de 1982, todos ustedes, la generación socialista que llegó al poder en 1982, quedarían como los «jóvenes nacionalistas españoles». Así es como les calificó la prensa y muchos políticos. ¿A usted le parece esto una mera anécdota o reconoce que hay en el fondo un acierto en la forma en como les vieron a ustedes desde Estados Unidos?*

JS: Así era. Nos vieron como lo que éramos realmente: éramos nacionalistas porque queríamos gobernar y construir un país nuevo, distinto, cohesionado con un proyecto nacional. En ese sentido, éramos para ellos «jóvenes nacionalistas».

LB: *Cuatro años después se produjo el momento decisivo para el giro político de su partido, el referéndum de la OTAN, una jugada genial pero muy arriesgada que pudo salir mal. Salió como salió, pero pudo haber salido perfectamente lo contrario, ¿no?*

JS: Felipe González lo ha contado ya con toda claridad, no tengo mucho más que añadir. Lo ha explicado ya con sus sentimientos, que no son muy distintos de los míos o de los de otros. Un país grande como el nuestro, de peso, situado en un lugar estratégico, mediterráneo, un país serio debía estar en la OTAN. Fue una jugada de ruleta rusa, que salió muy bien gracias a sus dos últimas apariciones en televisión, en las que puso sobre la mesa el argumento sobre quién gestionaría el triunfo del no.

LB: *Que en el fondo es la misma actitud que tuvo Felipe González en el XXVIII Congreso cuando salió la síntesis marxista, de los que querían una ejecutiva marxista pero con Felipe de secretario general. Que cada uno gestione sus propias posiciones, les dijo. No me hagan dirigir un partido con un programa que no es el mío. ¿Es así?*

JS: Sí, uno hacia dentro y otro hacia fuera. En eso González ha sido siempre igual. No ha cambiado. Tuvo la capacidad de liderar, de formular lo que creía, lo que le parecía razonable, y luego de convertir sus posiciones en ganadoras.

LB: *Como secretario de prensa de la ejecutiva del PSOE a mediados de la década de 1970, usted fue el primero que se relacionó con los medios de comunicación. Antes y después, porque luego fue portavoz del gobierno. Y como ministro de Cultura también se ocupó de los medios.*

JS: Fui muchas cosas, también secretario de estudios y programas. Ya en el gobierno fui portavoz y ministro a un tiempo, algo que conmigo sucedió por primera vez y que aproveché para cerrar la prensa del Movimiento. Felipe me dijo que quería que fuera ministro portavoz, pero yo le sugerí que era un error ser sólo portavoz. Debía ser ministro de algo, con la gestión de una cartera propia, además de ser quien comunicara a la opinión pública los acuerdos y posiciones del gobierno. Era quien debía salir a dar la cara al final de los Consejos de Ministros. Me obligó a llevar una vida muy agitada, prácticamente vivía entre la Casa de las Siete Chimeneas, un edificio precioso en el centro de Madrid, sede del Ministerio de Cultura, y el Palacio de la Moncloa.

LB: *Así como hemos visto que hay una sincronía entre los últimos veinte años de su vida política y la marcha del mundo, quizá también podemos hallar una sincronía en la evolución de la política, que cada vez más es política de medios, de contactos, de* networking, *e incluso, buscando las últimas tendencias, política del relato. Quizá ésta es una de las cosas que explican su biografía.*

JS: En cierta manera, como un componente más, sí. Creo que no he sido mediático, que mediático es Berlusconi, pero sí que he sabido reconocer la importancia de la comunicación. No creo en la política de titulares, pero sí en que hay que comunicarse y que hay que tener *networking*, siempre lo he creído.

LB: *Y saber armar el relato político.*

JS: Y el relato, claro. Mis discursos se basan en el relato. Me ha atraído construir lo que hoy se llaman relatos. Ya como ministro de Educación. Cada vez que tenía que pronunciar un discurso, siempre tenía una cifra sobre la que intentaba montar el relato. Hace poco, por ejemplo, un señor me recordó en la calle el impacto que le causó una frase mía en la que decía que el número de becarios en la universidad en ese momento era superior al número total de universitarios pocos años antes. Me impresionó que veintidós años después siguiera acordándose de esa frase.

LB: *Su tarea me permite evocar dos ejemplos históricos sobre el valor de la comunicación. Uno es De Gaulle en Londres, donde sin nada se inventa la France, la resistencia, incluso la Grandeur, etcétera. Y otro mucho más casero y próximo, que es Josep Tarradellas, el presidente catalán en el exilio, admirador de De Gaulle, que entra en el despacho de Suárez a su vuelta a Madrid, no consigue nada de lo que pide sobre la restauración de la Generalitat republicana, pero sale con una sonrisa de oreja a oreja diciendo a los periodistas que ha conseguido todo lo que quería. Usted está un poco en esa línea, ¿no? Busca la sinergia con los medios para poner de relieve lo que a veces es un resultado muy limitado, hasta convertirlo quizá en una victoria.*

JS: Yo creo en la política. No en relación con los medios, pero sí en la comunicación con la ciudadanía. La política no es mera gestión, no es administración, es mucho más que eso. Es que la gente te entienda y que sepa adónde vas. La política tiene que ser pedagogía y tiene que ser liderazgo. En parte es hacer presente el futuro, y para eso hay que tener una visión del futuro.

LB: *Y a veces que la gente quiera ir sin saber muy bien adónde.*

JS: Sí, pero eso no quiere decir engañar. Siempre tiene que haber cierto componente de optimismo, de confianza y de pasión, porque no se trata sólo de administrar. Los meros administradores suelen fracasar. Clinton, por ejemplo, era un político de los pies a la cabeza; tenía visión, una capacidad de comunicación extraordinaria y una pasión política que le permitía contarte en dos minutos lo que estaba pasando tanto en Nebraska como en los grandes escenarios internacionales.

LB: *Usted es clintoniano, pero Obama todavía le ha superado en capacidad comunicativa y en capacidad de crear relato, así como en utilizar las tecnologías.*

JS: Sí, pero es más intelectual, quizá más frío. Yo fui y soy clintoniano, sí. Y me convenció desde el primer mandato. Quizá haya un elemento generacional y el hecho de que a Obama le he tratado menos.

LB: *Pero Clinton tenía una cosa que usted no tiene y que sí tiene Obama. Clinton era un desordenado, Obama y usted no. La forma en que se instaló en la presidencia fue un desastre.*

JS: Le cuento una anécdota. John Podesta era su jefe de gabinete, y yo tenía muy buena relación con él. Una de las primeras veces que fui a entrevistarme con Clinton me dijo: «Mira, Javier, esto es un lío. Llevamos una catástrofe de desorganización, así que en media hora me miras y cuando veas que me pongo en pie, das las gracias y te empiezas a mover». Le conocía mucho, así que le dije: «No te preocupes». Pasaron treinta minutos, y Podesta empezó a moverse, se puso de pie, y yo dije: «Presidente, muchas gracias, ha sido un placer, creo que tiene usted muchas cosas que hacer… Y sólo tenía una última pregunta, me da un poco de rabia irme de aquí sin que me diga dos palabras sobre política nacional». ¡En qué momento dije aquello! Estuvimos dos horas más.

LB: *Pero usted en cambio es más ordenado. Quizá no tanto como Obama, con sus* slots *de un cuarto de hora administrados con avaricia.*

JS: Pero actúa con flexibilidad cuando cree que vale la pena seguir. En un cuarto de hora él cree que cabe todo lo que se le puede decir al presidente de Estados Unidos. Y él capta estupendamente. Si le dices las tres cosas que le quieres decir, toma nota y dice: «La primera sí, la segunda no, la tercera volvemos a hablar dentro de un mes». Es estupendo en eso, capta de maravilla, tiene una gran capacidad de concentración, escucha con veinte sentidos. No se le escapa nada, y es muy inteligente, muy disciplinado intelectualmente y meticuloso… Quizá a costa de su espontaneidad.

LB: *Hablemos, pues, de la reflexión política. Porque la tendencia a la especialización está clara: unos fabrican las ideas y otros conectan y difunden. Y usted, ¿cómo lo hace? ¿Cómo intenta combinar la acción y la reflexión? Recuerdo que un día me dijo: «Hoy estoy aquí, mañana estoy en otro sitio y ni me acuerdo de dónde he estado y, por tanto, no tengo tiempo para pensar». Pero sin duda al final del día necesita pensar. ¿Cómo combina ambas cosas?*

JS: Leo mucho y, además, aprendo muchísimo por ósmosis. Creo que para un dirigente político, empresarial o de cualquier tipo, una de las cosas más importantes es saber preguntar. Tienes que saber dónde están los problemas. Y te puede fallar la respuesta, pero tienes que saber las preguntas que son imprescindibles para averiguar las respuestas que tú a lo mejor no tienes tiempo de saber de antemano. Y confiar en la gente que te rodea y en las respuestas que te dan. Un líder debe ser un gran director de reuniones. Creo que sé preguntar bien y no dejo que se escape una cosa que no veo clara. Eso es muy importante. Además, como ya he dicho, hay mucho que se aprende por ósmosis, sin darte cuenta que estás aprendiendo, sin necesidad de leerte un libro o un informe.

LB: *¿Y las decisiones? También en esto podríamos buscar un ejemplo estadounidense. Obama, con el tema de Afganistán, nos ha dado un ejemplo de una forma de tomar decisiones lenta, reflexiva, deliberativa, con gran conciencia. Y su predecesor nos mostraba una manera de tomar decisiones que es como hacer el saque honorario del balón en un partido de fútbol. Es decir, todo estaba organizado y decidido sin su participación.*

JS: Hay una diferencia muy grande entre Bush y Obama. Bush era un hombre simpático, pero se cansaba enseguida de escuchar y dejaba hacer. En cambio, cuando Obama dice que sí es porque cree profundamente que es que sí, ha escuchado, reflexionado y decidido.

LB: *¿Y usted cómo toma las decisiones, cómo ha tomado sus decisiones?*

JS: Quien toma decisiones también debe delegar, pero hay algo que no se puede delegar. En las cosas importantes tienes que saber lo que dices, y si dices sí es porque asumes con todas sus consecuencias ese sí. No es serio decir sí y luego decir que fue otro quien tomó la decisión. Tienes que estar convencido.

Hay otro tipo de decisiones, las grandes decisiones que se toman a partir de consensos internacionales, que son muy distintas. Yo he tenido que participar en muchas de ellas. Son decisiones que tienes que ir creando. No las puedes imponer.

LB: *Claro, porque finalmente no ha sido usted quien ha tomado la decisión, sino que ha hecho de director del coro.*

JS: Yo he hecho que se tomara la decisión. He hecho de facilitador, que es muy distinto de ser un primer ministro en cierta manera. No sé si más difícil o menos, pero distinto. En esas posiciones es muy importante tener capacidad para generar los consensos necesarios, porque el gobierno mundial no existe ni existirá. Por lo tanto, hay que llevar a la gente convencida de que va por el buen camino. Tú tienes que ir delante, pero no puedes ir muy por delante, porque entonces te estrellas; tampoco puedes no hacer nada y dejar que ellos mismos se organicen solos, ¡no lo harán! Tú estás ahí para fomentar, para catalizar, para facilitar.

He tratado siempre de abrirme camino preguntando, pero hasta el límite del «no», de la respuesta negativa. El «no» es un *killer* que impide seguir avanzando. Y, por tanto, hay que evitarlo. Cuando crees que tienes la razón, tienes que seguir preguntando, hablando, discutiendo, sugiriendo, lo que haya que hacer, para convencer y acercar posiciones, porque el «no» es el final. Cuando te dicen «no», se acabó. En cierto modo, hay que esperar a hacer la pregunta fundamental hasta que sabes que la respuesta va a ser la que buscas. Así es como se avanza.

LB: *¿Podría sintetizar cuáles son las decisiones políticas realmente importantes de verdad que ha tenido que tomar en estos diecisiete años? ¿Cree realmente que dependía de usted finalmente, aunque fuera dentro de este coro y de este consenso?*

JS: No me resulta fácil decirlo, porque en principio, formalmente y sobre el papel, tomas muy pocas. Pero en realidad he tomado infinitas. En Macedonia formé el gobierno; el gobierno de la paz lo formé yo; nombré a los ministros y el primer ministro lo aceptó todo. También he tomado decisiones muy arriesgadas sobre Serbia y respecto a Montenegro. Y por supuesto en Oriente Próximo. En alguna se me ha podido criticar, aunque no he recibido grandes críticas por ninguna decisión de las que he tomado. He desplegado tropas y actores civiles en todos los continentes. Y también he hecho muchas declaraciones públicas en mi nombre que se han convertido luego en doctrina.

LB: *Quisiera preguntarle sobre el paso de la OTAN a la Unión Europea en 1999. ¿Usted lo vio y lo sintió como una continuidad, o realmente supuso un cambio profundo?*

JS: Supuso un cambio considerable, no hubo mucha continuidad. Para empezar, la Unión Europea es una organización con objetivos mucho más amplios que la OTAN, así que es un gran cambio que enriquece los temas a tratar. Además, a la Unión Europea llegué para realizar unas funciones que no existían, lo que obligó a forzar la máquina. Había una presión política clara a favor de la PESC (Política Exterior de Seguridad Común), pero había que partir si no de cero, casi. En los primeros años se produjo un avance espectacular. El puesto se creó en Amsterdam, y los primeros contactos fueron en el primer semestre de 1999, un momento muy difícil por Kosovo. En el consejo de Colonia me nombraron oficialmente, aunque la cuestión de Kosovo seguía. El primero que me tanteó fue Alemania, era su presidencia, y hablé con Schroeder, Blair y Chirac. La reflexión importante fue sobre el impulso que necesitaba la figura, porque podría haber sido una cosa de poca importancia y no una nueva etapa. Pero en parte por la crisis de los Balcanes, se decidió apostar por ello y darle vuelo. Puse como condición terminar la tarea en Kosovo. Además pedí un consenso en la Unión Europea para el nombramiento y un acuerdo en la OTAN, incluyendo a Estados Unidos, para poderme ir. Clinton dio su aprobación, pensando que sería un buen interlocutor para la PESC, pero pidió que propusiera un sustituto. El británico Robertson fue el nuevo secretario general de la OTAN. Tomé posesión el 19 de octubre de 1999 en la Unión Europea.

De la OTAN me fui satisfecho, se hicieron muchas cosas, la ampliación, la Carta Fundacional, los Balcanes, Kosovo... Fue una etapa muy intensa, lo cual es atípico en la OTAN, que suele ser más monótona. Yo viví un momento muy apasionante, muy politizado, probablemente el más interesante hasta ahora. La negociación para la ampliación, la relación con Rusia, la nueva estructura de mandos y el Cuartel General en España. Se trabajó mucho también en el Partnership for Peace, el PfP (sistema de asociación para los futuros candidatos), que me hizo viajar a los países más insólitos del mundo: por ejemplo, toda Asia central. Todas las antiguas repúblicas soviéticas estaban implicadas en el PfP. Fue una operación de *networking* extraordinaria que luego facilitó muchas cosas.

La Unión Europea es otra cosa, con una gran variedad de problemas y de dificultades, desde el comercio hasta la energía, la seguridad o la ayuda humanitaria. Y para mí, desde luego, fue más interesante y completo. La verdad es que también me tocó un momento extraordinario. No puedo quejarme. En la OTAN estuve cuatro años escasos. Y en la Unión Europea diez. Aunque mi vida en la Unión Europea también ha sido mucho más difícil porque ha habido que forzar la máquina muchísimo; me parecía evidente que había que ir más deprisa. Y con un momento muy difícil como fue el no de Francia en 2005.

LB: *Que le corta las alas de una forma brutal. Usted ya era el primer ministro de Exteriores europeo* in pectore.

JS: Estaba ya nombrado por el Consejo, y actuaba en la práctica como tal. Y hubo que empezar todo de nuevo. Fue un momento complicado en que tuve mis dudas de si seguir o no. Y fue Merkel quien me convenció de que me quedara.

LB: *No deja de ser curioso que dos personas de la misma familia se cuenten entre los escasos españoles importantes en la escena internacional del siglo XX, su tío abuelo, Salvador de Madariaga, y usted. Madariaga fue ministro de Educación y en la Sociedad de Naciones fue un embajador muy activo. Como usted, también recibió el Premio Carlomagno por su contribución al europeísmo.*

JS: Es cierto que los dos hemos sido muy activos en el movimiento europeo, aunque no me parece adecuado compararme con él. Una de las salas más grandes del Parlamento Europeo lleva su nombre. Y existe la Fundación Madariaga, que es la Fundación del Colegio de Brujas que él creó y que yo presido ahora. Curiosamente, él era ingeniero de minas y yo catedrático de física, y los dos acabamos siendo ministros de Educación y trabajando por Europa.

LB: *¿Usted cree que la presencia internacional de los españoles es una asignatura realmente ya superada por parte de todo el mundo? ¿Vamos a las organizaciones internacionales con toda naturalidad, como se va a cualquier sitio, a tu gobierno, al local, al de la comunidad autónoma, al central?*

JS: La nuestra me parece una situación normalizada. Jaime Caruana está al frente del Banco Internacional de Pagos de Basilea, un cargo muy importante; Joaquín Almunia ocupa el importante puesto de comisario de la Competencia y hemos tenido altos cargos en otras instituciones. Pero cada vez va a ser más difícil porque la competencia aumenta. Los estadounidenses y los europeos cada vez tendremos más competencia con los países emergentes. Por ejemplo, no creo que se vuelva a repetir el *a priori* de que el número uno del FMI sea europeo y el del Banco Mundial, estadounidense. Eso se ha acabado, y me parece bien, la verdad.

LB: *Usted ha sido un personaje desaprovechado por los gobiernos españoles, al que no han utilizado ni Aznar ni Zapatero. Resulta que está en un sitio clave y que se le puede consultar e incluso pedir cosas concretas, y resulta que nadie le consulta ni le pide nada.*

JS: No me he sentido desaprovechado. Con Aznar me vi un par de veces en la Moncloa y colaboré estrechamente con él en las cumbres de su presidencia.

Quizá haya sido los Balcanes el tema en el que he tenido más dificultades con los gobiernos españoles. Nunca lo entendí.

En la etapa actual, el ministro Moratinos trabajó conmigo en mi época de ministro y luego cuando fui Alto Representante viajamos juntos infinidad de veces a Oriente Próximo, así que es una relación que viene de muy lejos. Con el presidente Zapatero siempre he tenido muy buen trato, he hablado con él en todos los Consejos europeos durante su mandato, ya que los dos participábamos y siempre hemos intercambiado opiniones muy constructivamente. También estuvimos juntos en la cena en que se decidieron los nuevos cargos, ya que yo era miembro nato del Consejo Europeo y asistía a todas las reuniones, incluso las informales.

LB: *Eso ha cambiado ahora, porque Catherine Ashton no va a asistir. Usted lo logró por las excelentes relaciones que tenía con los líderes europeos.*

JS: No lo logré, se debía al tratado en vigor. Con el actual lady Ashton no es miembro del Consejo Europeo, pero asiste al Consejo Europeo, es una pequeña distinción. Es verdad que he tenido muy buenas relaciones con los países, y con sus líderes.

LB: *Y luego da la sensación de que hay diplomacias, como la británica, que tienen una coordinación muy buena entre sus altos funcionarios, los de Bruselas y los del Foreign Office. Con turnos de rotación, buenos trasvases de información y experiencias, e incluso estrategias de promoción. Es una maquinaria de relojería. Y, en cambio, en España parece como si la especialidad fuera la descoordinación, el recelo, el individualismo, ¿no?*

JS: Tiene razón, hay países que funcionan como una maquinaria de relojería. Los españoles tenemos otras virtudes, pero en todo caso creo que el trabajo de la función pública española en relación con la Unión Europea ha sido modélico. Sin ir más lejos, yo he contado con la inestimable colaboración de Cristina Gallach, Alberto Navarro, Jorge Domecq y Enrique Mora, entre otros.

2

El europeo americano

Bush padre y los socialistas españoles • Unas relaciones ajustadas y equilibradas • La nueva agenda transatlántica • Bush hijo divide al mundo • La Unión Europea queda en segundo plano • El Alto Representante, en todos los grupos de contacto • Balances presidenciales • Clinton, el globalizador • La superpotencia imprescindible • Averías de la globalización • Los Nuevos Progresistas • El Congreso, los *lobbies* y los *think tanks* • Dificultades de toda política exterior • Guerras que ya no son guerras

LLUÍS BASSETS: *El semanario británico* The Economist *escribió hace cosa de diez años que usted se cuenta entre los más americanos de los políticos europeos y, a la vez, entre quienes mejor representan a los europeos ante los americanos, algo así como un hombre puente. Quisiera que me contara un poco esta función con la que se ha identificado, de alguna forma, ya desde su cartera de Exteriores.*

JAVIER SOLANA: He tenido siempre buenas relaciones personales con los dirigentes políticos de Estados Unidos. Desde el presidente Bush padre, al que conocí cuando era ministro, hasta el actual presidente, y en términos generales con sus equipos.

LB: *Bush padre se entendió muy bien con Felipe González.*

JS: Fue quien trajo a Madrid la Conferencia sobre Oriente Próximo celebrada del 30 de octubre al 21 de noviembre de 1991.

Luego le volví a ver en Helsinki, en una importante cumbre de la OSCE (Organización para la Seguridad y la Cooperación en Europa), la segunda después de la caída del Muro. Era también la primera cumbre internacional en la que yo participaba como ministro de Asuntos Exteriores. Se celebró en un auditorio inmenso, porque había que acoger a un gran número de delegaciones —estaban ya todos los países desmembrados de la antigua Unión Soviética. Bush y Baker se acercaron a saludarnos a Felipe González y a mí, muy cordiales. Después tuve una reunión a solas con el secretario de Estado, que fue muy bien, porque efectivamente había unas relaciones excelentes entre el gobierno de Felipe González y la presidencia de Bush.

LB: *González ha dicho que durante su presidencia se habían construido unas relaciones muy estrechas con Estados Unidos en las que España contaba con el máximo margen de autonomía posible. Daba a entender, así, que Aznar había roto ese equilibrio y, por tanto, en cierta forma perdido márgenes de acción.*

JS: Probablemente en pocas ocasiones como en la presidencia de Bush padre las relaciones entre Estados Unidos y España han sido más fructíferas y equilibradas. Bush padre quiso que organizáramos en Madrid la Conferencia de Oriente Próximo. Hubo que organizarla a toda prisa y en muy poco tiempo, pero fue un gran éxito y un momento de intensa relación entre las dos administraciones. Esa conferencia sigue siendo un referente en el proceso de paz de Oriente Próximo. También fueron muy buenas las relaciones con Clinton, de las que puedo hablar con más conocimiento de causa, puesto que la mayor parte de mi tiempo como ministro coincidió con su primer mandato presidencial. Las relaciones Aznar-Bush las viví ya fuera del gobierno, desde la Unión Europea, así que prefiero no opinar.

LB: *De todas formas, Fernández Ordóñez se apuntó un gran tanto como ministro de Exteriores con la conferencia y, por supuesto, Felipe*

González también. Y luego usted llegó al Ministerio de Exteriores en cierta forma tras la estela de Fernández Ordóñez, una figura que le había dejado el listón muy alto.

JS: Paco fue un gran ministro de Asuntos Exteriores, estuvo mucho tiempo y formando parte, además, del grupo de confianza del presidente. A mí me parece que Felipe González no quiso tener en su primer gobierno a nadie que hubiera estado en un gobierno anterior con otro presidente, como era el caso de Fernández Ordóñez (que fue ministro de Hacienda y de Justicia con Suárez y con Calvo Sotelo). Pero a la primera oportunidad, lo hizo ministro de Exteriores y lo mantuvo hasta que murió. Yo fui ministro de Asuntos Exteriores porque Paco se puso enfermo; si no, no lo hubiera sido. Felipe estaba muy satisfecho con él y con su trabajo. Paco también estaba encantado en su responsabilidad, y no había razón alguna para que las cosas cambiaran. Dejó el listón muy alto. Como ya hemos visto, yo llegué en el verano y en enero —con una brillante votación— entramos en el Consejo de Seguridad de la ONU. La agenda estaba dominada entonces por la crisis de los Balcanes y por Oriente Próximo, que eran las dos mayores prioridades, tanto para los europeos como para los estadounidenses.

LB: *¿Y cómo era entonces la relación transatlántica?*

JS: La relación transatlántica había estado dominada tradicionalmente por la OTAN, es decir, por las relaciones de seguridad. En toda la época de la guerra fría la OTAN fue el elemento esencial de la relación, y lo siguió siendo durante los primeros años tras la caída del Muro, puesto que el debate sobre la unidad alemana tenía mucho que ver también con la OTAN. Con una cuestión central, claro, que era la seguridad en Europa, que giraba alrededor de los nuevos tratados de desarme.

La relación económica entre Europa y Estados Unidos era entonces estrechísima, como ya lo había sido desde hacía años, pero durante la presidencia española de la Unión Europea, en el segundo semestre de 1995, quisimos construir un marco que trascendiera los cambios estrictos de la seguridad y de las relaciones económicas más clásicas, fundamentalmente empresariales. De ahí surgió la idea de lo que se llamó la «nueva agenda transatlántica». Fue un gran paso que amplió y encuadró mucho mejor, en un sistema de encuentros y cumbres bilaterales, las relaciones entre Estados Unidos y la Unión Europea, más allá de la OTAN. Carlos Westendorp, secretario de Estado, hizo un gran trabajo.

LB: Ahora desde Washington se ha considerado innecesaria la renovación de la agenda transatlántica e incluso un engorro el sistema de reuniones bilaterales periódicas. ¿Cree que se ha echado a perder el esfuerzo realizado entonces?

JS: No se ha echado nada a perder. Afortunadamente, el mundo ha cambiado y Europa ha dejado de ser un teatro de operaciones y una preocupación de seguridad para Estados Unidos. Las relaciones no se han debilitado, sino que se han normalizado totalmente.

LB: Cada vez que se debate sobre el lazo transatlántico lo que surge siempre es más el pasado que el futuro. Es decir, las playas de Normandía, el hecho de que Estados Unidos ha sido la garantía de la libertad, la paz y la seguridad en Europa. Esto ha sido fundamental para una parte de Europa desde 1945, y para la otra a partir de 1989. ¿Usted cree que hay realmente una proyección de futuro?

JS: A mi juicio, sí. La cuestión esencial es plantearnos globalmente lo que hacemos juntos y cómo nos comportamos en el mundo. Es lo que se contempló desde los primeros pasos de la presidencia de Clinton. Evidentemente, se convirtió en un problema con las divisiones que surgieron tras el 11-S, la guerra de Irak y sus consecuencias durante la presidencia de Bush hijo.

Partíamos de una situación en que las relaciones transatlánticas estaban muy dominadas por la OTAN y nadie imaginaba que los europeos pudiéramos avanzar autónomamente en el ámbito de la seguridad. Durante los mandatos de Clinton se empezó a pensar que ésa era una dinámica superada, que no había ya enemigo, que la guerra fría había acabado, y había que ver cómo y dónde podíamos actuar juntos. E incluso que los europeos podíamos actuar en el dominio de la seguridad. De ahí nació la Iniciativa de Seguridad Europea.

LB: *Pero, en cierta forma, el 11-S y lo que sucedió después vienen a poner en claro la realidad de fondo. Cada país europeo está interesado en su relación bilateral con Estados Unidos y muchos creen que la suya es una relación distinta y privilegiada, la más importante.*

JS: Es lo normal. Estados Unidos no es un país cualquiera y las relaciones bilaterales pesan mucho.

LB: *Y en cambio no hay un eje vertebrador europeo. Es interesante observar cómo desde la India y China quisieran que Europa tuviera una personalidad propia, pero no por Europa, sino para contar con una fuerza de equilibrio más frente a Estados Unidos.*

JS: Concluir que no hay un eje vertebrador europeo porque los estados miembros quieren tener buenas relaciones con Estados Unidos me parece como poco una exageración. Que China y la India prefieran un mundo más multipolar en el que la Unión Europea tenga un papel como actor global parece natural. Pero las relaciones con China y la India tienen sin duda un valor en sí mismas para ambas partes.

Estados Unidos, ya en la época de Clinton, reforzó su mirada hacia el Pacífico. Es una tendencia que no ha hecho más que acelerarse, pero no quiere decir que las relaciones con la Unión Europea se resientan por ello. Europa ha dejado de ser un problema para Estados Unidos como lo fue durante la guerra fría y en algunos momentos de los años siguientes, Estados Unidos forma parte de la seguridad del continente europeo, que es algo más que la Unión Europea; recuerde el debate entre la nueva y la vieja

Europa tan querido para Rumsfeld, que en el fondo deseaba una división interna en Europa y en el seno de la Unión Europea. Todo eso está superado, afortunadamente. La PESD (Política Europea de Seguridad y Defensa) es una realidad. Hoy tratamos de resolver juntos, y con terceros, los problemas de la agenda mundial, incluso en el campo de la gestión de conflictos. Lo que no quiere decir que no haya en ocasiones roces, a veces importantes. Lo contrario no sería natural.

LB: *El 11-S fue el momento en que todo empezó a moverse, hasta el punto de que el cambio de atmósfera afectó a las relaciones transatlánticas más incluso de lo que se percibió inmediatamente. ¿Qué papel jugaron las instituciones europeas en aquel momento tan complejo?*

JS: El primer mandato de Bush estuvo dominado por la división entre los países que contribuyeron y los que no contribuyeron a la guerra de Irak y por los problemas de la cooperación antiterrorista, que son de gran delicadeza y en los que domina lo intergubernamental. Así que las instituciones europeas jugaron un papel secundario al principio. Es un tipo de cooperación que se hace entre servicios de inteligencia y gobiernos bilateralmente con Estados Unidos. Cuestiones que luego se fueron conociendo, como las *renditions* o entregas extraordinarias, caían fuera de las competencias comunitarias. Eran estrictamente bilaterales. Fue una temporada muy intensa de relaciones bilaterales con Estados Unidos de cada uno de los países. Sí participamos en algunos temas que son competencia comunitaria, sobre todo controles en los aeropuertos y fronteras en general, que son importantes en la cooperación antiterrorista. En aquellos momentos surgió bajo mi responsabilidad el embrión del Centro de Situación con el que se inició una primera fase de cooperación institucional en materia de inteligencia.

LB: *Usted asegura que las* renditions, *el eufemismo para designar el secuestro de sospechosos de terrorismo y su entrega a terceros países para su interrogatorio sin garantías jurídicas, fue uno de los momentos más difíciles de toda su vida política.*

JS: Fue un momento muy difícil y complejo. Las instituciones, y en este caso yo mismo, no teníamos competencia alguna en la materia; no obstante, cooperé en el Parlamento Europeo en lo que pude, e hice todo lo posible por aclararlo. No fue uno de los momentos mas brillantes de la Unión.

LB: *Tampoco España cooperó mucho.*

JS: Nadie lo hizo.

LB: *Y en ésas llega la flamante nueva secretaria de Estado, Condoleezza Rice.*

JS: Rice tuvo una entrada muy buena. Lo primero que hizo fue un viaje a Europa; una semana entera. Verdaderamente parecía como si fuera otra administración…

LB: *Aunque arrastraba aquella frase suya, difícil de olvidar, de «castigar a Francia, ignorar a Alemania, perdonar a Rusia».*

JS: Pero es del momento de la declaración de la guerra de Irak, muy anterior a su llegada a la Secretaría de Estado. Aunque no creo que la hubiera olvidado del todo.

LB: *Ella es una de los «vulcanos», ese grupo de futuros colaboradores de Bush a los que se denomina con el nombre del dios griego Vulcano, cuya estatua se halla en Birmingham, la ciudad de Condoleezza Rice.*

JS: No exactamente, no. Aunque era próxima a algunos de sus planteamientos, los «vulcanos» eran en general *neocons* con largas trayectorias políticas. A mi juicio, Rice pertenece al entorno más personal de Bush desde antes de ganar las primeras presidenciales.

Yo la conocí durante la campaña de 2000. No sabíamos quién iba a ganar, y era mi obligación contactar con los republicanos, ya que con los demócratas tenía relación diaria. «En caso de que gane Bush —pregunté—, ¿a quién hay que ver?» Y me organizaron una entrevista con ella. Me puse a su disposición para explicarle las posiciones de la Unión Europea y las formas de cooperar en caso de que ganara, pasé casi un día entero con ella en plena campaña. Fue una visita de cortesía que ella agradeció mucho. Y cuando ganaron y se instaló en el despacho de al lado del presidente, resultó que yo era uno de los pocos en Europa que la conocía.

LB: *Como consejera nacional de Seguridad y probablemente también como secretaria de Estado de Bush, era muy «ángel, sí, señor». Le contaba todo al presidente con la máxima claridad y franqueza, pero luego le decía que sí a cualquier cosa y a cualquier decisión que tomara.*

JS: No tuvo fuerzas para imponerse como consejera nacional de Seguridad. Tenía una relación de familia, casi paternofilial, con los Bush, pasaba los fines de semana en Camp David. Pero tenía que pelear con Cheney y Rumsfeld, y no podía con ellos porque al final era a ellos a quienes escuchaba Bush.

LB: *Que no tenían muy buena relación con usted, ¿verdad?*

JS: Con Rumsfeld siempre me llevé muy mal. Para serle sincero, creo que le vi una vez. En Munich en aquella famosa conferencia de seguridad, a finales de febrero de 2003, a la que asistió poco antes de la guerra de Irak en la que dividió a Europa. Quería verme, quedamos, y la verdad es que la reunión salió fatal. Yo trataba de abrir camino para alcanzar una estructura de seguridad en la Unión Europea, dentro de la política exterior; tenía un mandato claro para ello. Pero esto a Rumsfeld no le gustaba nada. Se puso incluso un poco impertinente. No quería ni oír hablar de una defensa autónoma europea. Creo que no le he vuelto a ver más. En mis viajes a Washington, que continuaron, iba a ver a Powell o a Rice, pero por el Pentágono no pasé más hasta que llegó Gates, por quien tengo un gran respeto.

LB: *¿Y Cheney?*

JS: A Cheney le vi pocas veces en el primer mandato y alguna más en el segundo. Sólo cuando él lo pedía. Las visitas al vicepresidente son muy protocolarias. Hablaba muy bajito, apenas se le entendía, no vocalizaba mucho, impasible. Podía lanzar algún mensaje, porque mandaba mucho, pero sin entrar en detalles, todo con carácter muy general. No dejaba de ser eso, protocolo de altura.

LB: *¿Cómo era la relación entre el Alto Representante y el secretario de Estado? ¿Es verdaderamente una relación entre iguales?*

JS: Con todos los secretarios de Estado tuve una relación muy buena. Tanto con Albright como con Powell tuve una relación excelente. En el segundo mandato de Bush, Rice, ya secretaria de Estado, y yo nos reuníamos con mucha frecuencia. Dos veces al año, una de ellas en enero y otra antes de la Asamblea General de la ONU en septiembre nos reuníamos a comer, normalmente en el despacho del consejero de Seguridad, que entonces era Steve Hadley. A mí me acompañaba Robert Cooper (director de Política Exterior de la Unión Europea). Y los cuatro hacíamos una especie de diseño de lo que podía pasar en los siguientes seis meses, en todos los terrenos y analizábamos en qué y cómo podíamos cooperar. Y luego nos veíamos periódicamente en Washington o en muchas otras reuniones en las que coincidíamos, infinitas, como infinitas eran las videoconferencias. Entre la Secretaría de Estado estadounidense y el Alto Representante de la Unión Europea, la relación era entonces permanente a todos los niveles, raro era el día en que no había algún tipo de contacto. Y raro también el mes sin reunión con el secretario o la secretaria de Estado, si contamos todas las reuniones multilaterales, porque como Alto Representante yo participaba también en las reuniones de la OTAN, por ejemplo. Así que prácticamente todos los meses nos veíamos dos veces al menos.

LB: *Una auténtica estructura de cooperación. Pero ¿realmente horizontal?*

JS: Era una relación cordial que, además, permitía poner encima de la mesa todos los temas y los problemas, reflexionar juntos sobre la perspectiva inmediata, es decir, la agenda de los seis meses siguientes con sus prioridades, y marcar los puntos en los que podríamos colaborar. Al principio era una agenda limitada, pero luego se fue ensanchando y empezamos a pensar qué podíamos hacer juntos prácticamente en todos los ámbitos. Estamos hablando sobre todo del segundo mandato de Bush, aunque incluso en ese período quedaba el lastre de las difíciles relaciones anteriores. Como ya he dicho antes, Condoleezza Rice efectuó una excelente *rentrée* como secretaria de Estado, con un viaje que hizo a Europa por todo lo alto nada más iniciarse el segundo mandato presidencial, en febrero de 2005, haciendo gala de sus habilidades; es muy buena pianista, y lo demostró. Dio una conferencia y un concierto de piano en París, cosa bastante inusual para una secretaria de Estado norteamericana. Cenamos otro día en Luxemburgo con Jean-Claude Juncker, ella y yo, donde hicimos un *tour d'horizon* con gran profundidad, en el que ya se vio que se sentía más liberada de lo que supuso el 11-S y de su papel entonces como consejera nacional de Seguridad. Como secretaria de Estado quiso poner algunas cosas en duda respecto al primer mandato de Bush, recuperar el terreno perdido con los europeos y expresarse ya plenamente desde su nueva responsabilidad. Ese viaje estaba destinado a subrayar que las diferencias entre Estados Unidos y Europa por la guerra de Irak se habían superado. En cierta forma, era la preparación para que Bush viajara de nuevo a Europa y visitara también las instituciones europeas. Todo daba la impresión de pasar una nueva página. No obstante, Cheney continuaba. Y Bush aprovechó un receso parlamentario para nombrar embajador en la ONU a John Bolton, uno de los personajes más duros del ámbito conservador, que se encargó de hacer todo el daño posible en la ONU. Dificultó la mayor parte de las reformas que Kofi Annan quiso emprender y trató de desprestigiarlo por su comportamiento en la guerra de Irak.

El éxito del viaje de Rice hizo que al poco tiempo volviera Bush a Europa. Visitó las instituciones europeas y por primera vez un presidente estadounidense tuvo la reunión formal en la sala del Consejo Europeo. Normalmente, acababan sus reuniones en la OTAN. Su visita en el primer mandato fue durante la presidencia sueca, y hubo una reunión, en Göteborg, que fue mal, debido a la repetición de exposiciones por parte de los numerosos asistentes. Todos los que participaban iban repitiéndose ante el aturdimiento del presidente estadounidense. A Bush parecía que le iba a explotar la cabeza. Luego nos quejamos pero no aprovechamos esas cumbres. Aunque el segundo viaje de Bush, como he dicho, fue mejor.

LB: *Es lo que le pasó a Obama con los 27 en Praga. Tuvo la oportunidad de observar de primera mano cómo funciona la cacofonía europea.*

JS: En ese caso salió mucho mejor y tuvo un desarrollo mucho más profesional. Fue más corta, más interesante y más útil.

LB: *Esta relación tan estrecha con la Secretaría de Estado y el consejero nacional de Seguridad alguna susceptibilidad habrá levantado entre los europeos, porque es difícil pensar que los grandes países, Francia, el Reino Unido, Alemania, no hayan intentado al menos interferir en la labor del Alto Representante.*

JS: Era una relación muy estrecha; de hecho, hemos llegado a hacer reuniones breves durante el fin de semana. Llegaba el sábado a Washington y me iba el domingo para poder tratar las cuestiones más urgentes. Rice vivía en el famoso edificio del Watergate. Allí nos reuníamos a cenar, en ocasiones con el nuevo consejero nacional de Seguridad, y al día siguiente regresaba a Bruselas. En otras ocasiones era ella quien venía a Europa. Pero no ha habido interferencias, en absoluto. Yo he ido a esos encuentros con los estadounidenses solo, únicamente acompañado de mi equipo de colaboradores. Tocábamos todos los temas y la verdad es que nunca tuve ninguna interferencia de nadie.

Hay que tener en cuenta que, como Alto Representante de la Unión Europea, yo he formado parte de todos los grupos de contacto imaginables fuera cual fuese la geometría. He estado en todas partes. Realmente nos habíamos ganado el puesto. Si en aquellos años se hubiera ratificado la Constitución, todo habría sido aún mejor y más sencillo.

LB: *El grupo de contacto de Oriente Próximo, los seis de Irán… ¿alguno más?*

JS: Hay una relación muy estrecha entre Estados Unidos y los dos miembros permanentes del Consejo de Seguridad (Francia y el Reino Unido), más Alemania, sobre temas que a veces ni siquiera están en las agendas conocidas. He tenido el privilegio de estar presente y participar en ese tipo de reuniones. En muchos casos, estaban los cinco miembros permanentes del Consejo de Seguridad.

LB: *¿Y cuál ha sido su papel en esas reuniones?*

JS: Mi papel en esos foros era hacer ver las posibilidades que tiene la Unión Europea en la acción exterior. Era la manera de presentar las posiciones comunes de la Unión Europea, a través de mi presencia. Ésa era la coartada. Y la aceptaban.

LB: *¿Y fue así desde el primer día?*

JS: Sí, desde el primer día. He de reconocer que mi relación con Clinton y su equipo me ayudó mucho, gente como Madeleine Albright o Warren Christopher.

LB: *Pero será difícil que usted nos convenza de que no despertó celos, recelos y competencia por parte del Quai d'Orsay, del Foreign Office y del Auswärtiges Amt.*

JS: Pudo haberlos, pero finalmente lo aceptaron. En cualquier caso, lo que hice no se podía hacer contra ellos. Probablemente les convencí de que era lo mejor para todos. El resultado es que me parece que ha habido muy pocas cosas importantes en todo este tiempo en las que Europa no haya estado presente a través de mí. Ésa es la Europa que deseamos, la unida políticamente. Ésa es mi idea de Europa. La que me ha permitido llevar conmigo a todos los países, hablar en su nombre, negociar las cuestiones más diversas durante horas. La verdad es que he tenido mucha suerte y ha sido un gran privilegio.

LB: *¿También respecto a la información reservada e inaccesible al gran público?*

JS: Sí, la segunda ventaja que he tenido, también muy seria, es que he tenido una gran información de inteligencia. Los países con más capacidades me han tratado como si estuviera trabajando con cada uno de ellos y me han dado unos márgenes de confianza extraordinarios. Pienso que supe ganarme su confianza.

LB: *Fue evidente en las negociaciones sobre el programa nuclear de Irán, en las que usted negoció en nombre de todos, pero eso sucedió sobre todo con la segunda administración de Bush. Durante la primera apenas, porque los neocons, Wolfowitz, Libby, Perle, no debían de tenerle en muy buena consideración.*

JS: Con Wolfowitz no tuve una mala relación personal, porque ya le conocía de antes, como profesor universitario. Con quien tenía muy buena relación y a quien también conocía de antaño era con Bob Zoellick, que le sucedió en el Banco Mundial y durante un tiempo fue el *deputy* de Rice, el número dos de la Secretaría de Estado. Yo me entendía muy bien con él y trabajamos mucho juntos en relación con Sudán y Darfur, y en general sobre África, y muchas de esas reuniones, algunas secretas, las tuvimos en Bruselas.

LB: *Pero con quien usted se entendía mejor del segundo Bush era con Robert Gates, que sustituyó a Rumsfeld y luego se quedaría con Obama.*

JS: Con Gates empezó una reforma sólida de la defensa. Cuando fue nombrado, regresé al Pentágono después de años de no visitarles allí. Y últimamente, todavía he tratado mucho al jefe del Estado Mayor, el almirante Michael Mullen, y al *establishment* militar, para hablar sobre Afganistán y muchos otros temas.

LB: *Hablemos ahora un poco de los presidentes y empecemos por el primero que usted trató. Zbigniew Brzezinski (consejero nacional de Seguridad con Carter) dice que Bush padre ha sido el primer líder global, autoproclamado líder global sin la bendición internacional; es decir, que es el primero después de la guerra fría. Pero naufragan sus propuestas y su visión de un nuevo orden internacional.*

JS: En el balance de Bush padre está sobre todo la gestión del hundimiento de los regímenes comunistas después de la caída del muro de Berlín y la cuestión crucial de la unificación alemana. A mí me parece que lo hicieron bien y sacaron adelante una de las situaciones más complicadas que pudieran imaginarse. Lo hicieron entre cuatro o cinco personas: los dos estadounidenses Bush y Baker, los dos rusos Gorbachov y Shevardnadze y Kohl, y hay que elogiarles a todos ellos.

LB: *Y luego la primera guerra de Irak, que fue el momento en que la invasión de Kuwait por parte de Sadam Husein permitió enunciar la teoría de un nuevo orden internacional que se vio incluso como un buen modelo de cómo podía funcionar el mundo a partir de ese momento.*

JS: Ése es otro gran resultado de Bush padre. Consiguió hacer una coalición internacional, con el objetivo de restaurar la legalidad y se hizo todo conforme al derecho internacional, con la cobertura de las Naciones Unidas.

LB: *Y ahí tenemos el nuevo orden, con el primer líder global, que luego de pronto dejó de funcionar.*

JS: Ahora es cuando no funciona, pero entonces funcionó. Estados Unidos venía de protagonizar una victoria de gran dramatismo histórico como fue la caída del muro de Berlín. La supieron administrar bien, sin arrogancia. Pero desde esa altura, sólo se podía descender, y de hecho empezó a bajar progresivamente.

En todo caso, la primera guerra del Golfo salió bien. Y Bush padre tuvo el coraje y la inteligencia de no entrar en Bagdad.

LB: *Cosa que le reprocharían los amigos del hijo.*

JS: Fue una decisión muy bien fundamentada, basada en la inconveniencia de continuar la guerra. No quería romper la coalición. Hay que tener en cuenta que tenía dentro a los egipcios, a los paquistaníes, a los saudíes y a los sirios, entre otros. Hay que reconocer que no sabemos qué hubiera pasado, pero él puso por encima de todo la cohesión de la coalición y supo resistir a la presión de unos sectores que le decían que acabara de una vez con Sadam Husein.

LB: *La siguiente guerra, en Bosnia, también se hizo con cobertura de las Naciones Unidas y con una alianza internacional. Pero la tercera, la de Kosovo, ya se hizo sin cobertura aunque todavía con una gran alianza. Y luego ya llegó la de Irak sin nada, ni cobertura legal internacional ni una alianza sólida. Desde el primer líder global, Bush padre, hasta el tercero, Bush hijo, se produce como una degradación de las condiciones en que la comunidad internacional va a la guerra y en la práctica una pérdida de poder, hasta el punto de que ahora el líder global estadounidense tiene que ganarse la voluntad de los países emergentes en cada ocasión.*

JS: No podemos ir tan aprisa. La teoría de Estados Unidos como hiperpotencia surgió con Bill Clinton. Es decir, que no hay percepción alguna de que se produzca una degradación del poder de Washington. El poder estadounidense y el liderazgo global se sostuvieron durante mucho tiempo en este período. En medio, están los ocho años de Clinton, que son muy importantes en esta historia.

LB: *El segundo líder global, Clinton, todavía tenía autoridad, entre otras cosas porque la guerra de Bosnia y la de Kosovo se hicieron gracias a él; en caso contrario no hubiera habido guerra, por más que digan los europeos. Pero Obama, que tiene todo el perfil para ser un líder global, ya no lo es, porque Hu Jintao y Lula le pueden.*

JS: Es cierto que estas tendencias multipolares estaban latentes, pero la actual crisis económica las ha acelerado. Además, está el 11-S, que lo cambió todo. Sin aquellos atentados todo hubiera sido distinto. No sé dónde estaríamos ahora. El 11-S desencadenó un impulso de solidaridad enorme. Desde Rusia, por ejemplo. Hasta el punto de que Bush miró a Putin a los ojos y dijo ver a una gran persona. Y Putin cooperó hasta que se hartó de Bush. Le dejó las bases de Asia central, puso a su disposición todo lo que necesitó para la guerra de Afganistán… Es decir, con el 11-S se repitió un momento excepcional, casi como el de Bush padre después de la Cumbre de Oslo. Hubo una gran sintonía y una extraordinaria unidad internacional, aunque por poco tiempo, porque se les fue de las manos y se convirtió en un desastre con la guerra de Irak.

LB: *Bien, pero por un momento surgió otra vez el ensueño del nuevo orden internacional.*

JS: Lo determinante es el tipo de país en el que se interviene. Me acuerdo que en noviembre de 2001 estábamos en las Naciones Unidas y Powell nos contaba que en Afganistán estaban tirando en paracaídas sillas de montar para los guerrilleros que combatían a los talibanes. Allí se juntaban el siglo XVIII, el XIX o incluso la Edad Media con la tecnología del siglo XXI. Los GPS y las mulas estaban en el mismo escenario. Con todas esas peculiaridades y dificultades, allí se formó de nuevo una gran coalición internacional en respuesta al 11-S.

LB: *De todas formas, sigamos un poco para atrás. Había algunas cosas de Clinton que ya prefiguraban a Bush; en el tratamiento del terrorismo, en las respuestas militares en Sudán, en Irak sobre todo, con los bombardeos.*

JS: Creo que no. Todos los presidentes estadounidenses han respondido duramente a ataques padecidos por sus ciudadanos o su territorio, incluyendo las embajadas. Es una doctrina que no ha cambiado y que tampoco cambiará Obama. Pero no está articulado siempre de la misma manera. Los neoconservadores tienen una doctrina propia que va más allá de estas respuestas puntuales. Quieren cambiar el mundo, si es necesario por la fuerza.

LB: *Además, Clinton es el globalizador feliz. Es decir, crecimiento sin pausa, superávit, pero a la vez una gran incapacidad reformadora, porque tenía las manos atadas por el Congreso. Al final su balance como presidente quizá no está mal, pero como presidencia es bastante desastrosa, dominada por el Congreso y condicionada por el* impeachment.

JS: Esa etapa la viví de cerca y creo que nunca ha habido una conducta tan rencorosa contra un presidente. No le perdonaron que ganara las elecciones. Recuerde que fueron unas elecciones muy difíciles contra un presidente exitoso en su primer mandato y la presencia de un tercer candidato, Ross Perot. En todo caso, una presidencia en minoría da estos resultados. Ya a los dos años de su primen mandato estuvo acosado por Newt Gingrich y su revolución conservadora, cuando esa propuesta del Contrato con América consiguió terminar con la mayoría demócrata en el Congreso. Pero Clinton tenía y tiene una gran capacidad política y se inventó la triangulación, consistente en aplicar políticas que pertenecen al contrario situándose así en una tercera posición por encima de la izquierda y la derecha. Eso es política en estado puro. Sucedió con la desregulación, el rigor presupuestario o su declaración de que la era del *big government*, del gobierno poderoso, había terminado.

LB: *El gobierno por las encuestas y la triangulación conducen a preguntarse por las convicciones de Clinton. ¿En qué creía realmente?*

JS: En la globalización. Clinton es el gran globalizador, como todo su equipo, especialmente los secretarios del Tesoro, Robert Rubin y Larry Summers. Ellos dos son realmente los grandes impulsores del proceso de globalización y del libre comercio. Además, Clinton tuvo una gran dedicación a Rusia y estaba convencido de que si fracasaba ese país, todo sería más difícil. Siempre quiso que el antiguo imperio formara parte de un orden internacional nuevo, que él veía liderado durante un tiempo por Estados Unidos. Odiaba la expresión «posguerra fría», deseaba un orden nuevo y llegó a hablar de un nuevo sistema global.

LB: *Hay cierta ingenuidad en la primera percepción de la globalización clintoniana.*

JS: De lo que no nos dimos cuenta entonces es de que la globalización no iba a traer automáticamente cambios políticos, que es lo que se esperaba. Ésa es la gran sorpresa en perspectiva que dio la presidencia de Clinton, cuando se tomaron los mayores pasos hacia la globalización: la prosperidad sola no hace cambiar las ideas. Hoy lo vemos aún más claro.

LB: *Y la globalización también trae muchos problemas.*

JS: Sí, por supuesto. Y más nacionalismo como reacción. Aunque también aporta muchas soluciones. Además, con la presidencia de Obama, sobre todo si tiene dos mandatos, tenemos una nueva oportunidad de definir el mundo para mucho tiempo. Y la cuestión es si todavía somos capaces de preservar lo más valioso del mundo occidental. Porque la forma que tendrá el mundo deberá ser pactada. Eso sí que es nuevo, no se esperaba. Se esperaba que Estados Unidos siguiera mandando como hiperpotencia, y fuera pactando algunas cosas, pero con el timón en la mano. Lo cierto es que ahora hay que pactarlo todo. Hay que pactar la definición de las cosas, lo que Estados Unidos nunca ha querido. Ahora tendrá que hacerlo. Todas esas tendencias existían, pero la crisis las ha acelerado. Pese a que sigue siendo la gran potencia militar.

LB: *Por eso decía que en cierta forma hay cosas de Bush que ya estaban en Clinton. Como hay cosas de Obama que también estaban ya en Bush. Por ejemplo, esa desconfianza estadounidense por el multilateralismo ingenuo que es compartida por todos y no es cosa exclusiva de los neocons.*

JS: Los estadounidenses tampoco quieren que los dejen en minoría en público. Cuando dicen «vamos a las Naciones Unidas», como me han dicho a mí muchas veces, antes quieren definir en qué términos se va, porque luego, si resulta que las cosas no salen adelante, no quieren quedarse solos. No quieren ser identificados con el veto sistemático, que también produce cierto desgaste. Cuando empiezan un debate, quieren acabarlo bien y sacar las consecuencias, en vez de quedarse solos en el Consejo de Seguridad con el único instrumento de su derecho de veto.

LB: *Pero además hay un poco de filosofía política americana de fondo.*

JS: Claro, el excepcionalismo americano no lo ha inventado Bush. Está incluso en Obama, y en los padres fundadores, que lo dicen en sus escritos: «Somos un país especial». No tenemos fronteras, no tenemos nada más que mar alrededor, estamos solos aquí, hemos venido aquí a cumplir con nuestro destino manifiesto, con una misión. Eso son los Estados Unidos de América. Aislacionistas hasta la Primera Guerra Mundial.

LB: *Volvamos para terminar con Clinton. Quisiera que hablara de la Tercera Vía de Blair, del* Neue Mitte *de Schroeder, y de los nuevos demócratas de Clinton. También del ensueño, que dejó de funcionar muy pronto, de que Europa y Estados Unidos iban a sintonizar ideológicamente gracias a esta especie de nueva internacional centrista y reformista a la que se le da el nombre de Nuevos Progresistas.*

JS: Yo creo que la reforma más importante que se hizo en la socialdemocracia la hicimos nosotros los españoles, y fueron las políticas del PSOE que llevaron a cabo los gobiernos de Felipe González.

La famosa cláusula 4 de los estatutos que Blair eliminó, en la que el Partido Laborista se comprometía con la propiedad pública, es como el marxismo para el PSOE. Lo hicimos veinte años antes. A veces pienso que no se ha hecho justicia con los años del

PSOE en el gobierno, que fueron años de políticas muy reformadoras, muy modernas. Todo el pensamiento de la Tercera Vía no va mucho más allá, en modernidad, en comprensión de las cosas, de lo que se había hecho en España quince años antes en plena guerra fría. En España se hizo un gran trabajo.

LB: *Aparte de la presidencia y el Congreso, en Estados Unidos los grupos de presión nacionales juegan un gran papel. ¿Cree usted que puede entenderse la ampliación, la de la Alianza Atlántica sobre todo, sin tener en cuenta el papel desempeñado por los lobbies polacos, bálticos, checos, que actuaron además con bastante dinero y con bastantes medios?*

JS: Sin duda existen colectivos grandes, desde los polacos hasta los serbios, que se pusieron en marcha con motivo del nuevo diseño de Europa pero no fueron determinantes.

LB: *Brzezinski ha dicho que Estados Unidos tiene tres cosas que dificultan su política exterior: el Congreso, los* lobbies *y la ignorancia de la opinión pública en temas de política internacional por culpa de la degradación de la prensa. El segundo obstáculo son los* lobbies. *También los hay en Bruselas.*

JS: Pero la estructuración en Bruselas es totalmente distinta. En Bruselas son sobre todo *lobbies* comerciales e industriales, más que políticos. Pero allí las minorías son grandes y poderosas. El grupo de presión georgiano, el ucraniano y casi todos los del Este han logrado muchas cosas. Aunque en ocasiones no funciona: el serbio le sirvió muy poco a Milošević.

LB: *Y, además, el modelo parece como si fuera el israelí, el* lobby *más poderoso.*

JS: De los *lobbies* estadounidenses, el primero en influencia es el israelí, pero el cubano es muy importante también. Y, por ejemplo, el armenio. Por eso consiguieron que se reconociera el genocidio en el Congreso, justo en el momento en que Turquía y Armenia estaban a un paso de restablecer relaciones diplomáticas.

LB: *Y luego están los* think tanks, *que usted conoce muy bien y también le conocen a usted.*

JS: Son importantes, porque es una sociedad en la que la política funciona de una forma muy distinta de la nuestra. Hay *think tanks* y también hay *lobbies* disfrazados de *think tanks*. En todo caso, es una tradición única, que ni siquiera existe en el Reino Unido. Su origen responde a que los partidos no tienen estructuras y no proporcionan respuestas políticas, y a la falta de estabilidad de la función pública. De ahí la necesidad de centros creadores de reflexión académica y otros más orientados a la política y a la zona intermedia entre la política y la academia. A lo que hay que sumar el mecenazgo, que no existe en la misma medida en Europa. Yo los conozco bien y desde hace años colaboro activamente con la Brookings Institution, que dirige una personalidad como Strobe Talbott, uno de mis mejores amigos.

LB: *Y luego también hay, sobre todo alrededor de Washington, un grupo humano, doscientas, trescientas personas, que son los que deciden la política exterior y de defensa en todo el mundo, y de cuyas cabezas, discusiones y* papers *suelen salir todos los consensos. Encabezados por los ex secretarios de Estado y los ex consejeros nacionales de Seguridad, con Kissinger en primerísimo lugar. Permítame que le haga una observación casi de orden filosófico respecto a estos expertos. Trescientos o cuatrocientos tipos especialistas en cada una de las ramas de la acción política, cada uno con las diez mil reglamentarias horas de vuelo como mínimo que exige la excelencia en una profesión, y al final se equivocan tanto, nos equivocamos tanto, y vamos cometiendo tantos errores constantemente.*

JS: Creo que exagera y también hay éxitos. Por ejemplo, es inconcebible hoy una guerra que involucre a los miembros permanentes del Consejo de Seguridad e incluso es muy improbable una guerra entre estados. Eso es un éxito indiscutible. Pero además es que la política exterior es muy difícil. Quizá es lo más difícil de todo.

En los conflictos de hoy sucede un tanto paradójicamente que lo que para ti es política exterior para el otro es su política local o interior. Y es precisamente en su carácter local donde aparecen los límites de lo que se puede hacer y de lo que no se puede hacer y las dificultades para conocer, comprender e interpretar. Quienes se ven obligados a intervenir desde fuera en estos problemas locales que componen la política internacional sólo llegan a ser de verdad eficaces cuando se embarran y ensucian las manos intentando ayudar en la política doméstica de otro país, sin imponer nada. La condición básica es que no se puede intervenir sin una gran claridad estratégica, sin saber exactamente qué fines se persiguen, aunque una vez te has decidido a intervenir entonces hay que tener en cuenta que la lucha contra el reloj funciona no tan sólo a nivel local, sino también en tu campo, allí donde tu acción es internacional. En todos los casos de gestión internacional de crisis, el objetivo es la creación de un espacio en el que la política pueda actuar de nuevo autónomamente, pero esto, de tan difícil obtención, ya no puede ser obra de los forasteros. Hay una cita de T. E. Lawrence que lo explica muy bien: «Mejor que lo hagan ellos de forma imperfecta a que lo hagamos nosotros de forma perfecta. Nosotros nos iremos y ellos se quedarán».

LB: *Quizá esto explica luego los problemas que existen en todo el mundo de desafección por la política.*

JS: Regresemos a España por unos segundos y tomemos lo que ha sucedido a principios de año. En pocas semanas hemos tenido un grave problema con un barco atunero secuestrado en la costa de Somalia, en el Índico; se ha movilizado todo lo que se podía movilizar, ha actuado la justicia, y aun así, no se resolvía. Cuando se resuelve, llega una activista saharaui a las Canarias, donde se declara en huelga de hambre, con las consecuencias que siguen. Y a continuación al-Qaeda secuestra a tres españoles en Mauritania. En un mes cabe preguntarse «¿cómo nos pueden pasar tantas cosas sin haber hecho nada?». También podemos preguntarnos por su repercusión y por el peso que tiene en las preocupaciones y en el debate interior español. Fíjese que todas eran noticias exteriores con impacto directo interior.

LB: *Pero la noticia interior de estos días era el terremoto de Haití, vivida casi como política doméstica.*

JS: Ésta no es negativa, al revés, despierta los mejores instintos: la generosidad, la compasión, la solidaridad; las otras tres despiertan los peores instintos.

LB: *Se viven como fracaso, sí.*

JS: Multipliquemos eso por el factor que sea y pensemos cómo se levanta Estados Unidos cada día. Lo que pasa es que en Estados Unidos es a una élite a la que le importa eso, y apenas influye en las elecciones; no las ganas ni las pierdes por la política exterior.

LB: *Hace treinta años, menos incluso, para tomar una decisión había muchos menos papers, muchos menos expertos, mucha menos reflexión; y quizá porque el mundo estaba organizado de otra forma, el resultado tenía una apariencia menos catastrófica...*

JS: Sí y no: la cantidad de gente que durante la guerra fría ha trabajado en estos temas es infinita; expertos en seguridad, expertos en control de armas, de armas clásicas, armas nucleares, inteligencia... Para empezar hay muchos menos militares.

LB: *El mundo se ha hecho más difícil.*

JS: La simplicidad de la guerra fría tenía sus ventajas comparada con esta época, pero no era mejor, ni podemos lamentar su fin. Cuando las cosas vienen mal dadas, se hace todo terriblemente complicado. La crisis económica empieza con algo tan noble como darle crédito a los que no tienen vivienda; cosa más noble no puede haber, y ya vemos en lo que hemos acabado por la codicia de algunos.

LB: *Con Bush se abordó la organización del planeta con conceptos calcados de la guerra fría. Con Obama, sin embargo, ya sabemos que no*

79

sirven, pero no hemos sido capaces y sobre todo Estados Unidos no ha sido todavía capaz de organizar el mundo según los nuevos parámetros.

JS: Pero es que Estados Unidos ya no puede organizar el mundo solo, tiene que pactar. Como dijo hace poco Niall Ferguson, Obama ya no es la persona más importante del mundo.

3

La guerra que nos dividió

Los atentados del 11-S • Cambian las políticas antiterroristas • Guerra en Afganistán y preparativos para derrocar a Sadam • La seguridad de Israel y el petróleo • Armas de destrucción masiva e inspecciones de las Naciones Unidas • Europa se divide • La guerra preventiva • Powell en el Consejo de Seguridad • El decantamiento de Blair • El mundo árabe se aleja • El Gran Oriente Medio de Bush en su segundo mandato • La doctrina europea frente al terrorismo • El multilateralismo eficaz

LLUÍS BASSETS: *Quisiera empezar el capítulo de nuestra conversación sobre la guerra de Irak remontándonos un poco, para regresar a la primera guerra de Bush, la de Afganistán, pero sobre todo al 11-S y sus consecuencias. Empecemos por los atentados de Nueva York y Washington. ¿Dónde estaba usted? ¿Cuál fue su primera reacción y la de las horas siguientes?*

JAVIER SOLANA: Estaba en Crimea en una cumbre entre la Unión Europea y Ucrania con el presidente Kuchma que tenía lugar en un antiguo pabellón de caza utilizado por los presidentes de la Unión Soviética. Un lugar imponente en la zona central de la isla. La reunión fue muy productiva. Al finalizar la comida, sirvieron el café en una pradera del bosque con un breve concierto de jazz a cargo de unos jóvenes del pueblo vecino. El presidente nos presentó a los músicos con orgullo. Era un día soleado, precioso. Nada más empezar la música sonó mi teléfono. Le comuniqué al presidente Kuchma las primeras noticias que llegaban, aún confusas. Al poco tiempo todos los teléfonos empezaron a sonar. Algo serio había ocurrido. Nos reunimos los cuatro, Kuchma, Romano Prodi, Guy Verhofstadt, entonces primer ministro belga y presidente de turno de la Unión Europea, y yo, y empezamos a organizar el regreso a Bruselas.

Llegamos por la noche al hangar militar del aeropuerto de Bruselas, donde nos esperaba toda la prensa, cientos de periodistas. En el avión habíamos preparado una declaración institucional de apoyo y solidaridad que leyó Guy. Ya en Bruselas convocamos varias reuniones de urgencia y tomamos contacto con Washington y las distintas capitales.

Ya no me acosté. Hablé con Robertson, secretario general de la OTAN, donde ya estaban considerando activar el artículo 5, el relativo a la defensa colectiva. Las horas y los días siguientes fueron de coordinación con Washington. Todo fue un tremendo shock, la conmoción que supuso para todo el mundo es inenarrable: nadie ha olvidado dónde estaba cuando se enteró. Las imágenes de los aviones chocando contra las torres están grabadas en la memoria colectiva de la humanidad. La portada de *Le Monde*, «Todos somos americanos», es quizá lo que mejor lo simboliza.

LB: *Pero en ese momento, los atentados no separaron a los europeos de los estadounidenses ni dividieron a la Unión Europea.*

JS: Evidentemente no, al contrario. La solidaridad fue total.

LB: *Los problemas vinieron más tarde.*

JS: Claro. El momento de mayor dificultad con Estados Unidos fue la guerra de Irak. Dividió a la Unión Europea, dividió a las sociedades de cada uno de los países, dividió a las Naciones Unidas, dividió a la sociedad estadounidense, y dividió a todo el mundo. Y visto con la distancia con que hoy lo miramos fue todo un grandísimo error. Todos los problemas que se decía que iba a resolver, se han envenenado y encrespado. No se resolvió el que se quería arreglar, puesto que Irak no está resuelto todavía. Además, regalamos a Irán dos bazas. Irak, por una parte, que había sido la potencia regional árabe más importante con gobierno suní, ha pasado a ser gobernado por los chiíes como Irán. Y luego Afganistán, donde también son notables la influencia y los intereses iraníes.

Además hay que recordar los problemas que trajo esa guerra, fue muy duro para todos, no solamente por las cosas que estaban pasando, sino por las consecuencias que tenían en nuestra casa. Recuerdo vivamente la Conferencia de Munich, cuando Rumsfeld cargó contra la vieja Europa. Estábamos a punto de poner en marcha el proceso de ampliación de la Unión Europea, con las grandes dificultades internas que un proceso así genera. Y de pronto la cuña entre la nueva y la vieja Europa conduce a presentar a los países nuevos como representantes de una nueva visión del mundo, y a los viejos como unas antiguallas que no entendíamos nada de por dónde iba a ir el futuro.

LB: *Hubo enseguida una gran presión propagandística acerca del mundo que iba a surgir del 11-S. Se dividía a la gente según si estaban dispuestos a cambiar de mentalidad y a aceptar nuevas formas de combatir el terrorismo, con insinuaciones sobre la restricción de las libertades y el Estado de derecho, o preferían mantenerse en lo que los neocons considera-raban una mentalidad anticuada. ¿Cómo vivió usted esa presión dentro de la Unión Europea? ¿Llegó a hacer mella sobre las instituciones de la Unión Europea como sucedió con muchos gobiernos?*

JS: Más que mella, se tomaron con rapidez varias iniciativas tras el 11-S. Al poco tiempo se creó la figura del coordinador de la lucha antiterrorista para tratar de buscar la máxima eficiencia y valor añadido. No olvidemos que las competencias en esta área son nacionales, aunque sí se avanzó hacia una colaboración más estrecha tras el 11-S. El Consejo de Justicia y Asuntos de Interior adquirió más relevancia, y con ellos me reuní con frecuencia aquellos días.

LB: *Otra de las cosas que sucedieron en aquel momento es que todo el mundo aprovechó la circunstancia internacional para sus intereses. Sharon, Aznar o Putin hicieron todos lo mismo con aquella frase que encuadra muy bien lo que sucedía, que es que todos los terrorismos son iguales.*

JS: Después del 11-S la conmoción fue terrible en todo el mundo, y el terrorismo, sea el que sea, viniera de donde viniera, adquirió la tonalidad del mal absoluto, del enemigo a batir. Casi todos se sumaron a la solidaridad con las víctimas, pero también fueron muchos los que lo utilizaron para legitimar sus posiciones, está claro.

LB: *Además, en el caso español, parece como si por primera vez se entendiera internacionalmente lo que nos pasa a nosotros con ETA, ¿no?*

JS: La atmósfera internacional sobre el terrorismo dio un cambio radical, y eso afectó a las organizaciones terroristas, sin duda alguna. Se disiparon todas las dudas sobre cómo tratar los movimientos terroristas, inmediatamente después del 11-S. Y la presión como consecuencia afectó también a los propios movimientos terroristas.

LB: *En todo este proceso, entre el 11-S y la guerra de Irak, una de las cosas que se produjo fue una coordinación muy estrecha de los servicios secretos europeos con los estadounidenses, que fue mayor o menor según los países, pero a veces estrechísima, como en el caso de los británicos.*

JS: Todos se coordinaron y cooperaron. En eso no hubo diferencias. En la cooperación en la lucha antiterrorista nadie era tan ingenuo como para pensar que podía estar libre de un posible atentado. Se cooperó bilateralmente. Los estadounidenses y los británicos siempre han tenido una relación muy intensa. Lo que sí es verdad es que otros países se incorporaron, en la medida de sus capacidades y de sus posibilidades, en la cooperación y en el intercambio de información. Pero fundamentalmente se trataba de ayudar a Estados Unidos, y como contrapartida también de encontrar algunas vías que pudieran ayudar a los países que habían sido amenazados o que estaban expuestos a amenazas radicales, como fue el caso de España con el 11-M.

LB: *Vayamos, pues, a la guerra de Irak. Su buena sintonía con Washington, que había conseguido mantener hasta entonces, entró en un momento delicado con la guerra de Irak. Pero a siete años vista de la invasión ya se puede hacer balance.*

JS: Empecemos por decir que los efectos del 11-S pusieron Oriente Próximo del revés. Los palestinos, con Arafat prisionero en la Mukata. Sharon, con el éxito de que consiguió identificar el 11-S con Arafat y la lucha antiterrorista con su combate contra la OLP. Recuerdo una reunión muy dura con Arafat sobre ese tema porque le aconsejábamos que entendiera la nueva situación de una vez y no se dejara arrinconar. Que es lo que hizo Musharraf con mucha astucia alineándose formalmente con Washington. El resultado es que Irak ha quedado destrozado, con decenas de millares de muertos, e Irán reforzado, como potencia regional. Es decir, la guerra Irak-Irán, terminada en tablas en 1988, la ha acabado ganando Irán años después. Así que la guerra de Irak ha conseguido todo lo contrario de lo que se proponía. Visto desde la perspectiva de hoy, fue un gran error.

LB: *Y visto desde la perspectiva de ese momento, ¿tenía algún sentido? A pie de calle claramente no lo tenía, porque las opiniones públicas estaban en contra en un 80 por ciento.*

JS: Irak era un obstáculo para la estabilidad de la región, pero el reequilibrio resultante dejó un escenario mucho más complejo que hoy todavía padecemos. Los *neocons* querían defender a Israel más que el petróleo. Pensaban aprovechar la situación para garantizar la seguridad de Israel y librarla de sus enemigos. Era una operación para realinear Oriente Próximo dejando a Israel final-

mente asentado y eliminando todo tipo de obstáculos y dificultades para su política. Las consecuencias no han proporcionado la
estabilidad que ingenuamente buscaban. No se daban cuenta de
que, además, estaban sembrando las semillas para que llegaran cosas peores. De todos modos, en ese momento había tres argumentos principales y de peso que explican lo que pasó, la amenaza de
las armas de destrucción masiva, la cruel dictadura de Sadam y el
impacto del 11-S.

LB: *Vayamos al meollo de Irak. ¿Cómo se llegó a la decisión?*

JS: Un sector del Partido Republicano tenía a Irak como objetivo desde antes del 11-S. Los atentados reforzaron esa posición.
Hubo un largo proceso preparatorio que al inicio estaba mezclado
con la primera guerra de Afganistán. La primera guerra de Afganistán se apoyó y contó con un mandato de las Naciones Unidas.
Se tardó cierto tiempo en juntar todas las piezas necesarias, pero
cuando se hizo fue una guerra relativamente corta. Sin embargo,
hoy ya tenemos suficiente información para poder decir que en la
cabeza de los dirigentes de la administración de Bush estaba dar el
salto que algunos creyeron que se debía haber dado en la primera
guerra del Golfo: el cambio de régimen de Sadam Husein. Y con
esa obsesión o con esa idea como vector hay que interpretar todo
lo que pasó hasta que empezó la guerra de verdad. Hubo infinidad
de debates públicos sobre si había que intervenir para derrocar a
Sadam Husein, pero la idea de derrocarle era anterior y había sido
lanzada en una famosa carta de los neoconservadores (del Project
for a New American Century o PNAC) dirigida a Bill Clinton
del año 1998, en la que se planteaba abierta y directamente la
cuestión del derrocamiento y del cambio de régimen. Había un
doble propósito en esta idea que afectaba a Israel y al suministro
de energía. Junto al desprecio por Sadam Husein y al deseo de li-
berar Irak de su dictadura, los *neocons* querían reorganizar todo
Oriente Próximo con un predominio de Israel.

LB: *Ninguno de los dos elementos estaban en el primer plano de las preocupaciones europeas.*

JS: En el seno de la Unión Europea había una gran preocupación y al principio una gran duda sobre qué había que hacer. Lo que se seguía con extrema atención era el debate sobre las armas de destrucción masiva. Sobre todo a través de Hans Blix (jefe de la Comisión de Inspección y Verificación de Armamento de las Naciones Unidas entre 2000 y 2003), en cuyas capacidades y juicio confiábamos plenamente. Y como se demostró luego, no nos equivocamos. El análisis de Blix fue mucho más ponderado, y seguramente las cosas habrían salido mucho mejor si se hubiera seguido su pauta.

LB: *Europa se dividió ya desde un principio ante las primeras insinuaciones sobre el ataque a Irak.*

JS: En la Unión Europea se podían percibir tres bloques o posiciones acerca de los preparativos de la guerra de Irak. En primer lugar, la posición británica, que desde el principio secundó en todo a Estados Unidos. Hay muchos documentos y memorandos que lo muestran y que habían circulado ya entre Blair y Bush, así como las numerosas visitas de Blair a la Casa Blanca o a Camp David; es una parte bien conocida y que ya es de dominio público, porque se han abierto muchos archivos. Había una segunda posición, articulada en torno a Francia y Alemania, mucho más reticente a cualquier acción que fuera más allá de lo que era absolutamente necesario para luchar contra el terrorismo. Franceses y alemanes querían evitar dar cualquier viso de credibilidad o de viabilidad al debate que se había abierto poco tiempo antes sobre la doctrina de la guerra preventiva y su justificación.

LB: *Faltaba el tercer grupo de países de la Unión Europea.*

JS: Sí, el de los indecisos, quizá más proclives a no separarse de Estados Unidos. En aquella situación creían que la guerra que se preparaba era la gran oportunidad de afirmarse en sus valores y en que volvíamos a la gran coalición de 1991, con la idea equivocada de que el mundo árabe iba a comprender esas posiciones. Pero todo eso sin apenas explicarse ni justificarse. Parecía una especie de ensueño o autoengaño.

LB: *Sin embargo, en aquel momento usted se entendía muy bien con Powell, ¿verdad?*

JS: Sí. Le conocía porque había sido jefe del Estado Mayor de Bush padre y estuvo unos meses con Clinton. Enseguida me llevé bastante bien con él. Es una gran personalidad política y un militar de prestigio al que se ha identificado con una doctrina militar, la doctrina Powell. Es muy sencilla: cuando Estados Unidos entra en un conflicto hay que ir hasta el final, poniendo todos los medios. Era y es un personaje muy respetado, que incluso barajó la idea de presentarse a presidente con los republicanos en 1996.

LB: *Además, tenía diferencias muy serias con Rumsfeld sobre cómo había que hacer la guerra.*

JS: Powell nunca creyó que Rumsfeld entendiera la situación militar. Su problema es que no llegó a ocupar ni formar parte del círculo íntimo presidencial en el primer mandato de Bush. Fue el primer nombramiento que hizo Bush para contrarrestar las críticas sobre sus escasos conocimientos de política internacional. Le nombró rápidamente como secretario de Estado y fue un golpe de efecto, porque era un hombre de gran popularidad tras haber sido jefe del Estado Mayor durante la primera guerra del Golfo. Pero nunca llegó a encajar. No estaba en el equipo básico de Bush, donde el hombre fuerte desde el principio fue Cheney. Y después de Cheney, Rumsfeld, que había sido su superior en la administración de Ford.

LB: *Powell, a diferencia de Baker, o de Madeleine Albright, o de Warren Christopher, apenas viajaba. En aquel momento se llegó a teorizar desde Washington que por correo electrónico se podían resolver cantidad de cosas en las relaciones internacionales. Usted debió de notar este cambio.*

JS: No tengo un recuerdo especial de que viajara mucho menos que los demás; lo que sí es verdad es que claramente no formaba parte del círculo decisorio de Bush. Recuerde, por ejemplo, que fue desautorizado en su primer viaje a Oriente Próximo. Siempre estaba en el límite, no digo en la oposición, pero casi en el límite de lo aceptable por parte de su propio gobierno. De hecho, tras las elecciones de 2004 fue el primero en salir.

LB: *¿Y por qué accedió a hacer la presentación sobre las armas de destrucción masiva de Irak ante el Consejo de Seguridad?*

JS: En aquellos momentos había dudas sobre lo que pasaba en Irak. Powell hizo un esfuerzo enorme por verificar todos los datos que le dieron y sólo presentó aquello que consideraba cien por cien seguro. Estaba tan preocupado que no se limitó a transmitir las notas que le prepararon, las estudió, las limpió y las completó con todo lo necesario. Me llamó por teléfono antes de su exposición ante el Consejo de Seguridad, la noche anterior o quizá dos noches antes. Yo estaba en Serbia, en Belgrado. Me aseguró que había comprobado todo lo que iba a decir. Me pidió una medida de apoyo, que no le dejara solo. Al día siguiente en Belgrado tuve que dar una rueda de prensa sobre otra cuestión, pero evidentemente me preguntaron sobre la exposición del secretario Powell y dije que no había que tomarla a humo de paja y que era una persona seria. Fue malinterpretado y salieron titulares diciendo «Solana apoya» y cosas parecidas. No me salió muy bien aquella declaración, pero me sentí en el deber de no dejarle solo en aquel momento. Sabía muy bien cuáles eran sus dificultades y con la relación que teníamos me pidió un favor y lo hice.

LB: *La escenificación no fue mala. Se comparó incluso con la que hizo Adlai Stevenson en el mismo Consejo de Seguridad sobre los misiles soviéticos desplegados en Cuba en 1962. Luego cuando entrabas en las tripas de las pruebas y de las fotos, ya empezabas a preocuparte. Pero así visto, dices «bueno, pues parece que esto es serio», ¿no?*

JS: Es muy difícil porque en esas presentaciones te abruman con datos y papeles, nadie tiene garantías, no tienes acceso ni a los originales ni a las fuentes. Lo que sí sé es que Powell lo pasó muy mal hasta que encontró lo que podía decir y lo que no podía ni debía decir. Y lo que dijo más o menos lo había comprobado él. Él y los suyos se pasaron horas y días preparando esa comparecencia. Luego tuvo el corolario de la segunda comparecencia con Dominique de Villepin (el ministro francés de Asuntos Exteriores), y aquel enfrentamiento en el que Villepin causó una gran impresión y fue muy aplaudido.

LB: *Lo más misterioso de todo esto, todavía hoy en día, a pesar del levantamiento de los secretos y a pesar de todo lo que conocemos, es que uno de los personajes centrales en la anterior década para encontrar una vía reformista, transatlántica además, entre Clinton y Schroeder, que es Blair, se decantara de una forma tan descarada, tan brutal y tan incondicional...*

JS: Fue crucial, sin duda. No quiero decir que Bush necesitara al cien por cien la compañía de Blair, pero que los británicos siguieran al lado de Washington todo el tiempo fue un elemento fundamental para que la guerra fuera comprendida internacionalmente en algunos círculos. También desempeñaron un papel determinante los nuevos miembros de la Unión Europea, que pertenecían a lo que Rumsfeld dio en llamar «la nueva Europa».

LB: *Finalmente, lo que queda de Blair es su adhesión incondicional a Bush. Así pasará a la historia.*

JS: Quizá. Ahora hemos visto sus comparecencias y las de su jefe de prensa, Alastair Campbell, ante la Comisión Chilcot (que investiga las responsabilidades en la decisión británica de invadir Irak). Todo lo que se está diciendo y está saliendo es muy serio. Igual de serio es lo que ha contado el primer ministro holandés, Jan Peter Balkenende, sobre cómo entró en la guerra. Hoy tenemos una visión mucho más clara de aquella época, que corrobora la visión de la mayoría, gracias a las comisiones parlamentarias de distintos países. Esa transparencia es Europa.

LB: *Usted intentó una fórmula de síntesis. Blair y usted, en el fondo, compitieron por hacer de puente transatlántico; Blair desde una posición más próxima a Bush y usted desde otra más centrada.*

JS: Yo lo que hice fue trabajar tanto como pude para llegar a una fórmula que nos permitiera salir airosos conjuntamente. No era fácil y, visto desde hoy, es evidente que se trataba de un esfuerzo inútil, no se podía llegar a nada.

LB: *¿Cómo resumiría la fórmula?*

JS: No tiene secretos. Había que ir todos juntos y había que hacerlo a través del único mecanismo donde podíamos encontrarnos todos, que eran las Naciones Unidas. Por eso se rompió. También hay que recordar que la postura de Sadam Husein facilitó mucho las cosas a los partidarios de la intervención.

LB: *Con más plazos de inspección y con amenazas de represalias en caso de incumplimientos.*

JS: Sí, se trataba de emplear todos los mecanismos de las Naciones Unidas, tal como ya se había hecho en el pasado. Había que seguir en la tesis de las Naciones Unidas y sobre todo de su jefe de inspectores, Hans Blix. Blix no era un loco. Daba plazos perentorios y quería una inspección de gran intensidad. A través de ese mecanismo se hubiera podido llegar a alguna fórmula, pero las posiciones estaban totalmente decantadas. Es decir, que el esfuerzo que se pudiera hacer, y que yo hice, realmente al final chocaba con decisiones que estaban ya tomadas.

LB: *¿Y a usted no le presionaron los estadounidenses para que intentara jugar el papel contrario, para que en cierta forma ayudara a Blair y sirviera de contrapeso a Blix?*

JS: No sólo a mí, intentaron convencer a todo el mundo. Blair trabajó muchísimo en esa dirección. Vino luego la Cumbre de las Azores y ya se vio que no había forma de llegar a ningún acuerdo.

Pero quizá el acto más llamativo y determinante fue la carta de los 8, un escrito pensado y meditado. En ella, lo más trascendente no era tanto la toma de posiciones respecto a la guerra de Irak como la toma de posiciones respecto a la política exterior de la Unión Europea. Viene a decir que hay una Europa que tras el 11-S entiende el mundo de otra forma, mira al futuro y es consciente de las amenazas que penden sobre nuestras cabezas. Y luego hay un grupo de ingenuos y antiamericanos, que es gente aferrada al pasado, incapaz de entender el mundo en el que vivimos y todavía más el mundo en el que vamos a vivir. Para mí la aparición de la carta constituye un punto de inflexión a partir del cual mi margen de actuación tiende a cero.

Cuando los dos miembros europeos del Consejo de Seguridad de la ONU que tienen derecho de veto, que son Francia y el Reino Unido, toman posiciones distintas, la figura del Alto Representante pasa a ser inoperante. En ese momento...

LB: *Europa deja de existir como política exterior.*

JS: ... y te dejan colgado. Yo lo he vivido sólo en ese caso, en las demás crisis que hemos tenido, internas y externas, los problemas siempre terminan encauzándose. Pero el límite total es cuando los dos miembros europeos del Consejo de Seguridad están en posiciones contrarias. En estos quince años sólo se ha dado de forma tan dramática y tan clara con la guerra de Irak. Fue un golpe tremendo.

LB: *El motivo aparente que suscita la carta-artículo de Aznar fue la reunión que acababan de tener los gobiernos francés y alemán, antes de un Consejo Europeo trascendente sobre Irak. Fue una cumbre bilateral para conmemorar, creo recordar, un aniversario del Pacto del Elíseo y terminó lógicamente con un comunicado. El reproche que se les hacía a Alemania y Francia, opuestas a la guerra preventiva contra Irak, es que querían decidir por todos los europeos y estaban instalando de nuevo un directorio de los dos grandes países a espaldas del resto de los socios.*

JS: En realidad, Francia y Alemania siempre han escrito cartas al Consejo Europeo. No han escrito cartas a la prensa. Era una tradición desde el principio que antes del Consejo Europeo llegara una carta franco-alemana sobre los temas que iban a discutirse. Pero yo creo que el ambiente se estaba envenenando porque había una diferencia fundamental sobre la comprensión de lo que era el multilateralismo y lo que era el juego de las grandes potencias en Oriente Próximo.

LB: *Curiosamente, en esa reunión del Pacto del Elíseo se esbozó lo que en algún momento pudiera ser una especie de uso conjunto del derecho de veto entre Francia y Alemania. Porque, claro, Francia, cuando su ministro de Exteriores, Dominique de Villepin, fuera al Consejo de Seguridad estaría representando en algún aspecto a Alemania, que no tiene una silla permanente ni derecho de veto en el Consejo.*

JS: Sí, pero es algo coyuntural. Mientras que cuando Francia y el Reino Unido se separan y distancian es algo estructural. Si queremos mantener una política común en el Consejo de Seguridad, entonces París y Londres deben ir con la misma posición. Son las dos voces que no pueden disentir, como sucedió entonces. La adhesión de Alemania o de España, en cambio, tiene otro carácter. Al final, el resumen es que la guerra de Irak ha sido profundamente divisiva. Lo ha dividido todo, instituciones y países. Dividió el Consejo de Seguridad, dividió las opiniones públicas europeas y la mundial, dividió a los jefes de gobierno europeos. Ha sido uno de los mayores acontecimientos divisivos de los últimos años. Visto desde hoy, hay que decirlo y repetirlo: fue un gran error.

LB: *Un gran error y un gran fracaso.*

JS: Sí. Un gran error y un gran fracaso, porque lo cierto es que al final se ha dotado a Irán de una capacidad en Oriente Próximo que no tenía. Y realmente hoy, si se pudiera rebobinar, si se hubiera hecho una política agresiva de inspecciones a fondo y a la vez de amenazas, como proponía Blix en materia nuclear, y una política agresiva políticamente, que se podía hacer, todo habría sido más fácil. Hubiéramos mantenido un equilibrio en la zona, con un Irán en un nivel mucho más limitado del que tiene. Hoy no sabemos qué rumbo va a tomar Irak después de las elecciones, aunque es alentador que haya surgido un nacionalismo iraquí unitario. Y hemos dejado Afganistán también muy mal. Hemos perdido mucho tiempo, cuando la guerra contra el terrorismo de verdad, en el sentido más profundo del término, es en Afganistán y en Pakistán.

LB: *Pero, curiosamente, parece como si lo único que quería obtener Blair, por lo que se ve en sus declaraciones de entonces y en sus valoraciones posteriores, el único resultado que quería obtener de la proximidad con Bush era convencerle para que ya de una vez resolviera el tema palestino. Y la hoja de ruta sale de ahí.*

JS: La hoja de ruta está muy bien, y para arreglar la situación en Oriente Próximo había que intentarlo. El error fue creer que eso iba a facilitar la coalición. Cuando se vio lo complicado que era el panorama, se intentó utilizar de una manera esquemática, y creo que no muy pensada por parte de los que la defendían. La idea era que si la primera guerra del Golfo permitió dar un impulso de donde salió Madrid y Oslo, ¿por qué no ahora? Era una idea atractiva, pero eran dos situaciones muy distintas. En la primera guerra del Golfo, la coalición era formidable, estaban todos. En ésta no había ningún socio importante del mundo árabe.

LB: *Y, además, en aquella ocasión, a diferencia de la segunda, se ató corto a Israel desde el primer momento. Aunque, en la segunda guerra del Golfo, incluso Aznar jugó un poco a esa carta de aprovechar la guerra de Irak para avanzar en la paz entre israelíes y palestinos. Apoyó a Bush, pero también dijo una frase famosa que luego quizá ha olvidado: «Menos Rumsfeld y más Powell». En todo caso, Aznar también jugó a eso, porque él tenía buena relación con Arafat en aquel momento. Tenía una rela-*

ción fluida, y Ana Palacio jugó a eso también, a sacar de la relación con Bush la reapertura del proceso de paz.

JS: Digamos que sí. Pero, objetivamente, era imposible. Es decir, no tenían nada que ver esas circunstancias con aquéllas, que dieron como resultado Oslo. Nada. De hecho, costó mucho recuperar lo perdido, hasta bien entrado el segundo mandato de Bush, si es que se recuperó, y sucedió cuando Irán ya había asumido su presencia en la región. En el Líbano, también Hezbollah ha adquirido una fuerza que no había tenido nunca o por lo menos nunca había demostrado tenerla. Recordemos que llegó a haber una guerra en 2006. Todo eso estuvo mal pensado y, como digo, la relación con el mundo árabe no se recuperaría hasta mucho después. Sólo con algunos líderes, como el presidente Mubarak, el rey de Jordania, Arabia Saudí o los Emiratos, estos últimos sobre todo debido a la amenaza que representa Irán, país al que temen como potencia nuclear.

LB: *Pero algo se recuperó en el segundo mandato de Bush.*

JS: Tuvieron que cambiar en el segundo mandato porque se dieron cuenta de que por ese camino no se iba a ninguna parte. Y recuperaron la relación con unos países que, como digo, pese a las heridas de la guerra, estaban muy preocupados por el arma nuclear, la emergencia de Irán y su presencia en los grandes países suníes de la región. De ahí salió el impulso para Annapolis.

LB: *En mitad de todo esto, hubo un momento importante cuando usted elaboró el documento europeo sobre prevención antiterrorista, frente a la doctrina preventiva de Bush y a la doctrina nacional de seguridad de Bush.*

JS: Sí, se me encargó que presentara una estrategia de seguridad para la Unión Europea, analizando el mundo tal y como era entonces. Estábamos en 2003. Fue la primera vez que la Unión Europea se dotaba de un documento de esta naturaleza. Creo que salió bien y que ha mantenido su vigencia durante años. Concebido como un armazón, se le han ido añadiendo actualizaciones cuando ha sido necesario. A mi juicio, lo más innovador es la terminología, pues se utiliza por primera vez una expresión que hoy está ya acuñada, pero entonces era inédita: el «multilateralismo eficaz» frente al unilateralismo practicado por Bush y al multilateralismo paralizante propugnado por otros. Aquí el término importante de la expresión es «eficaz». Todos éramos conscientes de que el multilateralismo dejado así solo difícilmente produce resultados. Y realmente había y hay todavía una responsabilidad en lograr que el multilateralismo produzca resultados, que todavía no está resuelto del todo. El multilateralismo no puede ser un elemento de gobernanza paralizante.

LB: *Un freno.*

JS: Eso es, tiene que haber una voluntad de resolución.

LB: *Que traducido quiere decir también multilateralismo hasta cierto punto. Quiero decir, multilateralismo hasta que ya no puedes seguir multilateralmente y entonces tienes que guiarlo y encauzarlo hacia una acción unilateral.*

JS: Pero esta idea de que hay una obligación de resultado es un paso muy importante, si queremos que realmente las instituciones funcionen. No quiere decir que siempre se consiga, sino que hay que intentarlo hasta la extenuación. Puede lograrse un acuerdo en la ONU porque algunos países te dejen actuar, sin que ellos tengan que participar en él.

LB: *El caso de Haití es un buen ejemplo. Es decir, para poner orden, ¿pueden hacerlo los cascos azules de la ONU con una resolución de las Naciones Unidas? No. En cambio lo pueden hacer los marines.*

JS: Ése es un caso bien claro. Lo pueden hacer los marines, pero con un mandato de las Naciones Unidas. La estrategia define básicamente lo que somos: multilateralistas. Pero queremos resultados y trabajaremos para que las instancias internacionales o multilaterales, que son las que defendemos, operen con capacidad, no solamente de debate, sino de resultados. Con dos palabras plasmas una manera de pensar y de actuar que ha empezado a tener efecto también en los demás.

LB: *Pero todo el documento está hecho frente a la guerra preventiva, no contra la prevención, que no es únicamente militar.*

JS: Prevenir es evitar la guerra. Es crear las condiciones para que no ocurra. Lo contrario es hacer la guerra para prevenir un hipotético ataque. Nosotros, como europeos, cuando actuamos, asumimos una gran responsabilidad, que no es sólo militar, es construir las condiciones políticas, sociales, económicas, etcétera, que hagan innecesario el conflicto.

LB: *Como es un documento conciliador, como todo lo que hace la Unión Europea, con la intención de aproximar posiciones con Estados Unidos, podríamos encontrar frases en las que en cierta forma se da por supuesto que Europa finalmente se ha sumado a la posición estadounidense.*

JS: No me parece que sea así; antes bien al contrario, es una respuesta a través del multilateralismo eficaz. Somos multilateralistas y no queremos acciones unilaterales, pero queremos unas instituciones multilaterales que produzcan resultados, que sean eficaces. Y en eso vamos a trabajar.

A mi juicio, en este documento por primera vez se trata el terrorismo como una amenaza global, se estructuran mecanismos de trabajo en común contra el terrorismo y se formulan e incorporan como objetivos de la Unión. Se habla también por primera vez colectivamente de un esfuerzo de la Unión Europea en la no proliferación. Hay aspectos muy avanzados sobre la construcción de un mecanismo que englobe a civiles y militares, comprometidos conjuntamente, desde el principio, en la planificación, la acción y el mando de las operaciones. En aquel momento se pone de manifiesto que lo militar solo no sirve, que luego es lo que veremos en el debate sobre la actuación en Afganistán.

4

Nadie estaba preparado para el horror

El fin de la guerra de Bosnia y los Acuerdos de Dayton • La política exterior europea, a prueba en los Balcanes • España ante las guerras balcánicas • Dirigentes y criminales • La guerra de Kosovo • Criterios para la guerra justa • La decisión de bombardear • La futura defensa europea • La generación del 68 se compromete • El debate entre los intelectuales de izquierda • Antitotalitarismo y conciencia del Holocausto • La independencia de Kosovo

LLUÍS BASSETS: *Usted llegó al Ministerio de Exteriores en el año 1992, en el momento en que ya estaba en marcha la descomposición de la antigua Yugoslavia. Eslovenia y Croacia se independizaron un año antes, momento en que arrancó la primera de las nuevas guerras balcánicas. ¿Cuál fue su primera impresión del avispero de los Balcanes?*

JAVIER SOLANA: Hasta entonces yo había seguido la situación como cualquier ciudadano europeo concienciado, quizá con más intensidad por ser ministro del gobierno. Un sentimiento de frustración nos embargaba a todos al ver una nueva guerra en territorio europeo. Además, mi llegada al Ministerio de Exteriores coincidió con el recrudecimiento de la guerra tras la independencia de Eslovenia y Croacia.

LB: *¿Usted cree que Francia fue demasiado lejos jugando la carta serbia y Alemania demasiado lejos con la carta croata? ¿O realmente se ha exagerado en las críticas a las divisiones europeas?*

JS: En la ruptura de Yugoslavia, sin duda Alemania jugó muy fuerte al reconocer a Croacia, posiblemente por motivos históricos. El ministro alemán de Exteriores era Hans Dietrich Genscher, que puso sobre la mesa del Consejo que si no se reconocía a Croacia, Alemania consideraría hacerlo unilateralmente. Francia, más allá de esa simpatía histórica por Serbia, jugó un papel distinto. La gran tragedia llegó con el reconocimiento de Bosnia-Herzegovina. La división de Yugoslavia según líneas étnicas era imposible por el mestizaje de siglos, y además las dificultades aumentaban cuanto más mezclada estuviera la población. Eslovenia se resolvió enseguida. Entre Croacia y Serbia la guerra fue sobre todo por las Krajinas, una zona serbia en territorio croata. Pero el conflicto más cruel fue en Bosnia-Herzegovina, donde había bosnios, croatas y serbios muy mezclados. Fue terrible por la cuestión de los enclaves, heredada de la estructura del Imperio otomano. En el territorio de cada etnia había enclaves de las otras. El ejemplo paradigmático fue Sarajevo, ciudad emblema de la convivencia durante siglos y que fue el escenario de los combates más duros.

Pero en la Unión Europea, una vez que se reconoció a todos los países, no hubo diferencias políticas.

LB: *Estados Unidos y el Reino Unido, por su parte, mantuvieron la equidistancia hasta 1992 como mínimo, momento en que empezó un cierto viraje desde el realismo de Bush padre al idealismo internacionalista de Clinton. ¿Cómo evolucionó la posición española en aquel momento?*

JS: España no tenía tradición de participar en operaciones de paz ni había actuado en el teatro europeo en el siglo XX. A pesar de esta carencia, no dudó en participar con sus socios y aliados.

LB: *Los sucesivos fracasos de las Naciones Unidas y también la falta de capacidad resolutiva de la Unión Europea condujeron a una si-*

tuación muy crítica. Todos los planes de paz y de mediación de los envia-dos especiales de las Naciones Unidas, Cyrus Vance y David Owen, iban fracasando uno detrás de otro a lo largo de 1993 y 1994. Los embargos de armas parecían perjudicar a los más débiles y dejar intacta la capaci-dad de destrucción serbia. Una de las fuentes de frustración fueron, por ejemplo, las zonas seguras, declaradas y teóricamente protegidas por las Naciones Unidas, y atacadas una y otra vez por los serbios, sin que sirvie-ran para nada las amenazas. Una de ellas fue Srebrenica, donde se pro-dujo el mayor genocidio en territorio europeo después de la derrota nazi. Todo esto debía de ser muy desesperante para los responsables de la época ¿No le ha dejado muy mal sabor de boca su primera experiencia en los Balcanes ya como ministro?

JS: Una frustración enorme. Por eso llegó el momento de la intervención. Hasta la UNPROFOR fue atacada.

LB: *Usted recibió entonces muchas críticas por la ineficacia tanto de las Naciones Unidas como de la Unión Europea. Fue el momento de aque-lla carta de Juan Goytisolo preguntándose qué hacía usted mientras la vida de la gente estaba en peligro en Sarajevo.*

JS: En aquel momento, agosto de 1995, yo era presidente de turno de la Unión Europea. Por supuesto había una gran frustra-ción por el curso de los acontecimientos y una culpabilización de los responsables políticos que no podían parar la violencia. Aquel verano la guerra dio un giro fundamental con la derrota de Serbia en las Krajinas, tras una ofensiva croata que empezó el 5 de agos-to. Cuando las tropas croatas entraron en las Krajinas tuve una reunión urgente en Ginebra con representantes de las Naciones Unidas, el 16 de agosto. Convocamos al ministro croata de Asun-tos Exteriores para garantizar que no hubiera represalias de nin-gún tipo. La situación se encarriló. Por la tarde salí en coche hacia Sarajevo para ver a Alia Izetbegović en un convoy de la ONU; iba conmigo el comisario Hans van den Broek. Nos avisaron que la zona del aeropuerto era peligrosa por la presencia de francotiradores, y efectivamente tuvimos un percance y nos dispararon, pero afortunadamente salimos ilesos. Cuando llegué a la oficina de Izetbegović me encontré en la sala de espera con Juan Goytisolo, que había publicado un artículo muy crítico en *El País* el día anterior.

Luego se disculpó. Pero los Balcanes fueron un gran fracaso. Hay que decir que, una vez más, todos llegamos con una experiencia muy escasa, tropezamos con una guerra inesperada e hicimos lo que pudimos.

LB: *Su llegada a la OTAN, en cambio, se produce ya después de los Acuerdos de Dayton de diciembre de 1995, que significan el final de la guerra en Bosnia. Una gran parte de su actividad como secretario general de la OTAN, hasta su marcha en 1999, seguirá centrada en los Balcanes, y sobre todo en Kosovo.*

JS: Llegué a Bruselas el 18 de diciembre de 1995, cuatro días después del Consejo de la Unión Europea y coincidiendo con el despliegue de una fuerza de intervención de la OTAN bajo mandato de las Naciones Unidas en Bosnia-Herzegovina. Fue un despliegue de más de sesenta mil hombres, la fuerza multinacional más importante desplegada en Europa desde 1945. Visto desde hoy, la reflexión resulta más frustrante y más alentadora. Frustrante, porque era impensable que a finales del siglo XX tuviera lugar en Europa un conflicto tan cruel. Alentadora, porque pese a la barbarie, tras Dayton se desplegó con cierta rapidez una fuerza numerosa que logró que se cumplieran los acuerdos, lo que no era fácil en Bosnia-Herzegovina. De hecho, todavía queda un residuo de la fuerza desplegada, ahora estrictamente europea, en una de las primeras operaciones de la PESD (Política Europea de Seguridad y Defensa) que, con mandato afortunadamente limitado, sigue presente. Esto expresa las dificultades que entrañan las operaciones de mantenimiento de la paz: aunque hoy no hay violencia, ni la ha habido en años, las circunstancias aconsejan el mantenimiento de una fuerza residual quince años después. Me hubiera gustado haber retirado esa fuerza antes de irme de la Unión Europea, pero no fue posible.

LB: *¿Cabe interpretar los Acuerdos de Dayton, alcanzados gracias a Richard Holbrooke, como un cierto fracaso del diseño de la PESC (Política Exterior y de Seguridad Común) surgido del Tratado de Maastricht?*

JS: No, no me parece justo. La operación que llevó a Dayton era de las Naciones Unidas, y aunque participaban países no europeos y la negociación se hizo en un marco no europeo, Europa jugó un papel importante. En esos momentos no se podía hablar de la PESC ni de la PESD; de hecho, esa experiencia fue uno de los acicates para desarrollarlas.

LB: *Parte del problema es que al principio tampoco quería meterse Estados Unidos, Washington quería que los europeos nos espabiláramos solos, ¿no?*

JS: Nadie estaba preparado para aquel horror; además, desde la Unión Europea hicimos unas declaraciones muy torpes sobre nuestras capacidades y responsabilidades.

LB: *¿Se refiere a aquella famosa declaración de Jacques Poos, el ministro de Exteriores luxemburgués y presidente de turno de la Unión Europea, que dijo aquello de «la hora de Europa ha llegado» justo cuando las cosas empezaban a derivar hacia el fracaso?*

JS: Sí, me refiero a eso entre otros errores cometidos aquellos días, que viví muy en primera línea desde la caída de las Krajinas, que fue el final de la guerra, pero el comienzo de muchos problemas.

LB: *Fue, además, la primera participación española después de la guerra civil en una acción bélica en el extranjero, con la llamada Operación Ícaro de apoyo aéreo para la Operación Deliberate Force de la OTAN en Bosnia y Herzegovina. España era un país que en buena parte se identificaba o tenía reflejos proserbios.*

JS: Yo creo que, más que una preferencia por algún grupo étnico, existía cierta simpatía con la Yugoslavia que se desintegraba.

LB: *Así como en Alemania no ha habido muchas dificultades para que la gente admitiera que la Unión Soviética estallaba y que Yugoslavia se deshacía, en España, seamos sinceros, había y quizá hay una opinión pública importante, sobre todo central, que prefiere siempre, y casi como principio, que las cosas estén juntas, no separadas.*

JS: Hay de todo. Con Sarajevo la movilización y la simpatía españolas fueron muy importantes. Pasqual Maragall, alcalde de Barcelona, fue allí y hasta convirtió Sarajevo en un distrito de Barcelona, hasta tal extremo llegó su ayuda. Se intentó la tregua olímpica. A mí me correspondió el despliegue del contingente de la OTAN en Bosnia-Herzegovina, la IFOR. Fue mi primer trabajo, todavía en el mes de diciembre de 1995, y a partir de entonces no dejé de viajar allí. Fue la mayor operación de pacificación que pasó por manos europeas.

LB: *También la primera aplicación del derecho de injerencia que se hizo en Europa. Algo insólito.*

JS: Fue la aplicación de una resolución unánime del Consejo de Seguridad de la ONU. Esa parte de la historia de Bosnia es muy importante para mí. Tuve que entrevistarme en múltiples ocasiones con todos ellos, con Slobodan Milošević, con Radovan Karadžić y con la presidenta Biljana Plavšić; los tres acabaron en el Tribunal de La Haya. Iba con frecuencia a Pale, la capital de la República Srpska, donde había soldados de la OTAN desplegados, y advertía a Karadžić y a los demás sobre las consecuencias de su comportamiento y las violaciones de algunos de los términos del acuerdo.

LB: *¿Qué tipo de gente, de tipos humanos, eran todos esos personajes? ¿Conoció al general Mladić?*

JS: Creo que a Ratko Mladić sólo le saludé una vez. Pero a Milošević y a los demás sí que les vi bastantes veces. Eran personas muy duras, muy nacionalistas y muy seguras de sí mismas. Y absolutamente convencidos de que tenían toda la razón. El presidente bosnio Izetbegović tenía la misma convicción y actitud, pero era la víctima. Todos eran tipos muy difíciles, también Izetbegović. Por no hablar de Franjo Tudjman, el presidente croata. La última vez que le vi me invitó a cenar en uno de los palacios croatas de Tito y tuvimos tal pelea que no volví a verle nunca más. De no haber muerto, no hubiera desentonado en La Haya.

LB: *¿Ha sido justa la historia con los serbios? Por lo que usted cuenta no eran muy distintos los nacionalistas croatas de los serbios, ni distintas las iniciativas que tomaron. Parece como si hubiéramos sido muy duros con una parte y no tanto con las otras.*

JS: Posiblemente en relación con Europa los croatas han tenido más facilidades. Ya en el Imperio austrohúngaro los croatas jugaron un papel mucho más importante; eran católicos y usaban el alfabeto latino. Pero yo creo que sí hemos sido justos con los serbios durante todo el período de Milošević. Ellos iniciaron la guerra y tienen en su debe acciones como la de Srebrenica, en lo que se refiere a la guerra de Bosnia.

Más tarde, la cerrazón de Milošević, verdaderamente insensata y fuera de toda racionalidad, fue responsable de la guerra de Kosovo. Tuve muchas reuniones con él en Belgrado, algunas hasta la madrugada, con los mapas abiertos encima de la mesa y señalando los puntos de repliegue de las fuerzas serbias. No quería hacer nada, mentía constantemente, y al final los tanques avanzaban. Fue una situación terrible, que se complicó por su culpa. Ése fue su segundo gran error. En el último intento de solucionar Kosovo, que se hizo en Rambouillet, en las afueras de París, se ofreció a Serbia unos mapas de retirada con unas condiciones políticas y militares muy razonables. Creo que se pudo haber solucionado, pero no quisieron.

LB: *Si en la guerra de Bosnia y los Acuerdos de Dayton se pudo ver que la PESC era absolutamente corta e ineficaz, en la de Kosovo quizá se puso todavía más en evidencia la ausencia de la pata militar en la construcción europea. ¿No le parece?*

JS: Kosovo es territorio europeo, pero hay involucrados países de fuera de la Unión Europea, Estados Unidos, Turquía y Rusia, por ejemplo. O sea, que una acción militar de miembros de la Unión Europea solos hubiera sido inviable. Además, los instrumentos a disposición de la Unión Europea según los tratados vigentes en esos momentos eran claramente insuficientes. De hecho, la creación de la figura del Alto Representante que me tocó encarnar meses después responde al convencimiento de los estados miembros de esas carencias.

LB: *Vayamos a las circunstancias concretas. ¿Cómo se fue decantando la decisión de bombardear Belgrado? ¿Cómo lo recuerda?*

JS: No había ninguna voluntad de bombardear. Sí la había de amenazar, siempre creyendo que en el fondo la amenaza podría forzar un cambio en la posición serbia. Se trabajó *ad nauseam* con Milošević. Yo le vi muchas veces, con generales como Wesley Clark, el SACEUR, y sin generales, e hicimos todo lo posible. El problema eran las condiciones para que se retiraran de Kosovo, donde se estaba produciendo una limpieza étnica. Como queríamos evitar que todo fuera a través de la OTAN, que tenía más facilidad para el uso de la fuerza, también actuamos por medio de la OSCE, pero tampoco sirvió. Cuando llegó la matanza de enero de 1999, en Racak, ahí ya se tomó la decisión de hacer planes militares para una posible intervención aérea. Pero preparativos nada más. Desde entonces hasta febrero o marzo estuvimos en contacto permanente con las autoridades serbias, con ánimo de convencerles. Pienso que Milošević estaba convencido de que no haríamos nada y por eso se negaba una y otra vez a ceder. No se creía nuestras amenazas. Se hicieron todos los esfuerzos posibles en repetidas ocasiones; incluso volví a Belgrado, pero llegó un momento en que la situación forzó la decisión del Consejo del Atlántico Norte de que había que pasar a la siguiente fase.

El Consejo me pidió que, como secretario general, empezase a hacer los sondeos pertinentes con los jefes de gobierno para ver, primero, si estarían dispuestos a atacar, dónde situarían las líneas rojas, y estudiar con ellos las consecuencias. Hablé con todos, y me acuerdo que hice un cuadro con las posiciones de cada uno, y de una ojeada podía ver las condiciones que iban planteando unos y otros. Y con eso en la mano, ya nos pusimos en marcha.

LB: *Pero estaba claro que podía terminar en una acción militar. ¿Eran ustedes plenamente conscientes de lo que estaba en juego?*

JS: Sí, claro. Éramos todos muy conscientes. Por eso había que apurar antes todas las posibilidades de convencerles e intentar conseguir lo mismo sin mover un avión.

LB: *Según su criterio, por tanto, se reunían en aquel momento todas las condiciones necesarias para la guerra justa. Sólo hay una que hoy en día permitiría mantener la discusión, y es precisamente que fuera la autoridad legítima. Podían ser las Naciones Unidas, pero no fue el caso. ¿Por qué se debía apelar a una alianza como la OTAN, que tenía como razón de ser el artículo 5 de defensa mutua?*

JS: La OTAN ya había actuado en la guerra de Bosnia, incluso con bombardeos. Desde entonces existía el sentimiento de que se trataba de territorio europeo y que no podíamos volver a vivir acciones de limpieza étnica en nuestro continente. La memoria de la Segunda Guerra Mundial era demasiado reciente.

LB: *¿Cuántos pedían una resolución del Consejo de Seguridad como imprescindible?*

JS: Todos la queríamos, pero también todos pensábamos que, llegado el momento, no era imprescindible. Una vez más se trataba de territorio europeo. Los debates en el Consejo de Seguridad dejaban claro que una resolución era inviable y se decidió actuar. Con las consultas ya realizadas con los estados miembros se presentó un ultimátum a Milošević. Cuando lo rechazó, después de una última ronda telefónica de confirmación de las posiciones, se tomó la decisión.

LB: *¿Y cómo se tomó la decisión final en concreto, el momento exacto para bombardear?*

JS: Las medidas se fueron implementando progresivamente. Terminadas las consultas, anuncié a las once de la noche la decisión del Consejo Atlántico que autorizaba al SACEUR a tomar las medidas oportunas, que naturalmente estaban todas pautadas y decididas. Al empezar hicimos mucho ruido, con sobrevuelos muy rasantes para que tomaran conciencia de que íbamos en serio. Después empezamos a bombardear, poco a poco. El problema al que se enfrentan operaciones de esta naturaleza, de carácter limitado, donde quieres evitar destrucciones indiscriminadas, es que los objetivos son también limitados.

LB: *Y, además, se cometen errores.*

JS: Puede pasar y pasó. El caso más sonado sucedió con la embajada china (el 7 de mayo, con tres víctimas mortales). En mi residencia de Bruselas tenía una instalación de comunicaciones extraordinaria, desde donde podía hablar con todo el mundo. De madrugada sonó el teléfono para darme la noticia del error, el bombardeo sobre la embajada china en Belgrado. Llamé inmediatamente a la Casa Blanca y a los estados miembros. Al principio todos teníamos dudas sobre si era verdad o no. Cuando se comprobó, se revisaron los datos y resultó que había sido un fallo en las coordenadas. Los chinos se negaron a hablar con nadie. Logré hablar con el embajador chino en Bruselas primero y después con Pekín. Pero los estadounidenses no consiguieron hacerlo con nadie. Curiosamente, aquel embajador en Washington que se negó a hablar con las autoridades de Estados Unidos fue luego ministro de Asuntos Exteriores de China. Hablamos años más tarde de aquel incidente y lo miraba con mucha distancia.

LB: *Una de las teorías que luego circuló fue que Milošević había visitado o iba a visitar la embajada y que la OTAN había intentado cargárselo, a pesar del riesgo que suponía hacerlo en un país neutral como China. ¿Qué puede decir a estas alturas sobre esta versión?*

JS: Es absolutamente falso, no tiene ninguna verosimilitud.

LB: *Aquélla fue la primera guerra de izquierdas que hizo Europa, la primera que se hizo directamente en nombre del derecho de injerencia y de la obligación de proteger.*

JS: No creo que sea procedente hablar de guerras de derechas o de izquierdas, pero sí estoy de acuerdo en que se hizo en defensa de unos ideales como la responsabilidad de proteger que pocos años después entró en la Carta de las Naciones Unidas. De hecho, al poco de acabar la guerra, Kofi Annan visitó Bruselas y dio una conferencia de prensa conmigo, apoyándome. Se lo agradecí mucho.

LB: *Y luego tenemos la cuestión de la guerra justa, de la que ya hemos hablado; la idea de que hay un momento en que la defensa de los valores democráticos y de los derechos de los ciudadanos obliga a tomar las armas. Es decir, sin la matanza de Srebrenica en la guerra anterior no se entiende lo que sucede con Kosovo. Sin las dudas que usted tiene como ministro de Exteriores sobre qué hacer ante la catástrofe de Srebrenica no se entiende que luego no tenga dudas en intervenir por Kosovo. ¿Es así o no?*

JS: Sí, sin duda hay algo de eso, de la frustración acumulada en la sociedad europea tras todo lo que supuso la desintegración de Yugoslavia.

LB: *La guerra y la reconstrucción de Kosovo tienen también un componente generacional. Había algo común, transversal y generacional en la gran mayoría de los personajes que estuvieron en la guerra de Kosovo. Cada uno en su itinerario ha hecho el mismo viaje. Kouchner estuvo en las barricadas de París y en la oposición radical al gaullismo. Clinton está en las manifestaciones contra la guerra de Vietnam. Usted se manifestó contra la OTAN. Fischer contra el despliegue de los cohetes Pershing; era uno de aquellos pacifistas de quienes Mitterrand dijo que «los misiles están en el este y los pacifistas en el oeste». Todos ustedes, todos de izquierdas, se encontraron tomando una decisión seria en respuesta a un nuevo totalitarismo rampante en Europa. ¿Tenían ustedes conciencia de este contenido generacional de la guerra de Kosovo? Quizá fuera el momento más difícil y más relevante de la generación del 68, que en Alemania, por ejemplo, acababa de llegar al poder, y que simbolizaba mejor que nadie Fischer, un dirigente de la izquierda verde y un veterano del mayo del 68. ¿Lo vivió usted también así?*

JS: Fue un momento muy difícil para todos, pero especialmente para los alemanes, porque desde la Segunda Guerra Mundial no habían actuado en el extranjero. Para Fischer, con quien hablé mucho aquellos días, fue muy duro, por supuesto. Pero también para mí. Fue durísimo. Fischer pertenecía al primer gobierno alemán que autorizaba el uso de la fuerza y mandaba por primera vez a los alemanes a combatir a una región geográfica donde habían estado sus compatriotas cincuenta años antes como invasores y opresores.

LB: *Y su partido, el PSOE, quizá no es tan de izquierdas como eran los Verdes de Fischer, al menos en aquel momento. Además, España tiene una historia distinta, pero tampoco había intervenido en una acción armada exterior. ¿Explica esto las incomprensiones hispánicas de la guerra?*

JS: La acción no fue comprendida por todo el mundo de la misma manera. Hay quienes la apoyaron con convicción, otros como un mal menor, y otros que se opusieron y lo siguen haciendo y que sitúan en ella el origen de algunos males. Estos últimos creo que son una minoría, cuya opinión respeto.

LB: *Regresemos al tema generacional. Esa generación del 68 que fue a la guerra por Kosovo había tenido que pasar por unas metamorfosis políticas muy serias unos años antes. Según Joschka Fischer, para los jó-*

*venes alemanes de la izquierda radical, el momento definitorio fue el se-
cuestro de Entebbe llevado a cabo por la banda Baader-Meinhof. Tras
secuestrar un avión por encargo de los palestinos, decidieron separar a los
judíos de los que no lo eran. Fischer cuenta que fue entonces cuando decidió romper con todo aquello, porque no pudo soportar la repetición de los
mismos gestos que hicieron los alemanes de la generación anterior en relación con los judíos. Momentos similares se pueden encontrar en Francia o
Italia. ¿Cuál es el momento definitorio de esta generación española, de su
generación?*

JS: La situación española ofrece matices distintos. Durante los
cuarenta años de franquismo no hubo espacio para la metamorfosis colectiva, sólo para la individual. Nuestro paso fundamental es
la Constitución, y en cierta manera el referéndum de la OTAN.
Ahí es donde se rompió con el estereotipo del antiamericanismo.
Los españoles no participamos en la Segunda Guerra Mundial, lo
que nos diferencia del resto de Europa.

LB: *Me parece que esta reflexión es relevante para Kosovo porque
hay un momento en que esta generación pasa del antiimperialismo al
antitotalitarismo. Y que en este caso está representado por un país que
construye un proyecto etnicista e impone la limpieza étnica.*

JS: Pero la perspectiva desde España es distinta. España estuvo
al margen de las dos guerras mundiales. Todo era en esos años política interior. Tuvimos una guerra. No salimos a defender ningún
valor fuera. Era una guerra civil. No tenemos ni un solo momento
en nuestra historia reciente que signifique realizar colectivamente
algo noble y movilizador fuera del país. En cambio, los franceses y
los británicos han padecido la Primera Guerra Mundial y la Segunda Guerra Mundial, y los alemanes han tenido que asumir sus
responsabilidades en ambas guerras y lo han vivido de otra manera. En nuestro caso, nos hemos matado entre nosotros. Para los españoles no existe esa vivencia, para nuestra generación no existe.
Nuestros padres nos contaban otras tragedias.

LB: *Me gustaría escucharle hablar un poco sobre el Holocausto. Usted acaba de decir que España tiene otra historia. Y es verdad, el falangista Jiménez Caballero decía del mal llamado problema judío que «nosotros lo resolvimos hace quinientos años». ¿Hay una insensibilidad o una inconciencia española respecto al Holocausto? ¿Hay una distancia excesiva? ¿Nos cuesta entender a veces lo que está pasando en relación con el Holocausto, cuando hablamos de política estadounidense o política alemana hacia Oriente Próximo?*

JS: Yo creo que sí. Es evidente nuestro aislamiento durante todo ese período. Es un mundo muy lejano para los españoles, y es verdad que reaccionamos espontáneamente de una manera menos dramática. Para mí estos años han sido los del descubrimiento de Mitteleuropa, algo que a los niños de mi generación no nos enseñaron en la escuela, y esa Mitteleuropa que ahora he conocido y tocado tiene una fuerte impronta judía, desde los progromos hasta Freud, y lleva directamente a la memoria del Holocausto. A mí me han causado un gran impacto las lecturas de Joseph Roth que hice en aquellos años de contacto con esos países. Además, todo eso lo he aprendido con la acción, lo he visto, lo he palpado. El mundo de la Europa de entreguerras ha sido un gran desconocido para nosotros. La Segunda Guerra Mundial y sus consecuencias también, por la dictadura.

LB: *Regresemos a Kosovo. Esa guerra fue también, en cierta forma, el antecedente y la base que utilizaron los neocons para la guerra de Irak. Si se decidió entonces ir a la guerra sin resolución de las Naciones Unidas, ¿por qué no ir otra vez a la guerra de nuevo sin resolución de las Naciones Unidas?*

JS: A mi juicio, hay bastantes diferencias. La operación de Kosovo estuvo muy atada con muchísimos países que tomaron la decisión colectivamente, y toda Europa se hallaba unida en esa dirección. Para los europeos, la situación en ambos casos es completamente distinta: en el segundo estamos divididos, por lo que sea, pero estamos divididos; y en el primero, en cambio, formábamos una piña, todos unidos. Ésa es una cuestión fundamental. Además era un tema muy europeo. Se trataba de resolver problemas bajo nuestra responsabilidad como europeos en nuestro territorio, aún con el recuerdo de la Segunda Guerra Mundial reciente.

LB: *Terminemos con Kosovo. ¿Acaso no se bombardeó para frenar la limpieza étnica y en ningún caso para que fuese independiente? Ésta es una pregunta que adquiere mucha importancia ahora, con la evolución posterior de los hechos.*

JS: El objetivo era frenar la limpieza étnica. Pero una vez que se le da un protectorado de cinco años, no tiene vuelta atrás. Es muy difícil retroceder en el tiempo, cuando además hay un plan de las Naciones Unidas redactado por el ex presidente finlandés Martti Ahtisaari, hoy Premio Nobel de la Paz. Probablemente, visto desde ahora, debimos hablar de independencia entonces. Resolver, no posponer.

LB: *Otro peligro que se evocó entonces, la gran Albania, se ha revelado absolutamente inconsistente, ¿no?*

JS: Es que Albania está en la OTAN. A veces pienso que lo que debimos hacer fue meter a Bosnia en la OTAN, que hubiera sido la mejor forma de estabilizarla, pero entonces era impensable.

LB: *La sentencia del Tribunal de La Haya del pasado mes de julio refrenda la independencia de Kosovo y cierra en cierto sentido los conflictos que arrancaron en 1991 y a los que ha dedicado usted muchos esfuerzos. ¿Qué valoración puede hacer desde la perspectiva actual?*

JS: La sentencia de La Haya contesta la pregunta formulada, y establece que la independencia no es ilegal. No es una decisión vinculante y puede que la cuestión aún perdure, aunque efectivamente se han cerrado casi todos los temas pendientes del colapso de Yugoslavia. Queda la cuestión de Macedonia por el problema con el nombre y las dificultades para entrar en la OTAN y la Unión Europea. Han sido casi veinte años, sobre todo los primeros muy duros, cuando vimos en nuestro continente escenas que pensamos que nunca ocurrirían. Son problemas cuya solución requiere mucho esfuerzo, tiempo, negociaciones, despliegue de tropas. Un conflicto que ensangrentó Europa y nos enfrentó a nuestras limitaciones. Quizá la lección a extraer, aplicable a situaciones actuales, es que cuando entras a resolver un conflicto, no sabes cuánto tiempo llevará.

5

No vejar a los rusos

El Acta Fundacional entre la OTAN y la Federación Rusa • El fin de la guerra fría • Los diplomáticos de Moscú • Los misiles rusos ya no apuntan a Occidente • Los rusos se sienten engañados • La sentimentalidad eslava • El poder y el territorio • Unos militares poderosos • Las dos Rusias • Sentimientos antirrusos en Europa central • El escudo antimisiles • El suministro de energía a Occidente • La cuestión de Ucrania • La guerra de Georgia • El Estado de derecho y el capitalismo sin libertades • Putin, el hombre de los equilibrios • Percepciones y memorias no compartidas • Una nueva relación con la OTAN • ¿Un vecino fiable?

LLUÍS BASSETS: *Rusia es una de sus grandes asignaturas. Primero en la OTAN y después en la Unión Europea. Como secretario general de la Alianza a usted le correspondió la negociación del Acta Fundacional, el protocolo que dio por cerrada la guerra fría, y que permitió la entrada de un buen puñado de países del antiguo Pacto de Varsovia. Y luego, como Alto Representante de la Unión Europea, tuvo usted que lidiar con los recelos y dificultades que suscitaron las ampliaciones europeas, así como las dificultades de vecindario que suscitaban y siguen suscitando cuestiones como el suministro de energía.*

JAVIER SOLANA: Hablemos primero del Acta Fundacional, que constituye un momento crucial en las relaciones con Rusia y, en efecto, la preparación para la primera ampliación de la Alianza, dos años más tarde, con la incorporación de Polonia, Hungría y Chequia.

LB: *Usted llega a la OTAN en 1995, y una de las primeras tareas que se le encomienda es que convenza a los rusos para que se acomoden al sistema atlántico sin que se integren como socios ni estén dentro del todo. Se trataba de buscar una fórmula para que se conformaran con esa ampliación que se preparaba y que nos les gustaba.*

JS: Vamos a ponerlo en perspectiva. Había pasado ya un tiempo desde los hechos de 1989. La OTAN había establecido una relación estable con los países del antiguo Pacto de Varsovia, a través de su sistema de acuerdos al que se llamó Partnership for Peace, o Asociación para la Paz, a la que se adhirieron hasta veinticuatro países, incluida Rusia. Había que plantearse entonces cómo dar un paso más y abrirles la puerta para entrar en la Alianza. No tenía sentido alguno que se quedaran fuera. Ni ellos querían, al contrario. Pero había que hacerlo de una manera tal que no provocara una reacción negativa de Rusia. Entonces nos planteamos una operación brillante, que era intentar, antes de que se produjera la decisión formal de la ampliación, llegar a un gran acuerdo previo con Rusia sobre los términos de sus relaciones con la Alianza. Ése fue el final de la guerra fría, el momento en que Rusia y la Alianza Atlántica se comprometieron a obtener acuerdos que les permitieran vivir juntos.

LB: *Los rusos querían en realidad que se disolvieran las dos alianzas militares que se hallaban enfrentadas en la guerra fría.*

JS: Claro. La OTAN seguía, pero el Pacto de Varsovia había desaparecido, y eso provocaba una situación delicada para Rusia y para la arquitectura de la seguridad europea. Contábamos con la OSCE (Organización para la Seguridad y la Cooperación en Europa), surgida de la Conferencia de Helsinki. Y en ese marco se establecieron todos los acuerdos de desarme y de limitación de armas convencionales en Europa. Pero quedaba desequilibrada la relación con la propia Alianza. Fue entonces cuando se puso en marcha esta propuesta, que al principio Boris Yeltsin se tomó muy mal, pues no quería una relación entre la OTAN y Rusia, sino directamente entre Estados Unidos y Rusia. Por fin, después de un tiempo y de bastantes conversaciones aceptó la relación con la OTAN. Algo muy importante para la Unión Europea. Y entonces se me encargó a mí la negociación, que llevé a término con Yevgeni Primakov.

LB: *Todo un peso pesado, un diplomático duro pero pragmático, y hombre de la transición de la Unión Soviética a la Rusia poscomunista. Fue una de sus primeras y más complicadas negociaciones ante un personaje duro de roer, ¿no?*

JS: Sí. Hay alguna anécdota divertida de esta negociación que ilustra cómo era el personaje. Tuvimos un largo encuentro en Viena, en la embajada rusa, mano a mano. Yo llevaba dos plumas, me las saqué del bolsillo y las utilicé para mi argumentación: «Aquí tenemos dos vectores que tienen que converger...», le decía, e iba jugando con las plumas y los vectores. Pero no le convenció en absoluto y me miraba extrañado como si no supiera de qué hablaba. El resultado fue que al final se metió las plumas en el bolsillo y se las quedó. Era un hombre realmente de pedernal, pero una gran persona. Tuvimos la primera reunión formal en enero de 1997, en una dacha de Moscú, con una delegación de unas cinco personas por cada parte, civiles y militares. Llegamos con todo muy preparado y meditado, y vi que le sorprendía mi primera intervención y mi planteamiento. Era invierno, no paraba de nevar. Al cabo de un rato quiso interrumpir la reunión y me pidió que saliéramos a pasear, los dos solos, con las botas, el abrigo y el gorro, y nos fuimos incluso sin intérpretes. Él hablaba un inglés suficiente y trazó sus líneas rojas, sus ideas y los límites que se podían alcanzar. Fue una de las conversaciones más apasionantes que he tenido.

LB: *Permítame un excurso: ¿cómo son los diplomáticos rusos? ¿Cómo es la diplomacia rusa?*

JS: Son gente curtida y preparada, normalmente con mucha experiencia en negociaciones complicadas. Ígor Ivánov, que fue un gran ministro de Exteriores, por ejemplo, es un buen amigo y un diplomático muy a la occidental, que ha vivido en España toda su vida, donde ha sido todo, desde secretario de embajada hasta dos veces embajador. Serguéi Lavrov es otro clásico diplomático soviético, listo, duro, cariñoso cuando quiere, hoy ministro de Exteriores, pero minucioso hasta los puntos y las comas, y muy hábil en la gestión de los documentos, algo que aprendió como embajador en las Naciones Unidas. Los grandes diplomáticos se han formado en dos campos de juego, en las Naciones Unidas y en los acuerdos armamentísticos. Y los hay muy buenos. El actual embajador en Washington, Serguéi Kisliak, es un gran experto en temas de seguridad. Teníamos una buena relación porque fue el primer embajador en el Consejo OTAN-Rusia. Y luego fue viceministro de Exteriores, y como tal me acompañaba en ocasiones en mis negociaciones con Irán con el grupo de los seis (Estados Unidos, Rusia, China, Alemania, el Reino Unido y Francia).

LB: *Volvamos a Primakov. ¿Qué quería en ese momento? ¿Dónde situaba sus líneas rojas?*

JS: Quería un acuerdo sin duda. Pero su propósito era evitar que las fronteras de la Alianza se desplazaran hacia el Este, lo que para nosotros era totalmente inaceptable.

LB: *Y el límite de los límites, que sobre todo no entraran las tres repúblicas bálticas que habían formado parte de la Unión Soviética. Y no digamos ya Ucrania.*

JS: Por supuesto, no quería pasar por eso. Por nuestra parte, yo no podía decirle que precisamente lo que queríamos era poder ampliar la OTAN sin que ellos pudieran establecer el límite e imponer un derecho de veto. Vamos a empezar a trabajar, le dije, vamos a ver hasta dónde podemos llegar. El camino está abierto, hemos abierto una avenida, ya veremos dónde acaba. Y dependerá muchísimo de cómo evolucionen las cosas en el futuro. Por tanto, dejémoslo en lo que queremos ahora, y ya veremos qué pasa después. Él aceptó más o menos ese planteamiento. Me mereció un gran respeto en la conversación por su enorme franqueza. No me dio solamente su visión sobre la cuestión de la seguridad, sino también sobre lo que estaba pasando en Rusia internamente en aquellos momentos. Empezamos la negociación en enero y terminamos con la firma el 15 de mayo de 1997 en París.

LB: *Ese día Boris Yeltsin hizo aquella declaración tan sonora en la que proclamó: «Los misiles rusos ya no van a apuntar más a Occidente».*

JS: Sí, en París se celebró la sesión formal y solemne, el momento histórico de aprobación del Acta Fundacional ante los medios, la foto de familia y luego la comida en el Elíseo. Fue una jornada extraordinaria y muy cálida. Almorzamos en una mesa redonda y yo tenía a la derecha a Clinton, al otro lado a Chirac y enfrente a Yeltsin, que a su vez tenía a Kohl a su izquierda. Yeltsin y Kohl se tenían mucho cariño y se hablaban con mucha franqueza. Hubo un momento en que Kohl le llamó por su nombre de pila entero, como se hace con los rusos: «Boris Nikoláievich, hoy no se bebe vodka, hoy vas a beber cerveza nada más». Y entonces Clinton le hizo un regalo, un bastón que se abría y tenía dentro un pequeño vaso. «Es del tamaño de tu dosis», le dijo. Fue una comida muy divertida y agradable. Y también, y sobre todo, un gran éxito.

LB: *Rusia estaba entonces muy debilitada, con una situación interna realmente difícil. Y ya había sido obligada anteriormente a integrarse en la Asociación para la Paz, en plano de igualdad con las repúblicas más pequeñas, que ellos aceptaron o no tuvieron más remedio que aceptar. ¿No fue todo un poco forzado? ¿No fue un poco vejatorio para el orgullo ruso?*

JS: No hay que vejar a Rusia, es verdad. Y no había que vejarla entonces. Quizá se pudo hacer mejor. Visto desde hoy, todo es muy distinto, y quizá ahora comprendemos mejor lo que pasaba Rusia en aquellos momentos. Quizá faltó más apertura de miras. Pero fíjese, uno de los términos de los acuerdos establecía un compromiso de la OTAN de que no instalaría infraestructuras más allá de Alemania.

LB: *¿De la línea Oder-Neisse, la frontera germano-polaca?*

JS: Sí. Fue uno de los grandes debates de aquel momento, porque eso significaba que Polonia no tendría...

LB: *... un escudo antimisiles como el que quiso instalar Bush antes de irse, por ejemplo.*

JS: Entonces ni se pensaba, nos referíamos sólo a las infraestructuras, pero claro que tenía implicaciones que iban más lejos. Ahora Rusia ve de una manera cruda los acuerdos de París.

LB: *Volvamos un momento a la letra de los acuerdos. Basta con ver sus declaraciones entonces y ahora para concluir que los rusos no creen en la palabra de los europeos occidentales. Desde la caída del Muro con los acuerdos de unificación alemana hasta el Acta Fundacional, los rusos siempre han asegurado que hay compromisos verbales, no recogidos en los papeles, que no han sido respetados. Alemania oriental no debió integrarse en la OTAN, tampoco los antiguos miembros del Pacto de Varsovia y mucho menos las repúblicas bálticas o en un futuro Ucrania. Y el escudo antimisiles, por supuesto, sería una violación del Acta Fundacional.*

JS: No hay documentos escritos y firmados, pero sí hay sentimientos por parte de Rusia. Y, claro, hablar de sentimientos y hablar de Rusia es algo muy importante.

LB: *Sí, claro, y al final siempre se quedan con el sentimiento de que han sido engañados.*

JS: Creo que entiendo bien a los rusos. Son muy orgullosos y muy sentimentales, y cuando la percepción que ellos tienen de las cosas no coincide con la realidad, nos encontramos con un problema. Ellos tienen el sentimiento de que se les ha tratado mal, de que se les ha faltado al respeto. Es una percepción que Putin puso de manifiesto en la Conferencia de Seguridad de Munich en 2007, cuando subrayó de forma muy abrupta que Estados Unidos había fracasado en su intento de modelar un mundo unipolar, cosa que fue interpretada como una actitud propia de la guerra fría. El endurecimiento de sus posiciones traía consigo un sentimiento de maltrato, de humillación, de no haber sido respetados, de no habernos tomado en serio a Rusia. Y para los rusos estas percepciones, que son las suyas, son fundamentales.

LB: *Aparte de que políticamente tiene interés interno utilizar esto como victimismo y, por tanto, aglutinante nacionalista...*

JS: Por supuesto, pero como eso ya lo ha dicho todo el mundo, yo quiero decir lo que no se ha dicho, y es que tienen parte de razón. Las percepciones son sólo eso, percepciones. Pero tienen su importancia —aunque no necesariamente se esté de acuerdo con ellas—. Nuestra obligación también es conocer bien estas percepciones, porque determinan las políticas y es absurdo no querer tenerlas en cuenta. Existen y de manera muy profunda. No solamente para Putin. También existían para Yegor Gaidar, recientemente fallecido y que fue quien realizó las reformas económicas capitalistas con Yeltsin, un economista liberal.

LB: *Una de las cosas recurrentes en esas negociaciones es que hay una especie de combate lingüístico, que visto en perspectiva es absurdo, sobre si a tal documento se le tiene que llamar protocolo o se le tiene que llamar acta, si es un tratado o un mero acuerdo.*

JS: Son muy insistentes y muy puntillosos con las cuestiones formales. Ahora mismo en la negociación para el nuevo esquema de seguridad europea, la propuesta de Medvédev contempla que sea un acta ratificada vinculante, *legally binding*, que a los demás no nos interesa nada, pero a ellos mucho. Tienen una gran obsesión con todas estas cuestiones formales.

LB: *Parece que les va la vida en ello. Pero en el fondo, con todas estas actas y todo este combate lingüístico, lo que buscan es encontrar la piedra filosofal para una especie de* droit de regard *(para no llamarle derecho de veto) a los asuntos que afectan a su antiguo* glacis *territorial.*

JS: Todavía creen que eso era su casa y la sensación que tienen es que les han ido quitando habitaciones. Luego, más allá de los sentimientos, hay una cuestión de concepto: creen todavía que el poder es territorio. Cuando ya no lo es. Por lo menos no es sólo territorio, y en cualquier caso lo más importante no es el territorio aunque ellos sean el país más grande de la Tierra. Antes el poder era la fuerza militar, una geografía extensa y una población numerosa; hoy es el PIB per cápita, el respeto en la comunidad internacional y, si se me apura, que te concedan los Juegos Olímpicos. El concepto de poder ha cambiado mucho. Los rusos siguen con una idea del poder muy decimonónica, entendido como alcance territorial y zonas de influencia. Y eso es lo que se acabó para nosotros los europeos. Ya no puede haber zonas de influencia. Pero nosotros lo tenemos más fácil, porque nuestra influencia ha aumentado y en el fondo sigue aumentando. Lo difícil es que alguien cuya influencia disminuye sea capaz de reconocer que las zonas de influencia están superadas. Los europeos defendemos ese principio con gran naturalidad, porque todos los que abandonaban su zona de influencia no se iban a la nada, sino que venían a la Unión Europea.

LB: *Y luego está la traducción de esta incomprensión en su visión de la historia europea y rusa.*

JS: Tienen un gran déficit de pedagogía. No han hecho suficiente esfuerzo para resolver sus cuentas históricas, como han sabido hacer los alemanes. Es muy grave que Stalin aparezca en sus encuestas como el mayor dirigente de la historia de su país. O que Putin diga que la tragedia más grande del siglo, en el que han tenido lugar dos guerras mundiales y el Holocausto, es la caída de la Unión Soviética. Cuando menos es una idea desproporcionada. Pero va habiendo avances. El reciente homenaje de trágicas consecuencias en Katyn y la asunción de la responsabilidad soviética es muy importante, así como que desfilaran tropas polacas en la plaza Roja. Sin duda es el principio de la reconciliación ruso-polaca.

LB: *Una de las cosas que a mí me sorprendió en 1992, cuando llegué a Bruselas y fui a la OTAN, fueron los militares rusos, que ya se paseaban por aquellas instalaciones con sus típicas gorras soviéticas. ¿Qué significó para los militares rusos el contacto con la OTAN? ¿Puede compararse con la experiencia española de modernización y democratización de nuestro ejército?*

JS: Su llegada a las instalaciones de la OTAN fue una magnífica experiencia para todos. Tomaron contacto con una organización de la que habían oído hablar mucho y conocían poco. Como buenos profesionales que eran se dieron cuenta de los buenos profesionales que encontraron. Por tanto, primero hubo un sentimiento de respeto y reconocimiento mutuo. Aún recuerdo la llegada del general Lebedev a mi despacho. Era uno de los grandes líderes militares rusos del momento, responsable del acuerdo final de la primera guerra de Chechenia; llegó a ser vicepresidente con Yeltsin. Pasó una buena parte del día conmigo y hablamos de todo. Tenía una gran curiosidad. Fue una sorpresa para él, tanto el trato que recibió como los encuentros que tuvo.

Sobre la comparación con España, me parece que en ningún campo puede compararse la experiencia española de modernización y democratización con la rusa. Tampoco en el militar. Por mucha capacidad que hayan perdido los rusos, no hay que olvidar que son una potencia nuclear y que cuentan con una extraordinaria capacidad militar convencional.

LB: *Es decir, que igual sucede lo contrario, que es la OTAN la que quizá polariza a los militares rusos.*

JS: No, personalmente creo que les hace conocer a otra gente, y eso siempre es bueno, y les pone en relación con los profesionales más sofisticados. Todo lo que sea convivir, compartir cosas, trabajar en el mismo edificio, es bueno. Hay que subrayar que mandaron a muchos y de alta graduación. Pero no creo que la comparación sea proporcionada por la dimensión del país y por la importancia del ejército.

LB: *No tienen lo que tuvimos en España, militares golpistas.*

JS: Hay que mirarlo de otra manera. Rusia no ha tenido una vivencia democrática en su historia, pasaron de los zares al comunismo. Como ya he dicho, el ejército fue un elemento esencial de la sociedad rusa, basta leer *Guerra y paz*. Hay que reconocer que el ejército se ha adaptado bien a las grandes transformaciones de los últimos años. El ministro de Defensa es un civil, que es a su vez vicepresidente del gobierno. Hay dos Rusias que están todavía ahí sin saber cuál va a ganar: la Rusia más tradicional y la que se plantea el reto de convertirse en un Estado de derecho, en el que funcione el imperio de la ley, que es lo que todavía les falta y lo que Medvédev en tres grandes discursos ha dicho claramente: la lucha contra la corrupción, la fuerza de la ley y la innovación tecnológica; en suma, la modernización. Ni en la Rusia de los zares ni en la comunista ha habido nada de esto. Nunca ha habido una relación de poder que no se haya basado en la sumisión. Me alegró que en la última Cumbre Unión Europea-Rusia en la que participé, en noviembre de 2009, el documento que aprobamos se llamara «Asociación para la modernización», me pareció muy significativo.

LB: *Y luego, esta situación extraña, en la que Europa sabe que esa Rusia despechada tiene sus razones de Estado, lo que lleva a dejarles las manos libres con dos de los temas más espinosos que tienen entre manos en estas últimas décadas, que son las guerras de Chechenia y de Georgia.*

JS: En el caso de Chechenia, como he dicho de otros conflictos, a raíz del 11-S muchos usaron la guerra contra el terror para sus propios fines. El antiterrorismo ha servido para todo.

LB: *Hablábamos del problema que tiene Rusia con los países que tenía prácticamente ocupados, pero tenemos una cuestión casi simétrica por parte de estos países. Hay dos sombras ahí, en la zona de donde se ha retirado el antiguo bloque comunista: Rusia, que quisiera su viejo derecho de veto, y Polonia, Chequia y Hungría, que temen en cualquier momento que un acuerdo con Rusia sea otra Yalta, otro reparto del continente en dos áreas de influencia.*

JS: Sin duda. Es natural. Pero los nuevos socios deben tener un sentimiento de pertenencia total y en absoluta igualdad como miembros de la Unión Europea. Aunque se plantea una dificultad que hay que comprender. Son países que salen de una limitación de soberanía, la que les imponía Moscú a través del Pacto de Varsovia, tienen dos minutos para respirar y a continuación les metemos en otra limitación de soberanía, aunque sea de otro tipo, en este caso voluntaria, la Unión Europea. Hay que tener en cuenta que todo es muy reciente, muy rápido. La reconciliación francoalemana viene de los años después de la guerra, las décadas de 1950 y 1960. La reconciliación polaco-alemana, no digamos la polaco-rusa, arrancan del año 1989; por ejemplo, el acto de Katyn sólo se ha celebrado este año.

LB: *O sea, que esas reconciliaciones todavía no han culminado.*

JS: No del todo. Por eso, si observamos lo que ha hecho la Unión Europea, si vemos el proceso de estabilización con un gran angular, nos daremos cuenta de que es una operación fantástica que se ha hecho en tiempo récord. Si aplicamos el zoom sobre los detalles, entonces encontramos grietas y ganga, claro.

LB: *Uno de los elementos del Acta Fundacional era el Consejo OTAN-Rusia. Si ahora tenemos problemas también es porque la relación institucional entre la OTAN y Moscú no funcionó nunca bien.*

JS: El Consejo OTAN-Rusia siempre respondió a la fórmula X + 1, siendo X el número de miembros de la OTAN, que ha ido cambiando, y el 1 los rusos, que es lo que a ellos les incomoda, lo que me parece comprensible. A estas alturas me parece un error mantener ese sistema. Los rusos nos querían sentar a todos en pie de igualdad. Y no podía ser así, tenía que ser X + 1. Esto llevaba a que el 1 tuviera que pelearse no con cada uno de los otros, sino con el bloque entero: los X tenían una posición y el + 1 tenía siempre otra. Esa asimetría, que era normal al principio, no acabó de desarrollarse bien, por falta de confianza sobre todo. Y conforme llegó la segunda oleada de ampliación de la OTAN (las tres repúblicas bálticas, Rumanía, Bulgaria, Eslovenia y Eslovaquia), se complicaron más las cosas. En este caso no se hizo una operación preventiva, como fue el Acta Fundacional, para preparar la anterior ampliación (Hungría, Chequia y Polonia). Se les dio algo más a los rusos, pero no se tomó una iniciativa proporcionada respecto a la decisión que se tomaba. Se daba ya por hecho que iban a entrar Letonia, Estonia y Lituania, algo que, según los rusos, se saltaba absolutamente la línea roja.

LB: *Otra promesa rota para ellos.*

JS: Yo no me atrevo a decirlo, porque nunca lo prometí. Me acuerdo perfectamente de las conversaciones con los rusos. Nunca les prometí nada en ese sentido. Me atrevo a definirlo como un problema de falta de imaginación y de creatividad en el Consejo OTAN-Rusia en ese momento. Fue una cuestión de desconfianza. Otros apelan a una cuestión de resistencia, porque es absurdo ceder, que era la posición de la administración de Bush: «Aquí no se cede nada, hemos ganado». Pudimos haber hecho más y desarrollado de una manera más eficaz el Consejo OTAN-Rusia. Yo creo que ahí está el quid de la cuestión, y creo que todavía hay mucho camino que recorrer para hacer mejor las cosas. Ahora tenemos una nueva oportunidad. Ahora, en 2010, hay que aprobar el nuevo concepto estratégico de la OTAN. En el nuevo marco de las relaciones con Rusia, incluido el presidente Obama, habría que tener la suficiente audacia e inteligencia para desarrollar esta relación. Yo ya no formo parte de ese mundo, pero siempre que puedo decirlo, lo digo.

LB: *Un ejemplo muy claro de aquellas tensiones es el escudo antimisiles que se quiso instalar en Polonia y Chequia, y cómo se tomó la decisión, tanto ésa como la de la retirada. Las dos igual, sin consultar.*

JS: No es lo mismo, se cambió por Obama muy al principio de su mandato, tan rápido que no dio tiempo a que hubiera embajadores nombrados en ninguno de los dos países, ni en Polonia ni en Chequia, pero con las consultas pertinentes.

LB: *O sea, según esa perspectiva los estadounidenses, entre un presidente y el otro, han conseguido quedar mal con todos, es decir, con los que estaban en contra primero y luego con los que estaban a favor, ¿no? Y además con Rusia, porque este nuevo escudo móvil que propone Obama tampoco le gusta a Putin.*

JS: Todo lo contrario. Con Rusia se ha abierto una nueva página desde el inicio de la presidencia Obama. Se han vuelto a firmar acuerdos de desarme nuclear. Para países como Polonia y Chequia es una buena solución. Para la seguridad europea, también. Recuerde que a la firma del acuerdo START en mayo fueron invitados los países del Este y la firma se hizo en Praga. Si eso es estar enfadados, no sé qué sería tener buenas relaciones.

LB: *¿Qué papel jugó usted con el tema del escudo?, ¿cómo se enteró?*

JS: He jugado un papel a título personal, basado en la confianza que me tenían. Pero, es cierto, nunca hubo reuniones institucionales, jamás, porque era un tema que se escapaba del marco de la Unión Europea. Son decisiones soberanas, y que los países decidieron que si lo hablaban en algún sitio lo hacían en la OTAN. Por mi parte, he hablado mucho con ellos y les he dado mi opinión, como también se la di al Parlamento Europeo.

LB: *El otro gran tema en la relación con Rusia es la energía.*

JS: Desde nuestro punto de vista, el de los europeos, la cuestión crucial y estratégica es el suministro energético. Putin quiere recuperar el poder de Rusia también desde el punto de vista económico. Regresar al control estatal de las grandes empresas energéticas que Yeltsin había puesto en manos de los grandes magnates, con la ventaja de poder jugar con los precios crecientes de la energía. Él piensa: «Somos un gran país, tenemos dimensión, población y recursos naturales. Vamos a utilizar todo esto para recuperar nuestro lugar en el mundo». Construye sus polos empresariales correspondientes y sobre todo Gazprom. Aunque es cierto que hay muchos países que hacen lo mismo. Los que habían privatizado tratan de recuperar el control y los que no, como Noruega, han desarrollado una industria energética modélica.

LB: *Lo que lo envenena todo de verdad es la cuestión energética, que además se convierte en una cuestión de seguridad en cuanto entramos en Ucrania.*

JS: Efectivamente. Recuerdo que Primakov, cuya mujer es ucraniana, siempre decía: «Kiev is in my heart»; eso era en los años noventa, cuando le conocí. Las dos percepciones, sobre la seguridad y el tema energético, se juntan en las primeras tensiones que surgen alrededor de Ucrania. Ucrania es clave para los rusos y para nosotros. Rusia más Ucrania es otra cosa distinta.

LB: *Es otra vez casi la Unión Soviética. Y luego tenemos la revolución naranja, que es otro momento interesante de las relaciones Rusia-Estados Unidos. Bush quiso estimular una nueva oleada de revoluciones democráticas contra Moscú, pero terminó saliendo mal. Y en Moscú temen que efectivamente se les esté armando una nueva oleada en el camino de la desintegración y una nueva pérdida de influencia.*

JS: Sobre el tema de las revoluciones de colores habrá mucho que hablar en el futuro. Estamos demasiado cerca. En Ucrania tuve un papel relevante. Para mí el momento grave inicial es el envenenamiento de Víktor Yúshenko. Fue tremendo. Un hombre joven, gobernador del Banco Central, primer ministro y futuro candidato a la presidencia. Estuvo al borde de la muerte y padeció unos destrozos físicos que aún perduran. Eso fue una señal de alarma. Era amigo mío. Poco a poco se fue recuperando, pero nunca se ha sabido con claridad quiénes eran los responsables de aquel hecho.

En el otoño de 2004 llegaba el final del mandato del presidente Kuchma y había elecciones presidenciales a las que no se podía presentar. Él apoyaba a Víktor Yanukóvich frente a Víktor Yúshenko, que ganó la primera vuelta. Se celebró la segunda vuelta en un clima muy tenso y se dio como ganador a Yanukóvich, lo que desató un amplio movimiento de protesta por considerar el resultado fraudulento. Entre manifestaciones y apuntes de violencia, la estabilidad del país podía escaparse, así que la Unión Europea decidió intervenir. Los polacos, tan próximos a Ucrania, pedían que se hiciera con rapidez, y el presidente Kwaśniewski me pidió que puesto que tenía buenas relaciones con todas las partes, me implicara personalmente. Viajé a Kiev varias veces, algunas solo y otras con el propio Kwaśniewski y el presidente Adamkus de Lituania. Mientras, las manifestaciones y concentraciones continuaban día y noche bajo la nieve, con un frío horroroso. Los contactos con Moscú fructificaron y aceptaron una mesa redonda con los candidatos, el presidente Kuchma, el embajador ruso, ni más ni menos que Chernomirdin, y nosotros. Tras varias reuniones conseguimos que todos aceptaran la repetición de las elecciones, un control electoral más estricto con la presencia de observadores de la Unión Europea y la normalización inmediata de la calle. Ganó Yúshenko y los resultados fueron aceptados; fue un gran éxito.

Pero duró poco. Las tensiones en el seno de la coalición vencedora, Yúshenko y Yulia Timoshenko, surgieron enseguida. Ucrania no fue capaz de dar el salto adelante que necesitaba política y económicamente.

Ironías de la historia, en las elecciones de enero de 2010 venció Yanukóvich, que hoy es el presidente legítimo del país. De hecho, estuve con él en abril pasado.

En esos años del 2004 al 2010 derrocharon gran parte de su potencial económico y político. Ucrania es un claro ejemplo de las dificultades de las transiciones. Pero los temas energéticos han mejorado con relación a la Unión Europea y los equilibrios entre la Unión Europea y Rusia son más sofisticados cada día.

LB: *El último episodio y a la vez enorme problema es el de Georgia.*

JS: Es una situación muy pintoresca porque la revolución naranja se organizó contra Shevardnadze, el antiguo ministro de Asuntos Exteriores de Gorbachov en 1989, que llevaba muchos años como presidente de su país. Había sufrido infinidad de atentados por los conflictos étnicos que atenazan Georgia. Shevardnadze, que había tenido una larga trayectoria, acabó derrocado por el movimiento popular encabezado por un ex ministro suyo, Saakashvili.

LB: *Hasta llegar a una nueva guerra, la última, en el verano de 2008.*

JS: Para mí fue una guerra totalmente inesperada. Estuve en junio de 2008 en Tbilisi con Saakashvili, en Batumi, que había sido Abjara, y en Sukumi, que es Abjasia. Primero me reuní con Saakashvili en Batumi, en un sitio maravilloso, con el mar Negro de fondo, y en la entevista le expliqué lo que pretendía hacer para rebajar la tensión y le pareció bien. Acto seguido me fui en helicóptero a Sukumi, a reunirme con el líder abjasio. Sukumi es una ciudad preciosa sobre el mar Negro, pero destruida por la violencia interétnica en Georgia. Hablamos todo el día hasta la hora en que el helicóptero debía regresar. Progresamos en la generación de medidas de confianza a través de la Unión Europea. De ahí volví a Tbilisi y me reuní con el primer ministro a darle cuenta de la reunión. Me fui relativamente contento pero consciente de las dificultades. A raíz de aquel viaje se constituyó el grupo de «Amigos del secretario general para Georgia», compuesto por la Unión Europea, el secretario general de las Naciones Unidas, Rusia, Georgia y los miembros permanentes del Consejo de Seguridad y presidido por Alemania. En julio se produjeron avances en el proceso de recuperación de confianza, pero a finales de mes volvió a aparecer la incertidumbre de la política internacional, de la que ya hemos hablado. Fue un momento grave y de difícil comprensión. Una guerra que se inició cuando la mayor parte de los responsables políticos que podían evitarla estaban juntos y muy lejos, reunidos en la misma ciudad, Pekín, con motivo de los Juegos Olímpicos. Nunca lo acabaré de entender. Tras muchos contactos telefónicos entre todos —yo hablé entre otros con Rice, Lavrov, Medvédev y Saakashvili—, Sarkozy decidió ir como presidente de la Unión Europea y alcanzó un principio de acuerdo. Luego, para reforzar el acuerdo, fue necesario un segundo viaje a Moscú y Tbilisi en el que además de Sarkozy y de mí vino el presidente Barroso. Nos reunimos Sarkozy, Barroso y yo con Medvédev en una dacha a las afueras de Moscú, fue una reunión muy dura. Medvédev exigía un compromiso de Saakashvili de que no se repetiría lo que él consideraba una agresión de Georgia. Sarkozy le confirmó que tenía la palabra del presidente georgiano, pero Medvédev dijo que eso no le valía, quería una garantía. Era algo muy difícil, y finalmente me pidió que lo garantizara yo. Una carta firmada por mí avalando el compromiso. Redactamos la carta, Medvédev firmó y la carta formó parte del acuerdo. Era una garantía muy peculiar, porque yo no tenía ejércitos, ni nada, pero es lo que pedía. Barroso me acompañó en la firma.

LB: *No está nada mal para los escasos medios con que cuenta el Alto Representante. Pero los rusos cuentan con lo que vale para ellos la*

palabra de los europeos y de los estadounidense y luego piensan que unos
y otros les están echando un cerco para montarles revoluciones democrá-
ticas…

JS: Todo eso entra dentro de lo que antes llamábamos percepciones. El actual secretario de Defensa norteamericano, Robert Gates, me hizo una vez una comparación muy aleccionadora
sobre cómo debían sentirse los rusos después de lo que ha pasado.
«¿Cómo nos sentiríamos nosotros si de repente nos quedáramos
sin Texas, Nuevo México, y luego encima ingresaran en el Pacto
de Varsovia? Pues así deben de sentirse los rusos.» Me lo dijo con
mucha simpatía hacia los rusos. Volvemos a lo mismo: hay una
percepción, pero también hay una realidad, y ésta es que pierden.
Bien es verdad que el principio es que cada país es soberano y
opta por las alianzas que quiere y también es evidente que ya no
hay zonas de influencia, tal como hemos defendido todos nosotros con gran vehemencia tras la caída del Muro. Pero, claro, eso
es la política en esqueleto. La política con los músculos y los ner-
vios y con el vestido se convierte en muy difícil.

LB: *Y luego tenemos los problemas internos, la falta de seguridad y*
de libertad, el funcionamiento de las instituciones…

JS: Rusia no es una democracia en el sentido clásico, digámoslo claro y de entrada.

LB: *Yeltsin ya gobernó como un déspota.*

JS: Lo que tiene que hacer Rusia es una transición hacia un
Estado de derecho, una sociedad con leyes. No hay que pedir
mucho más que eso. El objetivo de todo este período de tiempo
que vamos a vivir es el *rule of law*, el imperio de la ley. Que funcione el derecho, la justicia, los tribunales, las garantías; lo demás,
las elecciones por ejemplo, no es lo fundamental. Las elecciones
por sí mismas no definen las democracias.

LB: *¿No hubo cierta responsabilidad occidental con Yeltsin en esas*
exigencias para que cediera en el terreno internacional, cosa que sucedió,

en contraste con el margen que se le dejó para que dentro siguiera haciendo todas las barbaridades que le convinieran?

JS: El término barbaridades yo no lo usaría. También cuentan las ayudas económicas que recibieron, que fueron muy importantes.

LB: *Y poco controladas.*

JS: Quien conoce muy bien toda la negociación con los rusos es Michel Camdessus. Nadie lo conoce mejor, porque, como director general del Fondo Monetario Internacional, fue quien les dio los préstamos para la reforma de su economía. Hizo magníficamente un trabajo casi imposible. Pero es verdad que la transformación democrática estaba en mantillas. Era una utopía pensar que ese inmenso país, con esas dimensiones, con esa historia, iba a cambiar en cuatro días. Ni siquiera tenían las personas para hacer el cambio. El país vivía todavía con una mentalidad completamente distinta.

LB: *Ahora nos encontramos con que realmente no ha habido transición en Rusia y que en el fondo Rusia está políticamente más cerca de China en cuanto a sistema político.*

JS: No estoy de acuerdo.

LB: *Bueno, también China tiene un capitalismo del mismo tipo.*

JS: Pero es más abierto el de Rusia que el de China. Rusia ha tenido una relación más estrecha con el resto del mundo y es un país más «occidental» que quiere cambiar y mejorar, abrir un poco más la economía, aunque seguirá siendo una sociedad muy controlada por el momento. Además, Rusia tiene problemas demográficos muy serios. El envejecimiento de la población es muy alto, pero a la vez la esperanza de vida ha caído. Todos los parámetros de salud pública son malos. Y han convertido la energía en el centro de su economía y en un mero instrumento desde el punto de vista político. Se invierte muy poco y no se sabe muy bien qué va a pasar con todas las infraestructuras que necesitan rehacer en el campo energético.

LB: *Pero al final parece como si hubiera una especie de convergencia de modelos: el capitalismo sin libertades, que conduce a las peores reflexiones sobre el curso de las cosas. A ver si resulta que el modelo hegeliano y occidental del progreso económico y democrático queda desfasado.*

JS: La teoría nos decía que del desarrollo económico y la globalización saldría un cambio político. Y resulta que caben ambas cosas sin cambio político. Se están afirmando otros modelos que son compatibles con una economía de mercado global, pero no con nuestros valores.

LB: *Incluso si consiguen imponer un cierto respeto en las reglas de juego, del* rule of law... *Entonces, ya está, ya han culminado: ni derechos humanos, ni elecciones, ni pluralismo, con que tengan unos jueces profesionales y eficaces se pueden dar por satisfechos.*

JS: Pero esto último ya es mucho. A nosotros sí nos compensa mucho el imperio de la ley. Y también a ellos. Los ciudadanos prefieren vivir en una sociedad regida por leyes, porque ya es un gran paso. Incluso es mejor no tener elecciones que al contrario, tener elecciones sin ley. A nosotros nos interesa un buen sistema judicial porque es la manera de proteger los derechos de los rusos o de los chinos, y además así podemos invertir con garantías y ayudarles más.

LB: *Sin ello, no hay seguridad, ni en las relaciones bilaterales ni en las relaciones estrictamente comerciales. En China o en Rusia puede llegar una decisión arbitraria en cualquier momento.*

JS: Un buen sistema democrático significa finalmente que los acuerdos se cumplen. La civilización es la acumulación de acuerdos, de procedimientos, de normas... Y eso es lo que hay que conseguir.

LB: *Cuando usted llegó a Exteriores hacía ya tiempo que Gorbachov era un jubilado político. Pero me gustaría que me diera su juicio sobre Gorbachov.*

JS: Más que un juicio personal sobre él, con quien tuve muy buen trato, como con todos los líderes rusos, Gorbachov me parece una de esas figuras históricas que pudo usar la fuerza y no lo hizo por comprender que era inútil. Como ha dicho de Jaruzelski, será recordado por el heroísmo de abandonar una posición y no por defenderla. No hay muchos como él en la historia.

LB: *Con Yeltsin, en cambio, sí coincidió y tuvo oportunidad de hablar con él, escucharle y verlo actuar. Su personalidad desbordante ha impedido en parte conocer algo de sus actitudes políticas. ¿Qué opinión tiene usted de su trayectoria política y de su etapa al frente de Rusia?*

JS: Yeltsin inició un drástico programa de reformas en Rusia, muy profundas, y eso hay que reconocérselo. Quizá no se pudo hacer de otra manera, pero tuvo un coste enorme.

LB: *¿Y Putin? ¿Cómo es Putin?*

JS: Creo que hay más de un Putin. El mejor ha conseguido recuperar la autoestima de un gran país. El menos atractivo es el que ha tenido que jugar un papel de equilibrio entre los elementos de una nueva *nomenklatura.* A veces pienso que le han impedido retirarse para no romper ese equilibrio.

LB: *Medvédev es la incógnita.*

JS: Me gustaría que Medvédev consiguiera que Rusia avanzara por el camino de la modernización y el imperio de la ley, que es lo que ha dicho en varios discursos importantes.

LB: *Pero el jefe sigue siendo Putin.*

JS: Sí, pero cuidado. Hay que tener en cuenta que el Kremlin es el Kremlin y quien está en el Kremlin es el que está en el Kremlin. Todavía hay una situación desde el punto de vista del poder algo inestable, bicéfala, que veremos dónde encuentra su punto de equilibrio en 2012.

LB: *Para resumir, nos queda un gran trecho y no pocas dificultades futuras con Rusia.*

JS: El problema que tenemos los europeos con Rusia es que compartimos una historia y un espacio geográfico, pero en cambio no compartimos nuestras percepciones y memorias. Los años noventa, que fueron para nosotros una época de liberación y de integración, fueron para los rusos tiempos de caos y humillación. Entender esto no significa avalar tales argumentos y sentimientos, y sobre todo las acciones que se siguen de ellos. La idea de una Rusia amenazada es absurda para nosotros, pero es como se sienten los rusos. Al contrario, Rusia debería entender que los pequeños países vecinos son los que realmente se sienten vulnerables al lado del gigante que son ellos. No es bueno para nadie que una gran potencia se sienta incómoda en sus relaciones con la mayoría de sus vecinos. Ni que se gestionen los recursos y se gobierne a las poblaciones pensando en escenarios de conflicto e incluso de guerra, en vez de dirigir todos los esfuerzos hacia la prevención conjunta de las amenazas que pesan sobre todos nosotros, la crisis económica entre muchas otras.

LB: *¿Qué hay que hacer entonces desde la OTAN con Rusia? ¿Cómo podemos rehacer todo lo que se ha perdido desde el Acta Fundacional?*

JS: Rusia no va a entrar nunca en la OTAN, porque es demasiado grande. Pero el Consejo OTAN-Rusia tiene que desarrollar todo su potencial, que es inmenso. Ahí los países más serios tienen que ser capaces de sacar adelante una nueva dinámica. Porque Rusia es de trato más difícil como vecino que como socio estratégico. Los países fronterizos todavía tienen una gran incomodidad con Rusia, aunque comercien e inviertan y se acerquen casi sin darse cuenta. Polonia, por ejemplo, está invirtiendo bastante. Pero les queda ahí un resquemor profundo. Por eso Rusia debe estar en las estructuras de la Alianza, aunque no esté en la Alianza. Habría que buscar maneras de incorporarla. Por ejemplo, ¿por qué no hay un acuerdo de Rusia y la OTAN de que no se hagan análisis de contingencia para posibles ataques mutuos? Debemos hacer otras cosas en materia de seguridad, pero además hacerlas conjuntamente.

LB: *¿Éste es el núcleo de la nueva estrategia de la OTAN, la revisión del concepto estratégico que usted tuvo que hacer en cuanto llegó a la Secretaría General de la Alianza?*

JS: Esto en realidad es un juego intelectual que debemos hacer para ver hasta dónde estamos dispuestos a llegar para normalizar nuestras relaciones con Rusia. La nueva estrategia que se está ya discutiendo estos días deberá ver cómo incorpora a Rusia. Ahora hay una oportunidad, el presidente Medvédev ha hecho algunas propuestas. Nuestra obligación es entrar en ese debate pero manteniendo los principios de Helsinki que rigen de manera global la seguridad en Europa. La Conferencia de Helsinki fue una idea genial. Puso la seguridad en tres cestas, recordemos: la cesta del *hard security* («seguridad militar»), la economía y los derechos humanos. Desde entonces, en época de Brézhnev, se ha avanzado en los tres aspectos. Pues bien, cae el muro de Berlín y se firma el Tratado de París, que ratificó Helsinki. ¿Y qué ha sucedido? La respuesta permite entender la percepción de los rusos. La seguridad se ha quedado en la OTAN, donde no están. La economía la ha ocupado la Unión Europea, de la que tampoco son miembros. Y queda la tercera, los derechos humanos, que los rusos ven como un instrumento para denunciarlos y marcarlos políticamente a través del Consejo de Europa, donde sí están los rusos, pero que finalmente sirve para mandarles inspectores a sus elecciones. Los rusos piensan que no es una situación equilibrada y que algo hay que hacer.

LB: *¿Será Rusia alguna vez un país fiable, capaz de estabilizar su relación con la Unión Europea?*

JS: Sí, claro que sí. Y, de hecho, ya lo es. Rusia para nosotros es un país fundamental, no solamente porque es un gran vecino y el país más extenso del mundo, sino porque tenemos relaciones económicas importantes, de seguridad, energéticas, en todos los campos. Durante toda la guerra fría, Rusia nunca falló en el suministro energético. Alemania nunca tuvo problemas por ese lado. Los problemas vinieron después, cuando la energía se convierte en un arma más política de lo que fue durante la guerra fría. Pero si la Unión Soviética fue fiable, no hay razón alguna para que los rusos no sean fiables.

LB: *Tampoco los europeos teníamos la dimensión que tenemos ahora.*

JS: Hay una reflexión más general sobre Rusia, que ya he apuntado antes, que quizá permita comprender las dificultades que tienen estas relaciones. Con Rusia es más fácil entenderse para resolver problemas globales, es decir, como socios estratégicos, que actuar como buenos y leales vecinos. La actitud de Moscú en cuestiones como la proliferación nuclear en Irán, el proceso de paz en Oriente Próximo o el terrorismo es positiva, y cabe esperar que también lo sea en la negociación sobre el cambio climático o en la resolución de la crisis económica mundial. Pero en cambio, en cuanto nos acercamos al vecindario, sea Ucrania, Georgia o los Balcanes, las cosas se ponen más difíciles. La política de vecindad con Rusia es la piedra de toque.

6

Ésta es mi Europa

El sueño europeo • Los márgenes de acción del Alto Representante • El nuevo tratado • Después del fracaso de Lisboa, el objetivo 2020 • Nuevos altos cargos en la Unión Europea • Profundizar el mercado interior • El reto del Servicio Exterior Europeo • A tratado constante • El papel de la sociedad civil europea • Interior y Justicia • Debates y conflictos alrededor de la inmigración • La candidatura de Turquía • Las raíces cristianas de Europa • La identidad europea • Los valores de la socialdemocracia

LLUÍS BASSETS: *En este capítulo quisiera empezar por adelantar algo del final. Cuando en mayo de 2007 le concedieron el Premio Carlomagno, el máximo galardón al europeísmo que da la ciudad de Aquisgrán, usted reivindicó, en plena crisis y estancamiento de la Constitución, a Europa como «actor global, hablando con una sola voz». Consideró que debería ser un «factor decisivo en la paz y en la estabilidad mundiales, elemento insoslayable en la solución de cualquier conflicto o crisis internacional, punto de referencia para un mundo basado en normas e instituciones sólidas y respetadas». «Ésta es mi Europa», terminó diciendo. ¿Cuán lejos estamos ahora mismo de ese sueño suyo europeo?*

JAVIER SOLANA: Estamos lejos y cerca. Deje que me refiera precisamente a ese discurso que usted cita. Allí expuse, efectivamente, mi preocupación por lo que denominé la «paralizante estrechez de miras» con que estaba actuando la Unión Europea. Era en 2007, antes de que consiguiéramos aprobar el Tratado de Lisboa, cosa que nos costó dos años más. La observación creo que aún es pertinente aunque el tratado esté aprobado. La crisis económica, el principal problema que tenemos, ha concentrado la mayor parte de nuestras energías. Pero no olvidemos que no hay posibilidad alguna de acción internacional si no es desde una plataforma continental. Ningún Estado miembro solo podrá hacerlo. Tenemos intereses que preservar, amenazas a las que hacer frente, problemas globales que nos afectan y sobre los que debemos hacer oír nuestra voz y cuyas soluciones dependen en muchos casos de nosotros. Necesitamos mucho más que un mercado y un proyecto de estabilización regional. Ésa es la Europa que yo quiero, una Unión con una auténtica política exterior y una política de defensa y seguridad eficaces. Pero sólo podremos desarrollar una auténtica política exterior si nos dotamos de las estructuras necesarias, lo que significa ante todo instituciones bien concebidas y diseñadas. Unas instituciones que nos permitan actuar juntos en un mundo en el que Europa sólo existe e influye cuando actúa como tal, es decir, cuando los europeos actuamos colectivamente. Ahora tenemos la oportunidad de avanzar seriamente en este camino. El nuevo Servicio Exterior Europeo que estamos creando será un instrumento fundamental para ello.

LB: *Usted ya fue nombrado en 2005 como Alto Representante de la Constitución, no de Lisboa, y luego con el referéndum francés y el holandés todo quedó en el aire.*

JS: En esta cuestión hay pocos cambios entre la Constitución y Lisboa. Es verdad que después del fracaso de la Constitución hubo momentos en que se trató de dar marcha atrás. Empezaron a crecer dudas, hasta 2007, año en que Merkel retomó la cuestión durante la presidencia alemana. Fueron dos años en verdad angustiosos, muy difíciles, porque no era seguro que recuperáramos lo que entonces estaba en el alero. En el discurso con motivo de la entrega del Premio

Carlomagno que antes hemos mencionado hice un llamamiento para que no siguiéramos perdiendo tiempo y saliéramos de la crisis institucional. Animé a Merkel para que se comprometiera a fondo y sacáramos adelante el tratado en el mismo 2007, antes de que terminara la presidencia alemana en junio. Y fue efectivamente ella la que consiguió que diéramos el gran paso, recuperó todo lo que pudo de la Constitución y cerró un borrador, que todavía encontraría el rechazo de Irlanda y los problemas que planteaban los polacos y el presidente checo, Václav Klaus. Pero el gran esfuerzo que hizo Merkel es el que permitió la firma en Lisboa en 2007 y el comienzo de la ratificación, que luego ha durado también más de lo previsto.

LB: *A usted le debe quedar el gusanillo de no haber podido utilizar las palancas enormes que daba el nuevo cargo.*

JS: Si se hubiera aprobado en 2005, me atrevería a decir que muchas cosas habrían sido diferentes, no solamente en el ámbito de la política exterior y seguridad, porque habríamos llegado a 2009 con un tratado ya rodado en todas sus dimensiones. Y hubiéramos llegado a la crisis económica en unas circunstancias mucho más claras desde el punto de vista institucional. En 2005, los que hicieron el primer tratado, al que se llamó Constitución, todavía eran otro grupo de líderes: Chirac, Schroeder… A continuación se produjo un momento de vacío porque no solamente cayó el tratado, sino que llegó una generación nueva y la mayor ampliación de la historia, que es de apenas un año antes. Sin tratado y con grandes dudas sobre la dirección que debía tomar Europa. Imaginemos si todo eso hubiera sido al revés. Habríamos estado en una situación infinitamente mejor.

LB: *Y ahora con el perfil de los nuevos cargos, ¿el riesgo no será quizá que no se utilicen todas las palancas?*

JS: No creo que suceda por las personas. Son importantes, qué duda cabe, pero la clave siempre son las instituciones.

LB: *Pero, por ejemplo, usted despachaba con los directores de los servicios de inteligencia. ¿La señora Ashton seguirá haciéndolo, o entra dentro de unos márgenes optativos?*

JS: En mi caso, creo que he tenido una situación privilegiada que nada tenía que ver con la letra del tratado. Algo imprescindible para avanzar en estos temas tan complejos de la política exterior, la seguridad o la inteligencia, como es la confianza. La enorme confianza de la que he gozado me permitió tener *de facto* una gran capacidad de acción aunque no existía el nuevo tratado. Aunque hay que decir que Lisboa da mucho al Alto Representante. Le recuerdo sus funciones: vicepresidente de la Comisión, dirige el servicio exterior y la presidencia del Consejo de Asuntos Exteriores, que significa fijar la agenda, dirigir el debate y comunicar los resultados. Eso en política es de enorme valor. Son muchos instrumentos y mucho trabajo.

LB: *¿Puede haber Unión Europea sin servicios secretos europeos, sin los sótanos de la inteligencia europea, instituciones también a fin de cuentas?*

JS: Éste ha sido un tema objeto de debate en la Unión Europea. La inteligencia tiene dos partes: el esfuerzo por la obtención de la información y el análisis. Según mi idea, la Unión Europea como tal no debe tener personal sobre el terreno en la recopilación de información. Lo que tiene valor, mucho valor de hecho, es poner en común la información que se recibe de los distintos países para poder hacer un análisis conjunto. Y eso se hace a través de un centro que tenemos en Bruselas, donde hay representantes de los servicios de información de todos los países con un peso relativo a su capacidad. Pero lo que se decidió no hacer es tener unos servicios europeos propios con captadores de datos sobre el terreno. Cada país defiende así a la vez los intereses nacionales y los intereses europeos. Donde hay mucho campo para mejorar y avanzar es en la coordinación de los análisis. Conseguir una buena coordinación en el análisis de los datos es un problema que se plantea incluso entre los servicios de un mismo país o en relaciones bilaterales entre países aliados, como hemos visto las pasadas Navidades con el atentado afortunadamente frustrado de Detroit. Y esto ha sucedido en un gran país como Estados Unidos, de manera que en la Unión Europea tenemos mucho campo para mejorar. Hay que recordar que en la lucha contra el terrorismo, la tecnología tiene un papel que jugar y la información humana directa es capital, pero lo fundamental es su buena utilización posterior. En esto es en lo que Europa debe avanzar.

LB: *Europa se ha hecho precisamente para evitar la guerra entre estados. ¿Esto se puede extender a los servicios secretos? ¿Los 27 son países que no se espían entre ellos ya, o sí se espían todavía?*

JS: No, no se espían. Ahora puede haber algún espionaje industrial, pero en su sentido genuino lo que se hace es colaborar estrechamente. El ejemplo franco-español es muy paradigmático del enorme cambio que hemos dado a todas estas cuestiones tan básicas para la seguridad.

LB: *Hablaba antes del puesto de Alto Representante que fija Lisboa. ¿Se diseñó precisamente a partir de los márgenes de confianza que usted había conseguido?*

JS: Se diseñó a partir de la experiencia acumulada, con gran dificultad, porque algunos países dudaban que una sola persona pudiera llevarlo todo.

LB: *Su ejemplo personal sigue la línea de Monet, que siempre estiró de las costuras del traje para sacarle el máximo partido, y ahora, en cambio, no está nada claro que se apuren las posibilidades del traje al máximo.*

JS: Monet actuaba así, es verdad. Pero siempre quiso institucionalizar. Y para optimizar las instituciones hacen falta personas potentes, capaces de tirar de las instituciones hasta dejarse la piel, pero al final siempre necesitas instituciones. Sin instituciones, sin reglas, sin normas, es imposible que la Unión Europea pueda funcionar bien. Pero siempre hay riesgos, como hemos podido ver o intuir ahora con la crisis. Hemos entrado en momentos casi de retroceso en el mercado interior, que es el corazón, el pilar fundamental sobre el que está construida Europa. En el límite, en todo caso.

LB: *¿A qué se refiere concretamente?*

JS: Al comportamiento de algunos países. Por ejemplo, con la crisis bancaria ha habido algunas cosas que realmente no se debieron aceptar por defender el mercado único.

LB: *¿La reacción de Irlanda ante la crisis bancaria, por ejemplo? ¿Las OPAS y fusiones eléctricas o las subvenciones al automóvil?*

JS: Prefiero no señalar a nadie.

LB: *¿Da por conjurado el peligro?*

JS: No, no está cerrado. Hay que utilizar bien el tratado y sus márgenes para hacer una política común que vaya más allá de la política financiera. También hace falta una coordinación mucho más profunda de la política económica. Y yo creo que la mayor parte de la gente empieza a entrar por esa vía. El BCE ha jugado bastante bien en la crisis y hay una posibilidad no despreciable de que el próximo presidente sea un alemán, lo que tranquilizaría a Alemania y podría darnos un margen de maniobra para avanzar más en la política económica. Lo que corresponde como acompañamiento de la política financiera es una defensa a ultranza del mercado interior, hasta sus últimas consecuencias, incluyendo otros sectores como la energía.

La otra cuestión es la defensa sin fisuras del pacto de estabilidad, incluso llevarlo más lejos, y una mayor coordinación presupuestaria. No podemos poner en cuestión el pacto de estabilidad. El tema de las ayudas públicas tiene que ser muy claro. Y la defensa del método comunitario, algo que no se puede olvidar y que es una de las virtudes y de las novedades históricas que tiene la Unión Europea. Es decir, que no somos una mera yuxtaposición de países que actúan intergubernamentalmente. Todos esos elementos, no sólo uno de ellos, deben definir la política económica en forma de un paquete compartido por una mayoría importante de países.

LB: *Que es el objetivo 2020.*

JS: El objetivo 2020 es la agenda de Lisboa renovada y puesta al día en sus contenidos, porque la agenda de Lisboa, que era la estrategia para hacer de Europa la economía más competitiva basada en el conocimiento, ha fracasado. Es muy interesante, ya que el fracaso estuvo muy claramente explicado por Wim Kok en su informe de medio camino. Allí señala las cosas que se quieren hacer hoy. Fue un documento muy bien hecho, analizando lo que había pasado a mitad de recorrido, pero no se le hizo caso, y así estamos.

LB: *Ese informe, «Enfrentando el reto. La estrategia de Lisboa para el crecimiento y el empleo», fue redactado por un grupo de alto nivel que presidió el ex primer ministro holandés Wim Kok, y se publicó en noviembre de 2004. Pero el problema quizá fue que no se estableció un sistema de estímulos y de sanciones para los países que no cumplieran con los compromisos de reformas adoptados en Lisboa.*

JS: El término sanción entonces no se contemplaba, ahora se empieza a usar.

LB: *Es un término antipático.*

JS: El tratado prevé mecanismos para incentivar y desincentivar. Y eso es lo que hay que utilizar.

LB: *Los fondos estructurales, por ejemplo, contienen un sistema que finalmente es de penalización para quienes no son capaces de gestionar las inversiones.*

JS: Exacto. Fijar objetivos que deben cumplirse y que en caso de incumplimiento se pueda anunciar, por ejemplo, que en un plazo determinado dejarán de tener vigor determinadas ayudas. Éste es el debate que vamos a ver los próximos años. Y espero que se pueda cerrar. Ayudará mucho la figura de un presidente del Consejo Europeo que tenga buenas relaciones con el presidente de la Comisión y sea capaz de suscitar grandes consensos con todos. El informe que ha presentado Felipe González en junio toca estos temas, y suscribo todo lo que dice.

LB: *Usted está diciendo que para evitar la crisis lo mejor que podemos hacer es seguir en lo que tenemos. Es decir, evitar que las dificultades deshagan lo que conseguimos en 1992 con el mercado único. Debe de ser una de las cosas más pragmáticas y lúcidas que he oído últimamente sobre Europa: mantener lo que hay.*

JS: No sólo mantener, sino avanzar. Y desde luego es fundamental no retroceder. Europa se ha construido a base de crisis, y de todas hemos salido adelante. La crisis actual es muy profunda y global, y la Unión Europea ha de salir más fuerte y más cohesionada. Queda muchísimo en la profundización del mercado interior. Hay incluso vectores para explorar y explotar. También hay que avanzar más en justicia y asuntos de interior. Y sin duda alguna en la política exterior, aunque ahí el avance fundamental es el servicio exterior, que es poner sobre el terreno a la Unión Europea.

LB: *¿Cómo concibe usted el servicio exterior? ¿Cómo deberá ser? ¿Significa la mera puesta en común de lo que tiene la Comisión ahora, o hay que darle un impulso y una dimensión nuevos?*

JS: La Comisión tiene una parte importante, pero el servicio exterior tiene que contar con tres patas: la que está en la Comisión, la que ofrezcan los estados miembros proporcionalmente a su capacidad, y la que ya existe hoy en el Consejo. De esta pata, que ya está funcionando, tienen que seguir formando parte las estructuras actuales, como la célula de planificación, la coordinación civil-militar, los temas militares... Pero es muy importante que los países que tienen más experiencia en política exterior se crean de verdad el servicio exterior y lo asuman como propio.

LB: *¿Y se lo creen?*

JS: Se lo creerán si se hace bien. Si la Comisión decide que quiere una posición de excesivo protagonismo, puede llegar un momento que a los grandes países no les interese. Será un servicio exterior, pero no el mejor posible, aunque sea mejor que lo que hoy tiene la Comisión sola. Pero no llegaríamos hasta donde podemos llegar. ¿Y qué hace falta? Que los países con más experiencia y más capacidad de acción e influencia en la política exterior europea manden a sus mejores hombres.

Ése será el gran debate; de lo contrario, si se marginan, creo que no llegaríamos a desarrollar todo el potencial que el tratado ofrece.

LB: *Al gran público se le está contando que va a ser el mayor servicio exterior del mundo. Pero ¿cómo convencer a la gente de que se trata de algo positivo? Porque, claro, tener un gran servicio exterior si luego no tenemos ideas, no tenemos políticas, no tenemos europeísmo, va a ser difícil de contar. ¿No será acaso una gran burocracia? ¿Cuál va a ser realmente su función? ¿Para el ciudadano qué sentido tiene esto de que Europa tenga la mayor diplomacia del mundo?*

JS: Pues tiene el mismo sentido que pueda tener para los estadounidenses, los rusos o los chinos. Es decir, si queremos jugar como actores globales, tenemos que estar representados en el mundo como corresponde. Tenemos que estar representados como Unión Europea, y esto requiere contar con una diplomacia propia sólida y eficaz. El 1 de enero se dio un paso, que es todavía simbólico, si quiere. Pero la Unión Europea ya tiene sus representantes. Antes eran representantes de la Comisión, ahora lo son de la Unión Europea. Es un cambio importante, aunque parezca sólo nominal. Con la práctica, si no hay resistencia de nadie, la propia dinámica y la buena voluntad harán que avancemos en la construcción de un servicio exterior propio. Aunque, evidentemente, esto no es un *big bang*, sino un proceso.

LB: *Para los países pequeños puede ser además una ventaja tener representaciones en todo el mundo, incluso allí donde tienen dificultades para mantenerla.*

JS: Muy importante, porque ahorrarán recursos al tiempo que podrán estar presentes en lugares que no son esenciales para ellos y no pueden permitírselo. Eso puede dar mucho juego para un país pequeño.

LB: *Puede ser muy interesante para los ciudadanos europeos desplazados, emigrantes en tráfico, en viaje por el mundo…*

JS: Los países no dejarán de tener responsabilidades sobre sus ciudadanos, pero cuando no tengan representación la embajada de la UE podrá apoyar mejor a los ciudadanos que necesiten sus servicios. Esperemos que en un futuro se puedan incluso prestar apoyo en algunos servicios consulares. Hoy ya se hace en algunas circunstancias: cuando a un ciudadano europeo le ocurre algo en un país tercero donde su país no tiene representación, puede llamar a la puerta de la Unión Europea y se le atiende.

LB: *¿Qué es lo que pueden aportar los distintos países a esta nueva etapa en política exterior?*

JS: Hay que reconocer que hay al menos tres tipos de países. En primer lugar, los países que han tenido por tradición una política exterior mundial. Luego los países que han tenido, en su historia, políticas exteriores regionales. Y finalmente los países que han estado absorbidos por las políticas exteriores de vecindad, concentradas en ocasiones en la gestión de abundantes conflictos con sus vecinos. Pero todos, a lo largo de una historia tan rica y compleja como la europea, han tenido experiencias que pueden enriquecer el servicio exterior.

LB: *¿Con el servicio exterior podemos dar por culminado todo lo que da de sí la Unión Europea en este capítulo, o caben todavía mayores desarrollos?*

JS: Los europeístas, estemos donde estemos, debemos trabajar por el proceso de integración. La construcción europea es un largo viaje cuyo final no está escrito. Pero debemos ser conscientes de que a partir de ahora el camino se va a hacer a tratado constante. Los cambios de tratado serán menos frecuentes. ¿Qué quiero decir a tratado constante? Que éste es el tratado que hay y que hay que aplicarlo a fondo, apurando su letra, pero sobre todo su espíritu, y que hay que contar con que posiblemente no haya otro tratado en muchos años. Por eso es fundamental que se aplique en todos sus términos, espíritu y letra. Seguir profundizando en la Unión no necesariamente significa realizar nuevos cambios de estructuras institucionales. A tratado constante, instituciones constantes. Así es como habrá que hacer las cosas. La Unión se ha construido hasta ahora en cierta manera de arriba abajo.

LB: *Es un caso de despotismo ilustrado.*

JS: No es la imagen más exacta, pero ciertamente es de arriba abajo. Y hay un momento con el Parlamento en que se trata de que se mueva de abajo arriba. Todos los cambios institucionales que se han hecho han seguido la misma dinámica, salvo cuando se incluyó el concepto de ciudadanía o los programas tipo Erasmus. Ahora hay que volver a trabajar mucho más con las instituciones intermedias. Pienso que la profundización tiene que hacerse a través de la sociedad civil, de la vida intelectual, de la vida universitaria, de las empresas, de la investigación en común, de los medios de comunicación, de los partidos políticos, de un pensamiento europeo que va avanzando… Creo que ahí es donde deben trabajar los auténticos europeístas. Ya no se trata de cambiar instituciones. Ahora hay que generar realmente pasión europea en este edificio en el que vamos a vivir por algún tiempo.

LB: *O sea, ahora es la sociedad civil europea la que tiene que construirse a sí misma.*

JS: Los empresarios tienen que pensar que son europeos, también los universitarios y las ONG, todas las instituciones de la sociedad civil. Eso es la profundización, que ya no se hará de arriba abajo, cambiando tratados, inventando nuevos cargos o haciendo más cambios institucionales. Habrá un momento en que confluirá un esfuerzo que se ha hecho de arriba abajo con un esfuerzo que se tiene que hacer de abajo arriba. Acabaremos teniendo medios de comunicación y universidades europeas o centros de investigación europeos. Esa ciudadanía europea es nuestro gran reto, que nos ayudará a reforzar la legitimidad de Europa.

LB: *¿Qué papel debe jugar el Parlamento Europeo en esta nueva etapa?*

JS: El Parlamento Europeo tiene una función primordial en la construcción europea porque es la única institución elegida directamente, el vínculo directo con los ciudadanos. Sin embargo, es evidente que no hemos sido capaces de explicar la importancia de la institución y movilizar a los ciudadanos, como muestra la escasa participación en las elecciones europeas; eso hay que reconocerlo. A la vez, es un Parlamento sin un gobierno claro articulado sobre una mayoría, por lo que no tiene que apoyar ninguna política y acaba funcionando como una institución desvinculada de las competencias y funciones intrínsecas a los parlamentos nacionales. Eso no lo convierte en una institución menos importante, pero sí plantea ciertas anomalías y dificultades que sólo se resolverán el día que los líderes de la Unión Europea sean elegidos por el mismo mecanismo.

LB: *Otro campo en el que se ha avanzado en los últimos años, desde el Consejo de Tampere, de octubre de 1999, es Interior y Justicia. Pero en los últimos años estos avances, sobre todo en el tema de las inmigraciones, parece que vayan en una mala dirección.*

JS: Estamos lejos todavía de lo que hace falta en políticas de inmigración europeas. Hace falta trabajar mucho más. Pero en el tema migratorio, se mire por donde se mire, hay que partir de una base y es que el desarrollo económico de la Unión Europea va a exigir en el futuro una considerable fuerza de trabajo inmigrante.

Según el informe que la Unión Europea encargó a Felipe González, se necesitarán sesenta y ocho millones de trabajadores entre ahora y 2050.

LB: *Quizá lo que sucede es que estamos cambiando de modelo de sociedad y nos encontramos, de una parte, con las resistencias de los sectores de la sociedad que no quieren en absoluto este cambio, y de la otra, con unos partidos e instituciones que prefieren sacar partido electoral, en una u otra medida, de la reacción frente al cambio, en vez de tomar posiciones responsables.*

JS: Yo comprendo que los ritmos a veces pueden ser excesivamente rápidos para algunas sociedades. Pero es tal la evidencia de que vamos a necesitar más gente, que hay que desdramatizar el debate sobre la inmigración, sin entrar en demagogias ni xenofobias. Tenemos que reconocer, primero, que aquí hay un problema; segundo, que una parte del problema es la solución, puesto que necesitamos emigración, y tercero, que esa solución, como es nueva, creará reticencias como muchas otras soluciones nuevas. Hemos pasado por dificultades parecidas, y lo que sabemos es que al final tendremos que adaptarnos, porque son cuestiones necesarias en nuestra vida colectiva.

LB: *Es decir, acostumbrarnos a pensar que ésta no es una sociedad con un solo color de piel, una religión, una lengua y una forma de ver el mundo, sino muchas.*

JS: Sí, pero digámoslo primero en términos egoístas. Necesitamos a los emigrantes y por eso hay que abrirles las puertas. Segundo, veámoslo en términos de solidaridad: en 2025 en África, es decir, en el continente más próximo a nosotros físicamente, del que estamos separados por muy poco mar —el Mediterráneo no es el océano Atlántico—, el 50 por ciento de la población tendrá menos de dieciocho años. ¿Qué supone eso en cuanto a educación, empleo, etcétera? Si no se les da ayuda económica para desarrollo, educación y salud, terminarán cruzando el mar. Y entonces los problemas serán todavía mayores. Ésta es una reflexión que tiene un fuerte componente de interés propio; pero hay un interés que está ligado a una necesidad económica y otro que está ligado a unos valores morales, que yo desde luego intento defender.

LB: *En política de inmigración, por tanto, lo deseable sería que no nos limitáramos únicamente a la cuestión policial y a la restricción de entradas, sino a las políticas activas de integración. Pero en esto no estamos todavía.*

JS: No, pero hay que estar, hay que ayudar a los países en lo que se pueda en esas políticas de integración. Además, en la política europea de Justicia e Interior debe haber un capítulo muy serio dedicado a la lucha contra las mafias y el crimen organizado. Es un problema que desgraciadamente crece de manera imparable, sobre todo con la droga, pero también con asuntos terribles, como señala la reciente denuncia de la UNICEF del robo de niños de los hospitales de Haití para traficar con ellos. Todo eso forma parte de los problemas ante los que la Unión Europea no puede cerrar los ojos. Si queremos ser una potencia global, tenemos que mirar al mundo tal como es.

LB: *Hasta ahora la tracción política más seria del tema de la inmigración en los últimos años se ha producido desde Italia y desde un mundo donde precisamente hay colusiones incluso entre el poder político y las mafias. Lo que está determinando y moviendo las cosas no son los mejores impulsos del interés más organizado y más racional y los instintos solidarios, sino exactamente los contrarios.*

JS: Hay que hacer un gran esfuerzo. Déjeme insistir, no es ser ingenuo, es que vamos a necesitar que vengan a trabajar con nosotros a varios millones de personas. Ésta es la cuestión que muchos no quieren aceptar. Qué gran contradicción.

LB: *Pero, sin embargo, no están moviendo las cosas ni la reflexión ni el debate racional, sino el impulso demagógico.*

JS: Estos problemas surgen cuando el ritmo de los cambios es demasiado rápido para que la gente se adapte. Los niveles de inmigración a veces se concentran de forma excesiva en algunos puntos, lo que agudiza los problemas.

LB: *Una encuesta realizada en Vic situaba a la inmigración como el noveno problema según la percepción de la población. Frente a esto, en Calabria sí pasan cosas: las mafias quieren echar del campo a los trabajadores a los que han explotado durante años con salarios de miseria, y de ahí surgen los enfrentamientos. Pero en Vic lo único que sucede es que el alcalde de pronto teme la competencia electoral de la extrema derecha y se le ocurre proponer las restricciones en el empadronamiento. Es un tema que da rendimiento electoral, igual que pasa en Italia.*

JS: Éstos son temas que exigen un gran sentido de la responsabilidad. Todo tiene que ser analizado de una manera mucho más ecuánime. Es evidente que no hay que abrir las fronteras de par en par. Nadie lo hace. Y que hay que actuar en la doble dirección, en los países de origen y en Europa. El esfuerzo económico debe ser mucho mayor, porque no puede ser que la llegada de inmigración signifique, por ejemplo, la destrucción de la escuela pública. Hay que poner más profesores, más aulas, más colegios. Y eso, en mitad de una crisis económica, es todavía más difícil.

LB: *Una parte de la opinión pública europea se opone a la inmigración por las mismas razones por las que se opone al ingreso de Turquía en la Unión Europea.*

JS: Hay que contemplar la candidatura de Turquía desde la perspectiva estratégica. Sin embargo, es verdad que hay quienes la miran exclusivamente desde el punto de vista de la inmigración, de la cultura o de la religión, y de lo que supondría para el futuro la incorporación ahora de ochenta millones de turcos con las correspondientes proyecciones demográficas de unos y otros.

LB: *Pero la Unión Europea ha tratado con mucha dureza a Turquía.*

JS: La respuesta europea está siendo poco clara, es verdad. Empezó bien. En diciembre de 1999, recién llegado como Alto Representante, el Consejo de Helsinki me mandó a Turquía para fijar los plazos de la candidatura y ver si se aceptaban las condiciones. Fui a ver al presidente turco a la una de la madrugada, y estaba de vuelta a las seis de la mañana. Informé al Consejo Europeo y aceptaron a Turquía como candidata. Hay que cumplir las compromisos. Luego, a partir de ahí ha ido con altos y bajos, más bajos que altos últimamente, pero el proceso ha continuado. La situación es difícil porque Turquía es un gran país, de enorme fuerza económica potencial, al que no se le puede abandonar como un electrón libre en una zona de tanta importancia geoestratégica como es el espacio entre el Caúcaso y Oriente Próximo.

LB: *Pero ¿no nos jugamos mucho más que el mero ingreso de Turquía en este envite? ¿No estamos tratando con el futuro de la misma Europa?*

JS: Europa tiene dos grandes vecinos: Rusia y Turquía. El problema con ambos es el mismo, aunque las fórmulas y métodos sean distintos: ver cómo se les asocia. Y hay que tener una mirada y una aproximación estratégicas con ellos. Ahí es donde debe prevalecer la inteligencia de los europeos. Rusia no es candidata y probablemente nunca lo sea. Turquía sí lo es.

LB: *A Turquía no se la sitúa con los BRIC, pero en realidad también es un país emergente. De hecho, es el gran país emergente en la zona de Oriente Próximo.*

JS: Está creciendo mucho y de forma estable. Ha atravesado la crisis con solvencia. Y era hasta hace poco un gran aliado de Israel. Históricamente, Israel ha tenido dos aliados en la región: uno era Turquía y otro era Irán. Con Turquía ha tenido una relación muy estrecha porque es un país de la OTAN, pero ahora también tiene un problema para ver cómo mantiene su relación con la OTAN.

LB: *Turquía se halla en pleno viraje en relación con la Unión Europea, en relación con la OTAN y en relación con Israel.*

JS: También es una reacción; Turquía es un gran país y ha sido un gran imperio. Y ahora está entre los emergentes, aunque es reemergente, como decía antes. Con un proceso de cambio interno muy importante, una modernización guiada y liderada por islamistas moderados.

LB: *Si ingresara en la Unión Europea, con la fuerza demográfica que tiene, se convertiría en el amo de las instituciones, el Consejo y el Parlamento.*

JS: El problema de Turquía, a mi juicio, tiene más que ver con su tamaño que con otras cuestiones. Es una discusión clásica con los estadounidenses. Dicen que Turquía tiene que entrar porque piensan en el TLC (Tratado de Libre Comercio) vigente entre México, Estados Unidos y Canadá. Piensan en Turquía como si fuera nuestro México, pero no lo es. Nosotros hicimos el TLC con Turquía en 1977 o 1978, con el estatus de país asociado. Y de eso no se dan cuenta. Lo que estamos haciendo ahora sería como añadir a la bandera estadounidense una estrella y un estado más al país. Y además sentarlo en las instituciones. Eso es algo bastante más complicado, sobre todo por su tamaño. Hay que ver cómo resolverlo.

LB: *Cabe temer que los turcos, a la vista de la inacción e incluso del rechazo, lleguen a un punto en el que ya se desinteresen del todo.*

JS: Turquía lo tiene también difícil. ¿Adónde va a ir? El problema surgiría si retrocediera en las reformas y se radicalizaran los sectores más religiosos de su sociedad. Turquía tiene un ejército muy potente y muy ligado a la figura laica de Atatürk. El choque interno podría ser fuerte y un desastre para todos.

LB: *De Rusia podemos decir, o pueden decir los estadounidenses: «Mira, perdieron la guerra fría». Pero Turquía no ha perdido ninguna guerra; al revés, gana la guerra fría también. Y en cambio parece que se le está empezando a tratar como un país perdedor.*

JS: No sólo no es perdedor, como miembro de la OTAN es ganador.

LB: *Los turcos vieron una humillación en la cuestión chipriota. Los turcochipriotas fueron los que cedieron y estuvieron de acuerdo en la unificación de la isla, y en cambio premiamos en la Unión Europea a los grecochipriotas, que la rechazaron, con el ingreso como socio de pleno derecho. La unificación previa al ingreso hubiera sido fundamental y más justa.*

JS: Para el ingreso de Turquía hay que ir muy deprisa en todos los temas en que se pueda correr, y dejar para el final el aspecto institucional, que es el más difícil. Pero para ello Turquía también tiene que hacer sus deberes. La situación exige de todos que impere la visión estratégica.

LB: *¿No existe el riesgo de que Europa busque su identidad en la confrontación con el islam?*

JS: Hay quien lo está intentando. Para mí, el cambio más importante, y el más chocante, es el que se ha producido en Holanda, el país de la tolerancia, desde el asesinato de Theo van Gogh.

LB: *Teníamos una Unión Europea que se definía en el fondo de una forma u otra, frente al modelo soviético; y ahora estamos definiéndola por la inmigración y por el islam. Se planteó* sensu contrario, *o lo que planteó el Vaticano durante el debate constitucional, con el tema de las raíces cristianas de Europa.*

JS: Como tal debate en sí no me interesa y es fundamentalmente falso y en cierto modo marginal.

LB: *No lo ha sido en Polonia, en Italia, incluso en España.*

JS: Evidentemente, que Europa tiene unas raíces cristianas nadie lo pone en duda. Pero no tengo conciencia alguna de que éste sea un debate importante. Es un hecho objetivo. Si hay que reivindicar algo es el Siglo de las Luces. Cuando hablamos de los valores de Europa y de las fronteras de Europa debemos partir de algunos principios que me parecen fundamentales. Lo ha contado muy bien Jorge Semprún en sus ensayos y discursos europeos. El

Estado de derecho, por ejemplo. Europa ha sido obra del derecho. Las libertades individuales, partiendo de momentos significativos como la Declaración de los Derechos del Hombre y del Ciudadano. Europa es el espacio de estas libertades. La democracia representativa, con el derecho de sufragio, los partidos políticos, las instituciones democráticas desde nuestros municipios hasta el Parlamento Europeo. Todo esto es Europa, y éstas son sus fronteras —la democracia— y a la vez sus valores. El resto pertenece al individuo, a sus creencias y a su conciencia.

LB: *Pero luego hay un debate más concreto sobre los crucifijos en las escuelas en Alemania, Italia e incluso en España, la prohibición de los minaretes en Suiza y del burka en Francia o ahora aquí mismo. No es un debate que surja porque sí, si no porque el islam empieza a tener peso y presencia en Europa.*

JS: Pero ¿no definimos nuestros estados constitucionalmente como laicos, no confesionales o aconfesionales? No vamos a cambiar las constituciones ahora.

LB: *Ahí está la sentencia del Tribunal de Derechos Humanos de Estrasburgo sobre el crucifijo que ha sentado como un tiro en toda la derecha europea; en Italia, en Alemania y en España.*

JS: Pero es que es lo normal. No estamos hablando de las escuelas privadas, sino de las escuelas públicas. Y en Europa todos los estados son laicos.

LB: *No entremos en la cuestión doctrinal. Vayamos a la cuestión política, porque esto está muy vinculado al hecho de que por primera vez en Europa hay una parte importante de la población de religión musulmana, y lo que nos estamos planteando es un cambio de modelo de sociedad. Venimos de sociedades con una sola religión, en algunos casos incluso oficial, y nos encontramos con sociedades donde hay muchas religiones. Me parece que la Iglesia católica está planteando una dificultad que afecta al reparto de poder, un poder que ha perdido sobre la sociedad y que en alguna medida quisiera recuperar.*

JS: Nadie pone en duda la importancia del cristianismo en la historia europea, que no se entendería sin él. Pero hemos llegado a unos compromisos civiles, grandes pactos civiles, que son las constituciones. Estos acuerdos, que los hay prácticamente en todos los países, declaran que los estados no son religiosos, no tienen confesión. Porque vengan inmigrantes con su religión o que vengan de estados confesionales, no tenemos que cambiar nuestra manera de pensar y de organizarnos. Que cada uno haga lo que quiera en su comportamiento como ciudadano en la sociedad civil. Pero que cambiemos las constituciones, que pensemos en que los comportamientos de los estados tienen que ser distintos, realmente sería echar marcha atrás completamente en la historia.

LB: *En Europa tenemos algo más sofisticado, los* teocons, *como era la difunta Oriana Fallaci, que hablaba de «Eurabia» y que decía que, siendo atea, no quería que cambiara la Europa cristiana y se convirtiera en la Europa de los minaretes. O problemas como el referéndum suizo. Hay muchos datos que nos indican que estamos ante lo que es, como mínimo, un sarpullido antimusulmán en Europa.*

JS: Sin duda, y eso hay que llevarlo con gran prudencia, con gran sofisticación. Nosotros no debemos perder ni uno solo de nuestros valores. Y nuestros valores, creo yo, son los valores de la tolerancia, los valores que vienen del Siglo de las Luces. Yo soy hijo del Siglo de las Luces, así me siento y me parece que no debo cambiar ninguno de esos valores. Lo que sí tengo que ser es cauteloso y prudente para que no me los cambien tampoco. Yo no los tengo que cambiar, pero tampoco que los demás me cambien. Ése es el pacto al que hay que llegar. Y hay que llegar con sentido común, cosa que no es fácil, porque el fanatismo existe. Y con los fanatismos, vengan de donde vengan, por definición es muy difícil tratar. Pero los que no son fanáticos son los que tienen que hacer el esfuerzo por amoldar y dar forma a esta situación, que sin duda es nueva. Hoy viven muchos no europeos de origen en Europa, y tienen que ser capaces de convivir sin que se les fuerce, tienen que obedecer las leyes, comportarse como ciudadanos del país. Pero no tienen por qué compartir todos y cada uno de los valores, porque es imposible. A fin de cuentas, seguramente nuestro valor central es la tolerancia, lo único que defendemos es que cada uno piense como quiera, pero que se comporte según la ley.

LB: *Y luego tenemos el debate sobre la identidad en Francia, donde el tema de la identidad cristiana tiene algún papel.*

JS: Las identidades que nos deben interesar son las del futuro, no las del pasado. Lo que queremos ser, cómo lo hacemos, cómo llegamos, esto es lo que nos interesa. No las raíces y las identidades. Tenemos unos valores, los valores que son compartidos por todos y que están en la Constitución. Eso es lo que tenemos que preservar entre nosotros y en relación con los demás. Ni debemos obligar a nadie a que los comparta ni podemos dejar que nos obliguen a cambiarlos.

LB: *Otra identidad pero de otro orden distinto es la ideológica. Me gustaría que hiciera una pequeña reflexión sobre el estado de la izquierda en Europa ahora mismo, y en especial del estado de la socialdemocracia.*

JS: La socialdemocracia no ha sido capaz de adaptarse, no se ha acoplado a las grandes transformaciones del mundo al ritmo que debería haberlo hecho. Los españoles podemos estar orgullosos, porque la transformación del Partido Socialista fue una adaptación brillante a los tiempos. Las ideas que hacen cambiar la sociedad no son inamovibles, al contrario, hay que adaptarlas luego a la sociedad transformada. Es el fruto del propio trabajo. Si tú has transformado la sociedad para mejor, tienes que conseguir que la gente, cuyas condiciones de vida has mejorado, tengan la oportunidad de llegar más lejos todavía, y además que no olviden a los que han quedado atrás. Seguir manteniendo la capacidad transformadora. Y para eso, tienes que cambiar tus ideas y adaptarte, porque si no, te quedas solo: tienes que acompañar la transformación. Las ideas fundamentales no las tienes que cambiar, porque la solidaridad es la misma. Los parámetros fundamentales son los mismos. Pero sí debes cambiar en las formas, los métodos, para seguir transformando la sociedad. Creo que eso es lo que resulta limitativo de los partidos políticos, que se quedan empequeñecidos porque no tienen la versatilidad de acompasarse con lo que ellos mismos han producido. Desde luego, para mí no hay duda de que la socialdemocracia es la que ha transformado Europa. Europa es básicamente socialdemócrata o cristianodemócrata en el sentido más amplio del término y que significa social en ambos casos. Tras esa transformación, tenemos que adaptarnos a la sociedad que tenemos, y de ahí es donde hay que partir para seguir moviéndola. Y lo que es sorprendente y nos debe hacer reflexionar es cómo en un momento en el que los valores a los que se apela hoy son los más clásicos de la socialdemocracia para salir de una situación muy específica, la crisis en la que estamos, los socialdemócratas no sean capaces de liderarnos con inteligencia.

El ejemplo francés quizá sea el más duro. Cuando tú haces cambiar a una sociedad, luego tienes que ser capaz de seguir hablando, influyendo y transformando esa sociedad que tú has creado o ayudado a crear, no dirigirte a la que ya no existe. No hay nada peor que un partido que esté dirigiéndose a un electorado que ya no existe o a unos ciudadanos que ya no pertenecen a su tiempo. Éste es el principal desafío de los partidos democráticos, y más en concreto de la socialdemocracia: saber responder desde sus valores de siempre a los nuevos desafíos de las sociedades en las nuevas circunstancias. En eso consiste el desafío y la dificultad que tiene la socialdemocracia europea.

7

La legitimidad de la acción

La Europa del poder militar • Una operación en el Congo • Fuerzas de reacción rápida • Los límites de la defensa europea • La Agencia Europea de Defensa • La identidad europea de defensa y el papel de la OTAN • Las guerras cibernéticas • Los liderazgos europeos • Las alianzas entre países socios

LLUÍS BASSETS: *La Unión Europea es una superpotencia comercial, económica y monetaria. También lo es en la cooperación y en la ayuda humanitaria. Pero lo que define todavía a los agentes globales con capacidad de jugar en la escena mundial es contar con una mínima capacidad militar. ¿Hasta dónde podemos llegar en el desarrollo de una Europa de la defensa? ¿Veremos algún día un ejército europeo?*

JAVIER SOLANA: En estos últimos años hemos avanzado mucho y hemos hecho cosas extraordinarias. Honestamente, nunca creí que llegaríamos a tanto en un tiempo tan corto. Estamos manejando conceptos y realizando acciones que hace muy pocos años nadie habría pensado que estuvieran en la esfera de la Unión Europea. Cuando llegué en octubre de 1999, dije algunas cosas que creía de imprescindible aplicación si queríamos funcionar con seriedad. Por ejemplo, había que cambiar radicalmente el sistema de circulación de los documentos entre instituciones. Lo que estaba discutiendo el COREPER (Comité de Representantes Permanentes de la Unión Europea) llegaba antes a manos de algunas embajadas no europeas que a los países socios. Había que introducir la idea de que estábamos trabajando con instituciones serias. Y que, por lo tanto, si queríamos tomar decisiones graves y tomarlas en temas de cierta delicadeza, teníamos que cambiar completamente la forma de actuar y la seriedad de los actores. Hubo que cambiar y se cambió. Así empezamos a movernos con la suficiente tranquilidad, la que daba saber que no estábamos trabajando en un escaparate ante el mundo cada vez que hacíamos algo. Segundo, hubo una gran resistencia al principio por parte de mucha gente a ver militares en casa, porque no había costumbre, no entraba en los hábitos. Costó acostumbrarse, pero hoy todo el mundo lo acepta; no sólo lo acepta, todo el mundo está encantado. Todas esas cosas se fueron ganando por la legitimidad de la acción. Y si he aportado algo es eso, la legitimidad de la acción. La Unión Europea tenía que hacer cosas. La Unión Europea ha crecido en este dominio como crecen los niños. Primero empezó a andar y hablar, empezó a escribir y llenamos páginas de declaraciones, y luego empezó a actuar... Pero creíamos que la política era sólo hablar, hacer declaraciones; de hecho, creo que todavía hacemos demasiadas declaraciones. Y la política internacional no es hacer declaraciones, es hacer cosas, es actuar. Yo creo que introduje en las instituciones el concepto de acción, la idea de que hay que actuar. Eso ha sido un elemento muy importante para la legitimación de la propia Unión Europea.

LB: *Póngame un ejemplo de este tipo de acción legitimadora.*

JS: Un revulsivo enorme fue la Operación Artemis en la República Democrática del Congo en 2003. Había un problema muy serio y el secretario general de las Naciones Unidas pidió tropas, pero ningún país quería ir. Hasta que propusimos «vamos al Congo»; y los franceses se sumaron y luego todo el mundo. Fue una de las operaciones más sólidas que se han hecho, porque fue casi de *peace making*, de pacificación, en contraposición a *peace keeping*, mantenimiento de la paz, y obtuvo un gran éxito. Fue también una experiencia para muchos países que nunca habían estado en África. Por ejemplo, fue la primera vez que las fuerzas especiales suecas se desplegaron en África y aprendieron qué era ese continente desde el punto de vista de la seguridad africana. Les cambió la mentalidad: vieron que no hay desarrollo sin seguridad. Fue un cambio muy importante para mucha gente. Primero, en la confianza de que la acción era posible, como concepto. Y para muchos países el ver lo que significaba esa acción en lugares donde jamás pensaron que iban a poner ni ONG ni ayuda para la reconstrucción, ni, por supuesto, apoyo militar para la pacificación. Por eso creo en ese mantenimiento constante del compromiso de la acción: aquí no estamos solamente para hacer largas declaraciones, sino para hacer cosas, resolver problemas y ayudar a que se resuelvan. Así nos legitimamos por la acción. Aunque no sólo. La Unión Europea también se legitima por sus valores y se legitima por su modo de hacer, por cómo actúa en el exterior. Hay una manera de actuar en el exterior que es europea, y es muy apreciada. Y eso también nos define.

LB: *En los noventa, en cambio, no era precisamente la acción lo que caracterizaba a la Unión Europea. Siempre iba a remolque de los acontecimientos y con la ayuda estadounidense. Luego, en la década siguiente, como mínimo se han realizado acciones como la que ha contado que permiten adquirir cierta confianza. ¿Usted cree que se puede pasar a una fase ulterior?*

JS: Sin duda. La siguiente fase es hacerlo de manera más organizada y mejor, con más capacidades. Hace seis años hubo una coyuntura crucial en esta cuestión. Si algo sobraba en los países europeos eran soldados. Y en los países del Este sucedía todavía con mayor intensidad. Nos faltaban muchas cosas en el capítulo de defensa europea, como equipos, material, modernidad incluso, en organización y en tecnología, y lo único que no faltaban eran hombres, entre otras razones porque todavía estaba muy extendido el servicio militar obligatorio. Fue entonces cuando ciframos en sesenta mil los soldados que había que tener disponibles para una intervención rápida. En 2004 tomamos otra iniciativa complementaria, que todavía no hemos completado, como es la formación de los llamados grupos de combate tácticos, capaces de ponerse en marcha en diez días desde que se da la orden y de entrar en acción en quince. Se trata de agrupaciones multinacionales compuestas por mil quinientos soldados disponibles para resolver problemas que exigen actuaciones de gran urgencia. En total, desde 2003 se han hecho veinticinco operaciones militares, civiles o mixtas, en los Balcanes, África, Oriente Próximo y Asia. Hemos movilizado más de setenta mil personas. Aquí no cuento las operaciones hechas a través de la OTAN. Creo que es un muy buen balance.

LB: *Imaginemos por un momento que tuviéramos un terremoto como el de Haití aquí al lado y que nosotros fuéramos la superpotencia responsable para poner sobre el terreno a unos soldados que garanticen que no van a morir todos en el tumulto. Ahora no podemos hacer esto como ha hecho Obama.*

JS: Sí, podemos hacerlo. No del mismo modo, porque no tenemos las capacidades de Estados Unidos, ni las estructuras, pero se puede hacer una operación eficaz. Salvemos las distancias y permítame hacer un canto a la voluntad política. Con la guerra de Georgia, se consiguió la retirada de las fuerzas rusas hacia las líneas anteriores con la garantía de que la Unión Europea se hacía cargo de la seguridad sobre el terreno. La fecha de la retirada estaba ligada a la de nuestra llegada, y nos desplegamos. En Georgia pusimos todo lo que había que poner, y en menos de dos semanas. Es decir, que si hay voluntad política, las estructuras están preparadas. Eso es una gran lección también. Si hay voluntad política, realmente se pueden hacer cosas desde la Unión Europea. Siempre con el compromiso de los grandes países, sin duda alguna, porque son los que tienen más capacidad. Y se puede hacer muy rápidamente si se quiere; si no se quiere hacer no se hace, pero si se quiere hacer, hemos tenido ejemplos muy claros. Hemos desplegado militares en el Congo y policías en Georgia, todo en menos de un mes, tal como se había acordado. Funcionó, todos asumieron sus responsabilidades, se instalaron allí, respetados por todo el mundo…

LB: *Aunque nunca se repiten las mismas circunstancias, si tuviéramos de nuevo un problema en los Balcanes, ¿seríamos capaces de reaccionar como no lo hicimos en los noventa?*

JS: Sí, aunque depende de en qué lugar de los Balcanes. En Macedonia lo hicimos, en cooperación con la OTAN y a través del mecanismo Berlín Plus. Macedonia es un país dividido entre eslavos y albaneses, que iba encaminado a la tragedia. Ésa fue otra legitimación importantísima por la acción, porque hoy sigue siendo un país estable, gobernado por una coalición eslava y albanesa. Y es el país que está más cerca de entrar en la Unión Europea y más cerca de entrar en la OTAN. Es una pena que la cuestión del nombre retrase el proceso. En Bosnia y en Kosovo estamos sobre el terreno. Son tres ejemplos de legitimación que ayudaron muchísimo a la credibilidad de la Unión Europea y generaron una dinámica de que con la Constitución podríamos avanzar por ahí.

LB: *¿Y hasta dónde podemos llegar por este camino en cuanto a defensa europea?*

JS: Lejos, el tratado nos abre muchas puertas, todo depende de la voluntad política. El tratado ofrece grandes posibilidades con dos tipos de cooperaciones más intensas *ad hoc* para la defensa. Las cooperaciones reforzadas, que también existen en otras áreas, donde un grupo de países que quieran pueden ir lejos, y las cooperaciones estructuradas, en las que un grupo de países se comprometen a cumplir con unos requisitos específicos y se reúnen para avanzar más rápidamente. En el primer tipo de cooperación participa el que quiere; en el segundo, además de querer hay que poder. Así que el tratado abre posibilidades muy novedosas. Hay que aprovechar todas las posibilidades que ofrece.

LB: *Así pues, la cooperación estructurada es la mayor innovación.*

JS: Sí. En las cooperaciones reforzadas, los que quieren ir juntos van juntos, pueden ir diez, doce, veinte, los que sean. En la cooperación estructurada hay que cumplir con unas condiciones que todavía hay que definir, todavía no están fijadas en el tratado; el Alto Representante tiene que ponerlas sobre la mesa. Por ejemplo, hay que ver qué parámetros son necesarios, de la misma manera que para entrar en el euro tienes que cumplir ciertos requisitos. Pero, en resumen, pueden participar aquellos que quieren y pueden, es decir, que cumplen unas normas. Las condiciones pueden hacer referencia a cierto gasto o a cierta capacidad de despliegue, o incluso a un compromiso de aportación de material. También se puede avanzar mucho a través de las cláusulas de solidaridad. Ese concepto ahora se extiende a cuestiones como el terrorismo, o las catástrofes naturales. Además, está la Agencia Europea de Defensa, donde se está trabajando en modernizar los ejércitos y hacerlos interoperativos. Uno de los grandes problemas que tenemos hoy es que los ejércitos pueden tener personas o material pensados para un conflicto que no existe ya. Hoy un helicóptero es un instrumento mucho más importante que antes: transporta medicinas, hospitales de campaña, gente, soldados, policías. En el problema de los helicópteros está trabajando la Agencia. Hay que poner en común los helicópteros de la Unión Europea. Otro ejemplo puede ser la protección ante los ciberataques, que será uno de los temas más complejos del futuro.

LB: *¿Y cabe pensar que en algún momento desde Europa se haga una coordinación para que se especialicen los países en cuerpos de ejército, en armamento, en tipos de intervención?*

JS: Creo que puede haber, y de hecho ya hay especialidades que les interesan más a unos países que otros. Pero también hay países que quieren cubrir la gama entera.

LB: *Precisamente ahora se está debatiendo el nuevo concepto estratégico de la OTAN, que revisa el documento redactado bajo su mandato y se aprobó en la Cumbre de Washington en 1999. Hasta 1989 se sabía muy bien para qué servía la OTAN y estábamos en una situación de navegación a vista, de ir resolviendo las cosas. Ahora, en cambio, hay una nueva inestabilidad y una gran incertidumbre sobre el papel de la Alianza. ¿Qué papel concibe usted para la Unión Europea y para la Alianza en el futuro? ¿Pudiera ser que la Unión Europea, que era el* junior part-ner *en defensa, sea en el futuro la que realiza las operaciones fuera de campo y la OTAN la que asegure la estabilidad continental?*

JS: Para el futuro de la Alianza, más allá de las teorías, lo decisivo va a ser lo que pase en Afganistán. Los estados miembros de la OTAN tienen menos presupuesto y son conscientes de que tienen apoyos decrecientes. En fin, lo veo muy difícil.

LB: *¿Podría tener la OTAN un papel como fuerza de interposición en Israel y Palestina?*

JS: Sería la manera de involucrar a Estados Unidos. Pero yo creo que no, porque Israel no quiere la internacionalización.

LB: *¿Estamos pues ante un momento de incertidumbre en lo que se refiere al futuro de la defensa europea?*

JS: No hay que ser alarmista. Tenemos el sistema de seguridad más completo que existe con unos niveles garantizados enormes. Ningún otro continente se ha podido dotar de un sistema tan completo para asegurar la estabilidad y la defensa. Pero así y todo es un sistema imperfecto. La seguridad global europea depende de tres pilares, la propia Europa, Estados Unidos y Rusia, y esta última no se siente a gusto en el actual sistema de reglas e instituciones. La prueba de esta incomodidad es la nueva propuesta del presidente Medvédev a la que ya he hecho referencia. Y la prueba de la insuficiencia fue la guerra de Georgia, una ruptura del principio que establece la resolución pacífica de los conflictos entre los países de la OSCE. Pero ésa es otra historia.

La novedad son las amenazas globales, como las que surgen del terrorismo, el cambio climático, la proliferación nuclear o la pobreza, que sólo se pueden combatir por un sistema mucho más amplio y a escala global.

LB: *Está usted contándonos cómo la Unión Europea, a pesar de esta teoría suya tan interesante del tratado constante, va creciendo en cuanto a defensa, pero hay que decir que a la vez crecen las dudas y las vacilaciones respecto a la identidad de la OTAN. Es decir, que Europa empieza a tener lo que Rumsfeld no quería que tuviera, una identidad propia de defensa, y en cambio lo que era la identidad occidental de defensa está seriamente en duda en estos momentos, por la práctica misma.*

JS: Insisto, la OTAN ha invertido una parte muy importante de sus energías en Afganistán. Ahí se juega, probablemente, una parte considerable de su futuro. Pero sobre Afganistán usaré la primera frase de una novela, luego adaptada al cine. Decía: «El pasado es un país extranjero, allí las cosas se hacen de otra manera». En este caso, pasado y presente conviven y se producen simultáneamente. Afganistán es el pasado, es la Edad Media, pero a la vez el siglo XXI. Y, por tanto, se hacen las cosas de otra manera. Y lo que no tiene sentido es pensar que vamos a conseguir que hagan las cosas a nuestra manera.

LB: *¿Cree factible el proyecto de una OTAN que abarca hasta Japón y Australia?*

JS: La seguridad en el futuro no puede basarse en una reunión de los países occidentales. Estamos en un mundo de interdependencia responsable. En este mundo, no cabe pensar que la seguridad esté centrada en los países clásicos de la OTAN. Si la OTAN quiere sobrevivir ha de trabajar con países que compartan los grandes retos globales, no sólo Japón y Australia, sino muchos otros. Si queremos una interdependencia responsable, habrá que hacer responsables a quienes sean interdependientes. Espero que en el nuevo concepto estratégico de la OTAN de 2010 se planteen estos temas, o al menos se planteen desde esta óptica.

LB: *Pero la OTAN está quedando al final como una institución de la guerra fría que no ha sabido reciclarse.*

JS: Yo creo que ahora, en el momento del nuevo concepto estratégico, lo que le corresponde a la OTAN es llegar a dar toda la potencialidad a las relaciones con Rusia, como ya hemos comentado antes.

LB: *Nos queda pendiente un tema que viene muy bien al hilo de las relaciones con Rusia. Uno de los países de la OTAN, Estonia, sufrió un ciberataque desde Rusia que paralizó su entera administración. ¿Qué tienen que hacer la Unión Europea y la OTAN ante una circunstancia como ésta? ¿Qué se hizo en concreto para defender a Estonia?*

JS: Estonia es uno de los países más avanzados en gobernanza electrónica y padeció ciberataques de diversa índole. Una de las dificultades de este tipo de ataques es que no se sabe *a priori* quién es el responsable último. Un ataque en red no es como un cañón que dispara. Hoy en la red puedes encontrar mafias dispuestas a ser subcontratadas para realizar operaciones. Estonia lo sabía y lo llamaba *riots*, revueltas, no ataques. Esto muestra el tipo de retos que tenemos: sin origen claro o reconocido. Estonia cuenta hoy con el centro más sofisticado para estudiar posibles respuestas a este tema, pero no es sencillo. Los ciberataques son el equivalente a armas de «perturbación masiva» con consecuencias potencialmente dramáticas y cuya disuasión es muy difícil al no poder fijar el origen, oculto por la propia red. Éste es uno de los temas más complicados a los que nos enfrentamos.

LB: *Los estonios pidieron ayuda y se quejaron.*

JS: Pidieron ayuda y se les dio toda la ayuda tecnológica que se podía y se puede dar desde los distintos países. No hay otra cosa que se pueda hacer. Es como si se cae la electrónica de un banco, las compañías telefónicas tienen que ayudar. En Estados Unidos, la cooperación entre las compañías y la administración es más profunda. En Europa hay leyes de protección de datos más estrictas.

LB: *Usted mismo tuvo un ataque o sufrió espionaje.*

JS: Sí, más de una vez, seguramente. En mi caso no fue nada grave. Yo tenía mi sistema muy protegido.

Me sorprendió una vez que en la Casa Blanca con Bush, estando con Condoleezza Rice y con Steve Hadley, les pedí que me dejaran entrar en un correo electrónico. Me miraron sorprendidos: «¿Un qué?». «Un correo electrónico para que pueda mandaros...». «Aquí todo es en papel», me respondieron. Todo era en papel por el espionaje y porque les entró el pánico ante las exigencias a toda la administración por parte del Congreso o de los tribunales. Te pueden pedir toda la información y todos los documentos que afectan a las comunicaciones presidenciales. Como lo pueden pedir los tribunales.

LB: *El Blackberry de Obama fue un caso de debate y de una complejísima decisión de los servicios secretos para ver qué hacían con él y cómo se le encriptaba y quién podía llamar y quién no.*

JS: Pero aparte de los problemas de encriptado y de seguridad, es que además los mensajes son documentos formales, públicos. Por eso el presidente no puede escribir con la misma desenvoltura, como si fueran mensajes privados. Es lo que va de hacer un memorándum a mandar cuatro líneas con un saludo informal al final.

LB: *Veníamos de la defensa europea y ahora me interesaría entrar en un capítulo mucho más próximo y humano, el de los liderazgos en Europa.*

Ya sólo faltaba que la segunda versión de Merkel saliera mal, que parece que va en camino. Parece como si estuviéramos ante una enorme inconsistencia de los actuales líderes. ¿Cómo lo ve usted?

JS: El cambio generacional es evidente. Helmut Kohl, Jacques Chirac o François Mitterrand formaban parte de la misma generación y ya no queda ninguno de ellos en la escena política. Ahora tenemos unas generaciones con experiencias diferentes. Por ejemplo, la canciller Merkel no perteneció a la Unión Europea hasta 1989, el año de la caída del muro de Berlín. Para mi gusto, lo está haciendo muy bien, pero hay que tener en cuenta sus orígenes y su juventud en un país comunista, así como su currículo y su formación científica. En la Alemania oriental, una de las pocas cosas que se podía hacer para eludir el marxismo obligatorio en la mayor parte de las enseñanzas era dedicarse a estudiar ciencias, química en su caso. Uno de los pocos territorios de libertad en el Este era la ciencia. Me pidió que le hiciera la *laudatio* cuando le dieron el doctorado *honoris causa* de la Universidad de Leipzig y reflexioné sobre ello. Tuve también la oportunidad de conocer a su familia, su madre y su padre, pastores protestantes ambos, que fueron por primera vez a un acto público de su hija. Creo que hay un cambio político generacional muy fuerte. Y creo que el gran revulsivo para esta nueva generación será la crisis económica y la articulación de las políticas europeas para salir de ella.

LB: *Kohl fue un canciller que también empezó con grandes dudas, retratado por la prensa como un* apparatchik *renano absolutamente maniobrero, sin visión histórica... Y luego fue tomando cuerpo y se convirtió en un dirigente incluso carismático. Con Merkel, muchos pensaban que iba a sucederle lo mismo, se ha escrito mucho sobre la mediocridad de Merkel en sus primeros años. Pero los hechos no la están ayudando mucho.*

JS: Sin embargo, creo que vamos a ver una gran Merkel. Aunque no esté de acuerdo en todo con ella.

LB: *Este segundo gobierno está empezando a despertar grandes dudas. Hay una gran inquietud. Prácticamente no hay capítulo donde no estén naufragando: en Afganistán, en las peleas y vacilaciones sobre los impuestos, las relaciones con Polonia y con Turquía, la gestión de la crisis financiera... Por todos lados tiene problemas, incluso dentro de la coalición de gobierno y dentro del partido y de la coalición demócrata cristiana. Se entendía mejor y le iban mejor las cosas con los socialdemócratas que con los suyos.*

JS: El principal problema es la crisis. La crisis nos pone a los europeos ante la necesidad de más Europa. Estas nuevas generaciones de políticos no tienen necesidad alguna de reconciliación, porque ya está hecha y fue el acto de voluntad fundacional de Europa. También está prácticamente hecha la estabilización. Así pues, se encuentran ahora con la necesidad de existir y sobrevivir económicamente en el mundo. No hay salida de la crisis de cada país por separado. Las situaciones son distintas, es verdad, pero hay un fondo común, qué duda cabe, que hay que aprovechar ahora que tenemos un tratado nuevo, aportando la voluntad política para poner en marcha todo lo que el tratado ofrece.

LB: *Todos los líderes, salvo Cameron, han llegado al gobierno antes de la crisis, e incluso con programas absolutamente invertidos, porque no contaban con ella.*

JS: De acuerdo, pero la situación te permite cambiar sin que pase nada. El problema es saber cambiar. Francia es un país que está sorteando la crisis bastante bien. Claro que es un país que tiene más de un 40 por ciento de sector público, que es un gran colchón.

LB: *Pero fíjese que a los actuales líderes les cuesta mucho salir de sus países para convertirse en auténticos líderes europeos, ¿no? Sarkozy, que es el que tiene más vocación y energía interior como líder (otra cosa es que funcione), de hecho no sale de Francia; si es un líder de algo es un líder francés. Merkel lo mismo; Zapatero tres cuartos. El último líder que hemos tenido que desbordó sus propios límites (aunque luego salió mal) fue Blair. Cuesta mucho encontrar líderes con entidad europea, con capacidad para dirigirse al conjunto de los europeos. Que era un poco quizá lo de la fórmula de Delors, Mitterrand, Kohl, González: no era uno solo, pero sí había un grupo que tenía capacidad de dirigirse y de movilizar. Y ahora no se ve por ningún lado el grupo y tampoco se ve la singularidad, que alguien destaque.*

JS: Yo soy más optimista. La necesidad es tan clara que tendrá que surgir la manera de enfrentarse con la crisis y hacerlo bien. Lo veo claro, porque es que si no, le va a ir muy mal a todo el mundo. A los estados y a la Unión Europea. No veo otra fórmula para movilizar a este grupo, a este colectivo, en una política europea. Creo que la crisis les obliga. Ésa es mi esperanza.

LB: *Y vamos a ver si además sale un Delors entre todos estos nuevos cargos, ¿no?*

JS: Realmente siempre he sentido que coincidía en muchos aspectos con Delors. Le vi hace pocos días y me dijo que he hecho las cosas como las hacía él. «Has hecho como yo», me decía. ¿Y qué es como él? Él es muy francés. Pues coincidimos en una cosa que yo he dicho mucho, pero nunca en público y que él también me dijo en privado. «Mira, un dirigente político de una institución, en este caso una institución europea, tiene que dedicar un 60 por ciento de sus esfuerzos a hacer las cosas de manera tal que los socios siempre salgan ganando, es decir, los países.» Hay un 20 por ciento que te pertenece a ti y te permite tirar, ir un poco más allá, y otro 20 por ciento que debes utilizar para comunicar tu visión de las cosas. Pero el 60 por ciento es para movilizar a los socios, para ayudarles a obtener los consensos del modo más sencillo posible. Si lo haces al revés, te equivocas. Es un equilibrio difícil, hay que admitirlo.

LB: *Delors, además, sabía dramatizar los desacuerdos para conseguir consensos. Había una dosis de teatro. Esto es una cosa realmente fantástica que ya no ha sucedido nunca más.*

JS: Tenemos lo que han querido los jefes de Estado y de gobierno. Ahora lo pueden lamentar y pueden pensar que las cosas no están funcionando, pero saben perfectamente qué elementos deben componer una política económica europea, así como la importancia del método comunitario o el papel que debe jugar la Comisión.

LB: *Usted llegó a la política exterior europea justo después de la aprobación y difícil ratificación del Tratado de Maastricht. Se entiende muy bien que usted mismo esté cansado de tratados y proponga que el actual sea un tratado constante, porque usted ha trabajado hasta ahora en vigencia de tres tratados, uno constitucional que no llegó a buen puerto y un cuarto vigente ahora con el que se ha despedido de la Unión Europea. Pero el tratado que más nos ha condicionado ha sido el más provisional y el más cruel de todos, el de Niza, firmado en febrero de 2001.*

JS: Quien está cansada de los tratados es la ciudadanía, no yo. De todos los tratados con los que me ha tocado vivir, el menos interesante fue el de Niza. Estaba destinado a una vida muy corta, pero luego la tuvo muy larga. Fue muy duro y costó muchísimo cambiar lo acordado allí. Niza fue el *décrochement*, el desenganche, el momento en que se rompió la paridad en votos y el equilibrio mantenido durante toda la historia de la Unión Europea entre Alemania y Francia como resultado de la unificación. Fue una batalla muy dura, que luego se arregló con el sistema de voto de las dobles mayorías, según la población y según el número de países. Pero nos obligó a un desgaste considerable y a una larga negociación, en la que gastamos noches enteras. España pudo perder mucho, aunque afortunadamente al final no fue así.

LB: *¿Hay un exceso de instituciones?*

JS: Tenemos las que más o menos necesitamos y no es ya cuestión de discutir de nuevo si necesitamos más o menos instituciones. Hay que integrar y hay que unificar pero con este tratado, sin esperar nuevos cambios a corto plazo. De lo que se trata es de desarrollarlo bien a partir de ahora.

LB: *Los cambios y peripecias de los tratados también tienen alguna correspondencia con su biografía y sus cambios de encargo político.*

JS: Ésa me parece una de las historias más curiosas que me han sucedido. Cómo me han ido solicitando de un sitio a otro. Es una de las cosas que más me cuesta explicar, pero es bastante curioso, porque en cada ocasión me han ido sacando de los sitios justo antes de acabar para ponerme en el siguiente. Si los franceses no hubieran votado «no» en el referéndum, yo habría sido el primer ministro de Asuntos Exteriores de la Unión Europea. Hasta tal punto de que ya estaba nombrado, votado y aprobado por unanimidad. Y todos estos problemas de ahora me habría tocado llevarlos a mí. Qué alivio en cierta manera.

LB: *También existió la posibilidad de que le hubieran prorrogado, de que le hubieran nombrado de nuevo para este nuevo período.*

JS: No, ahora no, era imposible. Imposible, cinco años más para ponerlo en marcha, imposible. Hubieran sido quince años.

LB: *¿Y el papel de España? Tras la ampliación, ha cambiado el peso del eje franco-alemán. Se han producido dos quiebros, uno por parte de Aznar y otro de Zapatero. ¿Estamos realmente bien orientados, está España bien orientada respecto a Europa, tenemos todas las coordenadas bien localizadas? ¿Tenemos el futuro bien balizado, como era el caso hace diez años? ¿O estamos de nuevo también ante una encrucijada?*

JS: La encrucijada es europea. Veremos cómo se resuelve el problema europeo después del tratado. Pero la opción española, a mi juicio, es seguir siendo un país abiertamente favorable a la integración. Es lo que nos beneficia. Hay que jugar esa carta, y hay que hacerlo además con vocación de liderazgo. Ya lo estamos haciendo en algunos campos. Por ejemplo, nuestras contribuciones a las operaciones de mantenimiento de la paz tienen un gran prestigio. Nunca ha habido un solo problema con España en esa materia. Esto es muy bueno porque te da mucha credibilidad. España también debería aportar ideas para avanzar en el proceso de integración. Hay todavía en España suficiente pensamiento y reflexión como para que podamos jugar un papel en ese campo.

LB: *Con Felipe González realmente la apuesta era muy clara con relación a París y Bonn, entonces la capital alemana. Aznar jugó al eje Londres-Roma. Zapatero ha intentado regresar el eje Berlín-París, pero esto ya no existe. ¿Cuáles son las alianzas naturales de España?*

JS: Las clásicas ya son conocidas. Pero en la Europa ampliada, entre las obligaciones de España yo destacaría la de recuperar proximidad con el Este, y en especial con Polonia, eso sería muy importante. Hay una buena química de país a país, con independencia de los liderazgos. Y hay también mucho que hacer económicamente. Nuestro mundo empresarial y económico se ha olvidado de que por ahí hay una parte de Europa, muy interesante, con la que no nos relacionamos lo suficiente.

LB: *No ha funcionado aquella hipótesis de un eje más amplio, en el que Polonia y España se añadirían a Francia y Alemania, tal como lo defendía Bronislaw Geremek.*

JS: Geremek era un gran amigo desde los años setenta, un europeísta convencido, que hizo un trabajo extraordinario en la transición y en la integración de Polonia. También me parece una buena idea, por eso creo que España debe estrechar sus lazos de todo tipo con Polonia. Una Europa franco-alemana ya no es aceptable, pero en el momento en que somos 27 adquiere cierto sentido si se amplía el núcleo y se hace con el mayor de los nuevos países del Este. Tiene además el sentido de proporcionar una geometría interna más variable. Necesitamos la energía y el impulso de países dispuestos a seguir hacia delante y a hacer coaliciones para avanzar, no para frenar. Y en este mundo globalizado o avanzamos o acabaremos mal.

8

En el umbral de la bomba atómica

La proliferación nuclear y el desarme • El Tratado de No Proliferación (TNP) • El nuevo acuerdo START entre Washington y Moscú • El arma nuclear en Europa y en el mundo • Las negociaciones con Irán • La elección de Ahmadineyad • Últimos intentos, ya con Obama • Irán, potencia regional • La bomba islámica

LLUÍS BASSETS: *Pasemos a su participación en la negociación con Irán sobre su programa nuclear, que constituye uno de los capítulos más importantes de su trabajo en esta última etapa europea. Pero debemos empezar por una cuestión más general, aunque estrechamente relacionada, como es el problema de la proliferación nuclear. ¿Empieza una era de desarme?*

JAVIER SOLANA: No debe haber dudas al respecto. El arma nuclear debe desaparecer, es evidente, tal como explicó Obama en su discurso de Praga. El problema estriba en que para que desaparezca de verdad tiene que desaparecer en todas partes. Los europeos lo sabemos y creo que lo tenemos asumido. Los ingleses lo tienen perfectamente asumido. Y yo creo que los franceses, aunque lo digan menos, también. Este año se ha celebrado la conferencia de revisión del Tratado de No Proliferación y antes una cumbre en Washington convocada por Obama para avanzar en el desarme que tendrá consecuencias importantes. Es decir, ahora es el momento para dar una señal bien clara de que las potencias nucleares empiezan a desarmarse también. El TNP parte del derecho y de la capacidad de todos para acceder al uso pacífico de la energía nuclear, pero se basa en dos principios: que nadie más adopte el arma nuclear y que quienes las tienen empiecen a reducir sus arsenales. Lo primero se ha producido, con algunas excepciones: son muchos los países que han renunciado al arma y otros que han retirado sus programas armamentísticos. El caso más evidente es Sudáfrica. Pero lo segundo no: los seis países con armas declaradas e incluidas en el TNP no han empezado a desarmarse y en algunos momentos incluso han incrementado sus arsenales. Ahora hay algo que ha cambiado, y es la voluntad estadounidense de desarmarse, tal como la expresó Barack Obama en su discurso de Praga y en la reunión del Consejo de Seguridad (en la que se aprobó una resolución a favor del desarme).

LB: *Éste es uno de los grandes propósitos planteados por Obama. Pero vamos a ver si es posible traducirlo en hechos, aunque sólo sean pequeños pasos adelante.*

JS: Algo se va a mover, sin duda. La no proliferación nuclear es uno de los grandes temas de carácter horizontal que hay que resolver. Hay otros de igual o parecido calibre, como los temas del hambre y los temas ligados al cambio climático. Los tres son horizontales y nos afectan a todos. Y, personalmente, creo que en los tres se puede avanzar. No va a ser a la velocidad de la luz, pero hay una voluntad de avanzar. Y por primera vez en el tema de la no proliferación hay un presidente de Estados Unidos que dice: «Yo quiero ir por ahí». Y hay un deseo ruso en la misma dirección, que tiene su principal origen en la necesidad de ahorrar en gastos militares. Pero luego tenemos el problema de otros países que quieren ampliar sus márgenes o recuperar el tiempo perdido. Y son ésos los que remolonean y dicen que ellos también lo harán pero cuando esté claro que todos lo hacen.

LB: *Como es el caso de la India.*

JS: La India no ha firmado el Tratado de No Proliferación, pero alguien tiene que empezar a decir las cosas y a tomar decisiones. Ha sido muy importante la toma de posición en este sentido de Henry Kissinger, junto a otro ex secretario de Estado (George Shultz), un ex secretario de Defensa (William Perry) y el senador Sam Nunn, a favor de la eliminación del arma nuclear en un artículo en *The Wall Street Journal*, en enero de 2007.

LB: *Halcones y palomas confundidos.*

JS: Juntos. Que sea sobre ese tema está muy bien. El pasado mes de abril acabamos de ver la Cumbre sobre Seguridad Nuclear de Washington y la rúbrica por Rusia y Estados Unidos de la revisión del tratado START II de reducción de misiles nucleares.

LB: *Pero este acuerdo no significa una reducción de verdad drástica. Es un gesto muy significativo, se reduce ciertamente el arsenal, pero sobre todo se juega con los arsenales no desplegados y con la capacidad de despliegue inmediato.*

JS: En cualquier caso, significa la recuperación de una dinámica que se había perdido durante los últimos años. Hemos pasado muchos años, ocho, sin nuevos acuerdos de desarme, después de los avances que se hicieron como resultado casi inmediato de la caída del Muro.

LB: *Veamos cómo están las cosas en Europa. Empecemos por Francia. ¿No cabe pensar que Francia ofrezca una resistencia mayor de la esperada a la hora de entrar a negociar el TNP? La identidad de la propia presidencia republicana está vinculada a la* force de frappe, *al arma nuclear, incluso. Y con un presidente como Sarkozy...*

JS: Tengo un gran respeto por la presidencia francesa y no creo que su ser o no ser esté ligado al arma nuclear. Está al servicio de sus ciudadanos. El Reino Unido tiene el arma nuclear y no es un régimen presidencial. No lo veo así. Quizá todavía queda cierta necesidad de diferenciarse. Pero todo lo que trajo la Segunda Guerra Mundial, con el tiempo se fue convirtiendo en menos asumible por los demás. Éste es un mundo que se globaliza y en el que aparecen potencias emergentes a las que no se les puede vender que la legitimidad está en aquella guerra que terminó hace ya sesenta y cinco años. Por lo tanto, veremos un cambio, sin duda alguna. Las señas de identidad ya no pueden ser ésas, tienen que ser otras. Y yo creo que en eso el tiempo nos ayudará a ir en la buena dirección, a menos que el mundo se vuelva loco, lo que no creo que vaya a pasar, y regresemos a un mundo multipolar mal entendido.

LB: *Multipolar sin multilateralismo.*

JS: Siempre me ha gustado el término multilateralismo eficaz, que me parece que enfatiza la capacidad que debemos tener para resolver las cosas. La multipolaridad es el equilibrio de potencias y si no tiene, a su vez, unos mecanismos de gobierno global, nos podemos encontrar con una especie de mundo posbismarckiano, que los europeos conocemos bien porque lo hemos sufrido y sabemos adónde conduce: al conflicto. Es de suma cero. Hay que buscar un orden mundial donde todos puedan ganar algo. Y otra cosa que hemos aprendido es que no funciona la idea de que la globalización como megatendencia iba a tener como corolario el fin de la historia, es decir, sociedades gobernadas todas según las mismas pautas. Se ha demostrado que no es necesariamente así; y, de hecho, se están consolidando modelos de gobierno alternativos como el de China y otros, que no son democracias clásicas como las entendemos nosotros, aunque formen parte de un sistema económico global.

LB: *¿Y usted cómo imagina que va a jugar Israel en el tema del TNP? Porque ésta es una de las grandes incógnitas.*

JS: No lo sé. Van a mirar para otro lado, pero ahí los no alineados o los que funcionan como tales, como es el caso de Egipto, se lo van a poner muy difícil. El proceso de paz en un Oriente

Próximo libre de armas nucleares sería mucho más sencillo. El caso de Irán es bien claro. Egipto, como buena parte de los países árabes, no quiere ni imaginar a una República Islámica de Irán con armas nucleares. Pero no tienen argumentos y, sobre todo, no los pueden explicar públicamente y decir a Irán que no tiene derecho al arma nuclear y a la vez admitir a Israel que la tiene, aunque en realidad les produzca menos temor. La revisión del TNP prevista para 2012 debe incluir el debate sobre un Oriente Próximo libre de armas nucleares.

LB: *¿Y los chinos?*

JS: Por lo que me han contado ellos mismos, de China no cabe esperar grandes iniciativas en el plano internacional a corto plazo. Ellos están muy concentrados en la estabilidad política interior, el mantenimiento del crecimiento sorteando los conflictos y amortiguando los desequilibrios. Consideran que tienen mucho trabajo que hacer en casa y pocas energías para gastar exteriormente en cosas que no sean defender su capacidad para seguir avanzando y desarrollándose. Les interesa mucho la negociación sobre el cambio climático. No quieren que se convierta en un instrumento para frenar su crecimiento. Ahí van a ser duros. Por lo demás, quieren que se les tenga en cuenta en todas las decisiones mundiales de importancia.

LB: *¿También con el TNP?*

JS: En la negociación sobre el arma nuclear no van a participar. No van a ser los más activos en nada. Sobre todo, en lo que no afecte directamente a su desarrollo económico se van a poner de perfil. Es interesante observar, en cambio, cómo han jugado con enorme dureza en defensa de sus intereses en la Cumbre del Clima de Copenhague, porque no quieren saber nada de las propuestas que signifiquen compromisos vinculantes. Hubo un momento dramático, cuando Merkel hizo una oferta de reducción de emisiones que afectaba solamente a los países desarrollados acompañada de compensaciones a los países más pobres. Y aun así el representante chino rechazó que se pusiera por escrito, a pesar de que no afectaba a China.

LB: *¿Qué se puede esperar de ellos en la proliferación nuclear?*

JS: Hasta ahora se han comportado bien en todo el proceso de negociación y presión sobre Irán para que paralice su programa nuclear. Han votado todas las resoluciones de las Naciones Unidas.

LB: *Da la impresión de que los chinos están muy tranquilos y contentos viendo cómo los estadounidenses tienen dificultades, ¿no?*

JS: No lo creo, porque están muy interrelacionados unos y otros... Personalmente, pienso que no les ilusiona mucho que Estados Unidos lo pase mal. La interdependencia es total. Recordemos que son los banqueros de Estados Unidos y de otros muchos.

LB: *Bien, pero a un banquero le puede convenir que su cliente tenga que apretarse el cinturón. Y parece como si los chinos desearan que los norteamericanos vayan apretados, aunque sin pasarse. Los líos en que se ha metido Estados Unidos, primero con Bush, y ahora con Obama, pueden irles bien para mantenerlos un poco a raya. Si además prefieren ocuparse sobre todo de sus temas domésticos, que son los importantes, mientras Estados Unidos, que es el que está presente en el mundo, se las compone como puede... No van a tener mucha compasión, les echarán una mano sólo si es imprescindible, ¿no?*

JS: Tengo una idea clara sobre cómo hay que plantear las cosas con Pekín. Se trata, ante todo, de ayudarles en todo lo que sea posible y de evitar o, como mínimo, no buscar la confrontación. En el ADN de China está el concepto de «armonía». Los occidentales somos más «nerviosos».

LB: *Regresemos a Irán y a su proyecto nuclear. Usted jugó un papel importante hasta el momento en que Obama quiso reemprender los contactos directos sin exigencias previas de paralización de la centrifugación de uranio. Me gustaría que usted contara su papel en esas negociaciones.*

JS: Cuando eres un político que no está en el campo de la competición electoral, como es mi caso, el objetivo número uno es actuar de catalizador, no apuntarte tú mismo los tantos. En consecuencia, no se trata de ponerse medallas sino de resolver los problemas. Quien quiere ganarse la confianza debe saber hacer además este pequeño sacrificio. Puede ser útil en ocasiones hacer sonar los tambores, pero para eso ya hay otros. No es lo que le corresponde ni es lo útil para quien debe hacer de catalizador.

LB: *¿Y cómo se le ocurrió a Bush, que no quería negociación alguna, que usted era el hombre para negociar con esos iraníes que pertenecían al Eje del Mal y estaban entre los estados delincuentes* (rogue states)?

JS: Estados Unidos no se unió a la negociación, pero es cierto que apoyó desde fuera todo lo que decíamos.

LB: *Es decir, la aceptó y también la impulsó en cierta forma.*

JS: Me apoyaron siempre. He cruzado el Atlántico muchos fines de semana para hablar sobre Irán con la secretaria Rice. Lo aceptaron por razones de confianza, sin duda, pero también por razones de facilidad, porque realmente era muy difícil encontrar un interlocutor para esas negociaciones. No podía ser un miembro del Consejo de Seguridad y no podía ser Alemania. No se lo podían encargar a los rusos. Era un problema. Así que yo fui la solución, la solución más fácil, porque representaba a Europa. Todos se sentían cómodos, así que pudieron dar la luz verde.

LB: *¿Cuál es el balance de sus conversaciones? ¿Consiguió algo? ¿O sólo mantener el rescoldo vivo del diálogo?*

JS: Si hacemos balance, es evidente que el resultado final no ha sido el deseado. Pero hay que recapitular un poco. La idea inicial de los contactos es europea, en la época de Jatami. La filosofía básica consistía en obtener de Irán garantías objetivas de la suspensión del programa nuclear a cambio de garantías por nuestra parte de cooperar en la producción de energía eléctrica, con la mejor tecnología europea. Las contrapartidas del plan de colaboración entre Irán y la Unión Europea estaban muy avanzadas. Estados Unidos no participaba en ese primer momento. Hubo varias sesiones en Teherán y en Europa con el secretario del Consejo Supremo de Seguridad Nacional, Rohani, y se hicieron progresos. El programa nuclear iraní era muy incipiente e incluso lo pararon algún tiempo mientras negociábamos.

LB: *Y luego Ahmadineyad ganó las elecciones.*

JS: Sí, y la situación se puso más difícil. Enseguida se abrieron nuevos contactos con Teherán, en los que Estados Unidos aceptó participar, aunque con grandes reservas, y también los rusos y los chinos se incorporaron a la iniciativa europea. En ese momento se define el *double track* o doble camino, es decir, abrir un canal de diálogo y en paralelo otro en el Consejo de Seguridad de la ONU como elemento de presión. Estados Unidos participa en la definición de la estrategia, pero no en los contactos. Formamos entonces ya el grupo *ad hoc*, con los miembros permanentes del Consejo de Seguridad más Alemania y la Unión Europea. A partir de ese momento, fui el responsable de la negociación. El nuevo negociador jefe iraní era Ali Lariyani, que ocupaba el puesto clave del Consejo de Seguridad Nacional, y mantenía muy buenas relaciones con el líder supremo, el ayatolá Ali Jamenei. Era un interlocutor autorizado con el que se podía negociar. Hubo de nuevo muchas reuniones e incluso viajé a Teherán. Le presenté un paquete muy generoso de ofertas que exigían unas condiciones objetivas medibles que debían cumplir. Básicamente se trataba de empezar por la suspensión del proceso de centrifugación que ellos habían reemprendido. Lo más importante de esta negociación es que se consiguió que se reanudaran las relaciones con la Agencia Internacional de la Energía Atómica (AIEA). Estuvimos muy cerca de conseguir que firmaran el Protocolo Adicional anexo al TNP que permite a la AIEA inspecciones sin previo aviso. Desgraciadamente, no se llegó a un acuerdo porque no lo ratificaron.

LB: *¿Por qué hizo aguas el acuerdo?*

JS: Para resumir, tuve muchas reuniones con Lariyani, en las que tuvimos altibajos, pero pocos avances. Durante ese período, ellos siguieron montando centrifugadoras todavía con dificultades tecnológicas. Estados Unidos seguía asociado al proceso pero sin participar en las reuniones, de modo que a las reuniones iba yo con un colaborador de máxima confianza, Robert Cooper, y Lariyani con su segundo. Nos vimos en Ankara, Berlín, Londres, Madrid, Lisboa, Viena y Roma, entre otros sitios; muchas reuniones en distintas capitales. Se hicieron pequeños progresos, en cualquier caso insuficientes. Presenté una propuesta más matizada consistente en que nosotros congelaríamos las sanciones a cambio de que ellos congelaran el número de centrifugadoras. Queríamos probar su buena fe negociadora.

LB: *¿Qué pasó entonces?*

JS: El proceso se quebró después de un viaje importante que el presidente Putin hizo a Teherán. Creo que era la primera vez que viajó a Teherán y se vio con el líder supremo, a quien planteó las tesis que proponíamos nosotros. Defendió la oferta de la comunidad internacional: congelación por congelación. Pero algo pasó, a los dos días Lariyani dimitió o le hicieron dimitir del puesto y nombraron a Sabed Jalili, el tercer negociador con el que me reuní. Ésa fue una decisión clave que todavía no se entiende bien. Retrospectivamente, pienso que la defensa de Putin y el hecho de que Lariyani tendía a ver con buenos ojos nuestra posición reforzó la postura de los más duros. Me reuní con Putin tras la Cumbre Unión Europea-Rusia en Portugal y su interpretación era muy parecida a la mía: que Lariyani probablemente simpatizó con la oferta que le explicaba y defendía, pero no convenció al líder supremo, que le cesó. A partir de ese momento la negociación con Sabed Jalili fue más difícil, porque se convirtieron en discusiones de naturaleza casi conceptual. Una y otra vez empezábamos con la guerra Irak-Irán, seguíamos con los agravios de la época colonial, para entrar sólo muy al final y lateralmente en el tema de fondo. La desconfianza iba creciendo y todo se fue haciendo muy difícil. Normalmente, yo salía diciendo que lo importante era que la bicicleta siguiera rodando y no se cayera. Pero cada vez estaba más desanimado. Tras varias reuniones en Nueva York y Londres entre nosotros, se decidió hacer más explícita la propuesta de congelación por congelación. También presentamos una oferta en la que se precisaban con más detalle los posibles ámbitos de colaboración. El documento iba precedido por una carta de la comunidad internacional. Lo más interesante es que fui con una carta firmada por todos los ministros de Exteriores del Consejo de Seguridad de la ONU, incluida Condoleezza Rice, y por mí mismo. Era la primera comunicación de Estados Unidos con Irán. Fue una visita de gran trascendencia. Me reuní con el ministro de Exteriores, Motaqi, y por separado con Jalili. Recuerdo la sorpresa de Motaqi al oír la propuesta y comprobar que estaba la firma de Condoleezza Rice. Percibí cierta esperanza. En la reunión con Jalili repetimos la presentación y le hice entrega de un segundo documento con un calendario preciso para iniciar las negociaciones formales. Fue la primera vez que se me hizo una larga entrevista en la televisión iraní. También di una multitudinaria rueda de prensa en la embajada alemana, donde contesté todas las preguntas que me quisieron hacer los medios iraníes e internacionales. Pensamos que la visita había sido un éxito, en parte porque habíamos conseguido que nuestra propuesta llegara públicamente a la sociedad iraní.

LB: *Se vieron, por tanto, cara a cara mientras todavía seguían centrifugando.*

JS: Así es. Estábamos en la propuesta que se llamó congelación por congelación, que ya he mencionado. Desgraciadamente, la contestación de Teherán se pospuso, y al final llegó en un extenso documento que hablaba de todo menos de aquello que se esperaba contestación. Ni tan siquiera se respondió al calendario.

LB: *¿Cómo fue la última negociación, ya con Obama?*

JS: Antes de que tuviera lugar la reunión de octubre de 2009 se produjeron dos acontecimientos relevantes. En septiembre de 2009 se descubrió una instalación de enriquecimiento de uranio clandestina en Qom. Por otra parte, a Irán se le agotaba el combustible de un pequeño reactor nuclear con fines médicos situado cerca de Teherán. Con las sanciones, nadie les vendía combustible. La propuesta que se hizo fue que con el patrocinio de la AIEA el uranio se consiguiera de la siguiente forma: Irán entregaba el uranio necesario enriquecido al 3 por ciento, se enriquecía en el extranjero al nivel requerido y se les devolvía. Era una manera de demostrar la colaboración de la comunidad internacional en el uso civil de la energía nuclear. Este paquete incluía la inspección de la planta de Qom por la AIEA.

En la reunión de Ginebra de 2009, a la que por primera vez me acompañó Bill Burns, un espléndido diplomático estadounidense, buen conocedor de Oriente Medio, que había sido embajador en Moscú y ahora es número tres del Departamento de Estado, se hizo una propuesta inteligente y razonable con el acuerdo de la AIEA. En todo momento estuvimos en contacto con Mohamed El Baradei, el director de la agencia, que estaba en la India. La reunión parecía discurrir por buen camino y mi impresión es que podíamos llegar a un acuerdo. Al acabar, Jalili y yo hicimos ruedas de prensa separadas en las que explicamos el acuerdo cada uno a su manera con el compromiso de no negar nada que el otro dijera, un modelo que se remonta a los tratados de armamento de la guerra fría: declaraciones autónomas no contradictorias. De ahí nos fuimos a casa pensando que las cosas podían ir bien, pero desgraciadamente las disensiones internas iraníes imposibilitaron el acuerdo.

LB: *Ahora que usted ya no está en eso, ¿qué sensación tiene? ¿Se siente engañado por los iraníes? ¿No piensa que estuvieron entreteniéndonos inútilmente?*

JS: No, lo que pasa es que los iraníes tienen una dificultad enorme a la hora de tomar decisiones debido a su complicada estructura de poder. Les cuesta mucho decidir, es una estructura muy compleja y la última reunión en Ginebra en 2009 fue después de las elecciones, con los problemas internos que hubo, lo que lo hacía más difícil. Lariyani era quien más capacidad de decisión tenía. No sé si han llegado a la decisión final sobre lo que quieren hacer.

LB: *Saber que pueden tomar la decisión de hacer la bomba y realizarla en poco tiempo.*

JS: Quizá quedarse en ese paso previo. Pero puede ser que incluso sea llegar demasiado lejos. Ése es el grave problema. Es la esencia de lo que ha pasado, y ahora estamos en la parálisis total, porque siguen sin decidirse. Al régimen la ha costado estabilizarse después de las elecciones y las protestas y, a la vez, se han interrumpido los contactos.

LB: *El líder supremo (Ali Jamenei) accedió a reunirse con Putin, pero ¿cuántos mandatarios internacionales ven al líder supremo?*

JS: No islámicos muy pocos. Yo creo que Putin y Lula son casi los únicos.

LB: *¿Él es realmente quien tiene la última palabra, quien manda de verdad?*

JS: Yo he ido mucho a Teherán, y he visto cómo es la ciudad, cómo son los hoteles y las bodas que allí se celebran. Es un problema que no se ha resuelto, aunque me haya dejado la piel intentándolo. Pero como mínimo hemos puesto en marcha la bicicleta, que sigue rodando, y unos contactos que se pueden reanudar en cualquier momento.

LB: *Pero además han intentado engañar a la comunidad occidental escondiendo sus instalaciones.*

JS: Si la situación está lejos de aclararse desde el punto de vista político, también lo está desde el punto de vista técnico, de la capacidad práctica de dominar la tecnología. Al descubrirse las instalaciones que iban a realizar en Qom, las cosas se les han puesto muy difíciles. Han invertido allí mucho dinero, y al final del día se dan cuenta de que no escapan al control de la inteligencia internacional.

LB: *El problema se complica porque hay un consenso en la sociedad iraní acerca de esta cuestión. Alcanzar este umbral de la bomba, en el que no la tienes todavía, pero tienes la posibilidad de obtenerla si la necesitas, es algo en lo que está de acuerdo todo el mundo.*

JS: Así es, el propio Musavi hizo unas declaraciones muy explícitas al respecto. Y la oposición entera quiere poder equipararse con la tecnología de otros países.

LB: *Entonces ahí hay una trampa terrible que el régimen utiliza con gran habilidad.*

JS: Pero que también podemos utilizar nosotros. Lo que pasa es que hay un factor a tener en cuenta, que es Israel. En cualquiera de los casos, con mayores o menores dificultades, creo que todavía hay posibilidades de llegar a acuerdos. El *know-how*, el saber teórico, es algo que, si únicamente lo llevas en la cabeza, no desaparece, pero sólo queda en ese plano. Lo que no llevas en la cabeza ni puedes llevarlo es la práctica del *know-how*, y en cuestión nuclear esa práctica es muy sofisticada.

LB: *¿Y tienen los iraníes esta práctica del* know-how?

JS: Hay que tener en cuenta que es un proceso muy difícil y costoso. El uranio tiene que ser de una pureza extraordinaria. Es una operación enormemente complicada, y para conseguir sólo un 4 por ciento de uranio enriquecido tienes que darle tantas vueltas y a tal velocidad que te dejas la piel económica y tecnológicamente. Necesitas grandes cascadas de centrifugadoras para poder repetir y repetir hasta conseguir toneladas de material.

LB: *¿Y ellos lo consiguen?*

JS: Yo creo que no del todo. No acaban de alcanzar una buena velocidad de crucero en la producción. Pero lo importante, más allá de la bomba, es el peso político específico que ha logrado Irán tras la guerra de Irak, que al final le da mucho más protagonismo y capacidad de influencia.

LB: *Hasta convertirlo en la potencia islámica hegemónica en Oriente Medio. El liderazgo estaba hasta la caída de Sadam Husein en manos de países suníes, y ahora está en manos de un país chií. Si consiguen la bomba, entonces la hegemonía será absoluta.*

JS: Pero hay que tener en cuenta el ámbito del islam. También Pakistán tiene la bomba. En este sentido, en el mundo islámico hay dos países relevantes: Arabia Saudí, que brinda la legitimidad religiosa por los lugares santos; y Pakistán, que tiene el poder militar que le da la bomba atómica. Además hay que saber qué tipo de país es Pakistán y qué fiabilidad tiene como país nuclear, sobre todo pensando en el peligro que supone que este tipo de armas caigan en manos de grupos terroristas.

9

Oriente Próximo siempre sin paz

El europeo no es fiable para Israel • Reunión urgente en Sharm el-Sheij • La Comisión Mitchell • La Cumbre de Annapolis • Los planes de Barack Obama • La congelación de los asentamientos • La paralización del proceso de paz • El informe Goldstone • Israel y su problema demográfico • Salam Fayad, la esperanza palestina • Aislamiento y muerte de Arafat • La solución de los dos estados, fórmula con fecha de caducidad

LLUÍS BASSETS: *Como Alto Representante de la Unión Europea usted ha dedicado mucho tiempo y energías a las negociaciones entre israelíes y palestinos. Participó en la redacción del documento encargado por el presidente Clinton a la llamada Comisión Mitchell sobre las causas de la Segunda Intifada, en el año 2000, fue el representante europeo en el Cuarteto, el grupo de negociadores en representación de la comunidad internacional (Estados Unidos, Rusia, la Unión Europea y las Naciones Unidas), y ha estado viajando constantemente por la zona y en contacto con los principales protagonistas del conflicto. Pero usted era europeo, y el europeo, por principio, no es fiable para Israel.*

JAVIER SOLANA: No, el europeo no es fiable para Israel. Por historia y por experiencias vividas. La primera vez que un europeo participó en una reunión multilateral sobre Oriente Próximo, más allá de la Conferencia de Madrid, fue en octubre de 2000, y fui yo. Llevaba un año en mi nuevo puesto de Alto Representante de la Unión Europea cuando el presidente Clinton convocó una cumbre urgente en Sharm el-Sheij, después del fracaso de Camp David en agosto de 2000, cuando faltaban muy pocos meses para que terminara su presidencia. Estaban Mubarak, el rey de Jordania, Ehud Barak, que era primer ministro, Kofi Annan y yo. Cada uno llevaba a un colaborador; conmigo venía Miguel Ángel Moratinos, que era el representante de la Unión Europea para Oriente Próximo; Shlomo Ben Ami iba con Barak, y Madeleine Albright con Clinton. Y fue la primera vez que hubo una reunión multilateral donde estaban las Naciones Unidas y la Unión Europea. La primera vez que la bandera de la Unión Europea aparecía en una reunión de esta naturaleza. Y ya se quedó.

LB: *Ése era el núcleo del Cuarteto, porque sólo faltaba Rusia.*

JS: Faltaba Rusia y no formaron parte ni Egipto ni Jordania. Pero para Europa lo importante es que ya no nos fuimos del proceso. La reunión fue interesantísima, pero no se llegó a un acuerdo. Había estallado la Segunda Intifada y poco antes había fracasado Camp David, que fue el momento en que se estuvo más cerca de alcanzar la paz. La reunión de Sharm el-Sheij fue un intento de penúltima hora, que terminó con una declaración leída por Clinton con un único acuerdo, que me implicó a mí. Se acordó crear una comisión presidida por George Mitchell para que analizara las causas de la Segunda Intifada. El único miembro de la Comisión que estaba en ejercicio de su cargo era yo. Los demás, el propio Mitchell, el ex presidente de Turquía y el ex primer ministro de Noruega no lo estaban. Creo que hicimos un buen trabajo y que, de haberse llevado a la práctica sus conclusiones, habríamos recuperado mucho tiempo perdido. Entre muchas otras cosas, se afirmó rotundamente que los asentamientos eran un obstáculo para la paz.

LB: *Pero la cumbre fue un fracaso más de la última cadena de fracasos. Todavía, antes de que llegara Bush y todo cambiara, se produciría la reunión de Taba y la iniciativa de Clinton anunciando sus parámetros para la paz.*

JS: Los parámetros ya se conocían, los últimos detalles se los entregué yo a Arafat el 1 de enero de 2001. Me lo pidió Sandy Berger, consejero nacional de Seguridad, en nombre de Clinton. Ya se habían celebrado las elecciones y había ganado Bush. Fue el último esfuerzo que sirvió como testamento y para posibles futuras iniciativas. Moratinos es el guardián de los parámetros. Y en todo caso, ahí está el informe Mitchell, que sigue siendo plenamente vigente. No es casualidad que quien presidió esa comisión, el ex senador Mitchell, sea ahora el enviado especial del presidente Obama en Oriente Próximo. La elaboración del informe fue muy interesante, pero muy difícil. Barak había perdido las elecciones y el primer ministro era Sharon, que nunca quiso la Comisión. Fue un trabajo apasionante. El cuartel general estaba en el American Colony, en Jerusalén Este, que es un hotel maravilloso, lleno de historia, y conseguimos hacer el informe en cuatro o cinco meses y entregárselo a Bush, al sucesor del presidente que nos lo había encargado.

LB: *Que debió de meterlo en un cajón.*

JS: Nosotros intentábamos ofrecer soluciones y salidas. Pero todo quedó paralizado. Desde la Unión Europea intentamos volver a activar las cosas y a los dos años conseguimos organizar el Cuarteto (Rusia, Estados Unidos, la Unión Europea y las Naciones Unidas), que empezó propiamente como trío: Colin Powell, entonces secretario de Estado de Bush, y yo nos reuníamos en el despacho de Kofi Annan. Más tarde se incorporaron los rusos. Lo que se ha hecho durante este tiempo, lo ha hecho el Cuarteto en gran medida. Pero si me preguntan: «¿Usted qué se lleva de frustración tras sus años en la Unión Europea?», tengo que decir que ha sido Oriente Próximo, una gran catástrofe.

LB: *Estos primeros años como Alto Representante son también los de la destrucción de las infraestructuras palestinas sufragadas con dinero europeo. Es el caso del aeropuerto de Gaza, por ejemplo. ¿No se equivocó la Unión Europea apostando por hacer tantas inversiones sin la seguridad de que Israel las respetaría?*

JS: No, creo que no. No se podía abandonar a Gaza. La Unión Europea era la financiadora de los palestinos. Sin nuestra ayuda todo hubiera sido peor.

LB: *Una de las grandes polémicas de esta etapa fue la construcción del muro de separación dentro del territorio de Cisjordania, declarado ilegal por el Tribunal de La Haya. ¿Cree usted que la Unión Europea ha sido lo suficiente enérgica para impedir que se realizara esta obra condenada por la justicia internacional?*

JS: La Unión Europea hizo todo lo que pudo, salvo impedir por la fuerza su construcción, cosa que no podía hacer.

LB: *Me gustaría que evaluara también la desconexión de Gaza preparada y realizada por Sharon.*

JS: En aquella parálisis negociadora, Sharon cambió de objetivo y presentó la idea de abandonar Gaza. En principio era una buena idea, pero condujo a una situación peor, que aún hoy sufrimos, por la forma en que se hizo. No se quiso hacer de manera negociada con los palestinos, sino de forma unilateral por parte de Israel. No se pudieron negociar los accesos a Gaza, ni preparar el uso de los asentamientos que Israel abandonó. Todo se hizo unilateralmente. Fue un error. Pero es lo que Sharon quería hacer, «abandonar» Gaza, no negociar su devolución.

LB: *Una de las cosas que ustedes consiguieron después de la desconexión fue organizar el paso fronterizo de Rafah monitorizado por la Unión Europea. Pero no llegó a funcionar ni siquiera dos años, después de muchos esfuerzos e inversiones.*

JS: La iniciativa de Rafah funcionó muy bien, aunque quedó barrida luego por la guerra. Pero estuvimos controlando la frontera. ¿Qué ha hecho la Unión Europea? Pues algo tan difícil allí como es controlar la frontera, con Israel a un lado, los palestinos con Hamas en Gaza y Egipto en el otro. Y nosotros, los europeos, en medio. Fue un gran esfuerzo. De todos los acuerdos firmados sobre accesos a Gaza el único que se cumplió fue Rafah gracias a la Unión Europea.

LB: *Aquello fue el comienzo también de la separación de Palestina en dos, y así sigue. ¿Es posible pensar que los palestinos sean capaces alguna vez de reunificar sus dos facciones y de tener un gobierno fiable y capaz?*

JS: Conforme va pasando el tiempo la situación se agrava y se hace más compleja. Yo siempre he pensado que éste es un proceso que no es conmutativo: paz y reconciliación palestina no son términos que se puedan cambiar de orden. Hay que partir de la idea de que no habrá paz ni acuerdo entre Israel y Hamas. Puede haber una etapa de tranquilidad entre las dos partes. Pero creo que el acuerdo no se puede hacer, no lo va a hacer Israel con Hamas. Por tanto, hay que hacer el acuerdo con al-Fatah, la facción que representa el presidente Abbas, cada vez más debilitado, es verdad, porque el tiempo pasa y le perjudica. El orden es empezar por el acuerdo de paz y a partir de ese principio construir la reconciliación intrapalestina. La inversa, es decir, esperar a la reconciliación para que se emprenda el camino de la paz sólo retrasará la paz. Cuesta ver que hay que hacer la paz con un gobierno que no representa a todos los palestinos, pero se puede y se debe hacer.

LB: *Hay otro inconveniente, que me gustaría que evaluara. El actual gobierno de Fayad es impugnado por ilegal, porque Abbas lo nombró sin consultar al Parlamento, y el presidente también está impugnado porque ya ha superado su mandato y debiera haber convocado elecciones.*

JS: El gobierno de Fayad es legal y Salam Fayad un magnífico primer ministro. A mi juicio, es uno de los líderes más eficaces de la región. He conocido pocos como él. Lo considero un amigo. La duración del mandato de Abbas es fruto de una contradicción entre la Constitución y la ley electoral palestina. Ante la ausencia de acuerdo entre los palestinos, primó la Constitución, al menos por ahora. Todo el trabajo de reconciliación intrapalestino fue delegado por la Liga Árabe a Egipto, lo que la Unión Europea aceptó. Son quienes están mejor situados para hacerlo.

LB: *En cuanto a Annapolis, fue también la forma que tuvo Bush de salvar la cara en el último momento ante quienes le pedían que se hiciera algo en Oriente Próximo.*

JS: La Cumbre de Annapolis ya salió con respiración asistida. A Bush apenas le quedaba un año de mandato. Fue muy complicada, pero tuvo también aspectos positivos. Hay que pensar que finalmente acudieron los sirios, que habían estado en el punto de mira de Bush muy pocos años antes. También los saudíes. Los árabes participaron en el proceso y fue la primera vez que se incorporó a las bases de una negociación la iniciativa de paz árabe, que acordaron en la Cumbre de la Liga Árabe en Beirut, en marzo de 2002, y que propone a Israel el reconocimiento internacional a cambio del regreso a las fronteras de 1967. Fue fruto del voluntarismo de Condoleezza Rice, que estaba obsesionada por salvar los muebles de su mandato, ya en su fase terminal. Pero con muy pocas posibilidades de que saliera bien.

LB: *Clinton y Bush tienen en común que intentaron resolverlo en el último momento, cuando estaban preparando su mudanza presidencial. Obama, en cambio, ha tomado el toro por los cuernos desde el primer día.*

JS: Obama, sólo llegar, ha hecho dos gestos muy importantes. Nombró a Mitchell como su representante personal al segundo día de su presidencia, un gesto cargado de simbolismo y una gran alegría para mí. Y después concedió nada menos que su primera entrevista como presidente el 27 de enero, una semana después de su toma de posesión, a la televisión árabe al-Arabiya. Yo estaba en

Egipto esa noche, y pude ver el impacto que produjo. Más tarde pronunció un importante discurso en El Cairo. En colaboración con nosotros, Mitchell intentó inmediatamente avanzar por pequeños pasos en los que cada parte obtuviera ventajas que les animaran a proseguir. La iniciativa árabe era binaria, todo o nada, paz por reconocimiento. Nuestra obsesión fue precisamente flexibilizar esa posición y conseguir que hubiera concesiones mutuas. Así que había que convencer a los árabes de que si Israel daba un paso y se acercaba, tenían que ser capaces, inteligentemente, de devolver algo. Que no tenía por qué ser todavía el reconocimiento, ni ser permanente, podía ser incluso algo reversible. El derecho de sobrevuelo, por ejemplo. O la apertura de oficinas comerciales, como ya tenía Qatar. Por otro lado, se les pedía, claro, la congelación de los asentamientos, que permitía empezar a negociar y a poner en marcha medidas prácticas para estimular la negociación.

LB: *¿Por qué la congelación es una condición previa a cualquier negociación?*

JS: La congelación es imprescindible. No es posible centrar unas negociaciones sobre el territorio cuando el territorio cambia todos los días. La llamada iniciativa de paz árabe, patrocinada por Arabia Saudí, significaba dar paz y reconocimiento a cambio de territorios, ese todo o nada al que me ya me he referido. Tuvimos varias reuniones y avanzamos. Los saudíes eran los más reacios y se encerraban en que ellos ya habían dicho todo lo que tenían que decir y que la respuesta correspondía a Israel. Había otro grupo de países, en cambio, que estaban dispuestos a buscar una posición más flexible, con acuerdos sobre medidas de confianza de los que hemos hablado antes. Desgraciadamente, con la elección de Netanyahu, los tres meses de formación del gobierno, y las ambigüedades y dilaciones posteriores han conducido al actual estado de las cosas.

LB: *¿Se han hecho mal las cosas entonces?*

JS: Quizá debimos jugar desde el principio de forma mucho más fuerte y directamente con la negociación sobre las fronteras, porque una vez que te han dicho que no a la congelación de los asentamientos queda poco margen para actuar. Supongamos que en las fronteras tienes un problema con los grandes asentamientos. Tiene que haber un acuerdo de que serán pagados en territorio de Israel de igual superficie y calidad. Y tiene que hacerse de forma que no se rompa la continuidad de Palestina. Ciertamente es todo muy difícil, pero con la energía potencial que se tenía en aquel momento por parte de Estados Unidos, con el apoyo de todos, del Cuarteto, pero sobre todo de la Unión Europea, se podía llegar a un acuerdo sobre las fronteras que en el fondo eran las del 67 con los intercambios de territorio. Aunque el problema fundamental ahí es Jerusalén y sus asentamientos, que habría también que congelar.

LB: *Todo esto sin hablar de Gaza.*

JS: No se puede olvidar, en efecto, que Gaza sigue cerrada más de un año después de la invasión. Todas las relaciones con el mundo islámico están sufriendo por efecto general de la parálisis del proceso en Oriente Próximo, pero también por la situación de Gaza. Tuvimos negociaciones para la reapertura de Gaza y una importante reunión internacional en Sharm el-Sheij. Conseguimos muchos compromisos de dinero y proyectos, pero no se movió una hoja por parte de Israel en cuanto a la apertura de la franja. Ése es uno de los grandes dramas de este pasado año. Y no se movió por el soldado Gilad Shalit, prisionero de Hamas, grupo al que el gobierno israelí presiona para que lo devuelva vivo. Están negociando, y la presión es durísima. El racionamiento sobre Gaza es muy fuerte y apenas dejan pasar nada que pueda tener que ver directa o indirectamente con cualquier actividad ofensiva llegando hasta el ridículo. Un día dejan pasar macarrones, pero no tomate. Otro, tomate, pero no macarrones. Parece todo dominado por el rencor más que por la legalidad. Yo fui de los primeros en visitar la franja después de la guerra. Ese veneno queda ahí, con todo el tema de Gaza paralizado, sin un solo paso adelante.

LB: *Mientras tanto, Israel ha contado con la amenaza del informe Goldstone, encargado por las Naciones Unidas, sobre los crímenes de guerra que hayan podido cometer unos y otros, que podría terminar llevando el caso de Gaza ante la justicia internacional.*

JS: Todo el tema del informe Goldstone se llevó muy mal. Los propios árabes lo llevaron mal porque algunos querían ir más lejos, a otros les bastaba con algo más moderado, y claramente el que quedó tocado y sufrió más fue Abbas, quien menos culpa tenía.

LB: *¿Hay que negociar con Hamas?*

JS: Hamas es una fuerza real. No tiene el reconocimiento formal por no haber aceptado la propuesta de la comunidad internacional, incluida parte de la Liga Árabe, pero sin duda hay que tratar con ellos.

LB: *¿Qué opina de la iniciativa de creación y reconocimiento de Palestina como Estado independiente antes de que empiecen las negociaciones?*

JS: Creo que el reconocimiento sólo se puede hacer a través de las Naciones Unidas. Yo ya hice pública mi posición en un discurso en Oxford hace más de un año. Si la negociación no avanza, habrá un momento en que el reconocimiento será inexorable. Si fuera necesario desplegar una fuerza internacional en la zona hasta la delimitación de las fronteras, la Unión Europea debería ofrecerse a participar.

LB: *Netanyahu ha rechazado la congelación total, porque quiere seguir construyendo en Jerusalén y ampliar los actuales asentamientos dentro del perímetro actual. Su propuesta de congelación de diez meses, que nadie acepta, abarca sólo a los nuevos asentamientos. Esto sin hablar de los out-post que, a pesar de lo que digan, siguen sin desalojarse y manteniéndose en muchos casos. ¿Se está aislando Israel incluso de sus socios internacionales?*

JS: Desgraciadamente, sí, incluso ante sus mejores amigos.

LB: *¿Cree usted que Obama podrá mantener su posición? ¿Quién va a ganar este pulso?*

JS: Creo que Obama conseguirá que se reanuden las negociaciones con éxito.

LB: *Israel ha perdido muchísimo en su proyección e imagen internacional.*

JS: Mucho. Pero no es lo más grave. El problema de Israel es que, como no se llegue a un acuerdo rápidamente, la fórmula de los dos estados será inviable y se avanzará hacia un único Estado. En ese caso, el problema demográfico será una pesadilla para Israel.

LB: *Eso es evidente. Por eso Netanyahu ha insinuado de nuevo la fórmula de incorporar Cisjordania a Jordania.*

JS: Es una historia muy vieja, pero nadie la va a aceptar.

LB: *¿Y en qué plazo cree usted que se decantará la salida? Los datos demográficos nos dicen que en diez o quince años ya habrá mayoría árabe entre el Jordán y el Mediterráneo.*

JS: En mi ingenuidad, con las dificultades que tiene este conflicto y sabiendo lo que sé, creo que se podría en poco tiempo. En dos años, con un primer año para sentar las bases y cerrarlo en el segundo.

LB: *Parece evidente que no hay voluntad por parte israelí, pero ¿están preparados los palestinos?*

JS: En la parte palestina hay una persona fantástica, Salam Fayad, el primer ministro. Como ya he dicho, es uno de los primeros ministros más importantes de la zona. Está haciendo un trabajo magnífico en Cisjordania para levantar de nuevo la sociedad y la economía palestinas. Tiene mucha experiencia, es un economista formado en Estados Unidos, ha sido funcionario del

201 ORIENTE PRÓXIMO SIEMPRE SIN PAZ

Banco Mundial, y es muy injusto que no se le esté recompensando como es debido y no se le estén facilitando las cosas. Él no forma parte de la vieja guardia de al-Fatah. El problema de al-Fatah son los viejos, los luchadores del Frente de Liberación y de la OLP de la generación de Abbas, que están muy cansados y no tienen el liderazgo de Arafat.

LB: *Usted ha sido testigo de la caída de la vieja generación...*

JS: Incluso de la muerte de Arafat, después de su enfermedad, encerrado en la Mukata hasta que entró en agonía en París. Yo estuve allí para evitar problemas entre sus seguidores. Me pidieron que fuera a París.

LB: *¿Se murió o le mataron?*

JS: Se murió. Pero su último período fue duro, aislado en la Mukata. Fui al funeral solemne que tuvo lugar en El Cairo con los representantes internacionales y posteriormente a Ramallah, en la Mukata, donde se le enterró. Creo que fui el único representante internacional aquella noche allí.

LB: *En todo caso, Arafat murió atrapado en la trampa que le habían tendido.*

JS: Se lo dije mil veces, pero no hubo forma de convencerle.

LB: *Hay que recordar cómo Sharon, justo después del 11-S, llegó a decir explícitamente que Arafat era como los que se habían cargado las Torres Gemelas. Y nadie se lo creyó al principio, pero luego poco a poco fue consiguiendo que Arafat se fuera encerrando y la gente se lo fuera creyendo.*

JS: Para Sharon el 11-S fue la ocasión ideal para intentar demostrar que Arafat no era el interlocutor válido para hablar de paz con nadie, porque no había renunciado al terrorismo. Y consiguió plenamente su propósito. A Arafat le intentamos advertir, pero no hubo forma.

LB: *Dicen que Arafat hablaba mucho y escuchaba muy poco, que era un contador de historias y chismes. Usted le conoció bastante. ¿Cómo le describiría? ¿Le parecía un tipo fiable o realmente tenían razón quienes consideraban que era un jefe guerrero sin redención posible?*

JS: Era una personalidad difícil, siempre haciendo equilibrios, que provenía de su dura experiencia en el exilio. Yo le vi en el exilio en Túnez varias veces antes de que regresara a Palestina.

LB: *¿Ha jugado Europa el papel que debía jugar en Oriente Próximo o debía ser un poco más exigente, sobre todo con Israel?*

JS: Lo mejor que ha hecho Europa fue la declaración de Venecia en 1980, en la que se apoyaba el derecho a la existencia y a la seguridad de Israel y se rechazaba la ocupación de los territorios palestinos, atendiendo, por supuesto, a las resoluciones de las Naciones Unidas sobre las fronteras de 1967. Desde entonces, ésta ha sido la posición europea. Si quieres ser activo y eficaz, tienes que llevarte bien con las dos partes. Cuando quieres jugar un papel estás obligado en algunas ocasiones a mirar para otro lado en cosas en las que deberíamos haber sido más duros. Pero al final sin duda es mejor. Personalmente, creo que me gané la confianza de Israel para poder sentarme a negociar con ellos sin tener que abandonar ningún principio. Aunque todo esto hay que matizarlo, puesto que realmente los que son claves son los estadounidenses, porque Israel sólo confía de verdad en Estados Unidos.

LB: *Europa ha ido marcando a lo largo del tiempo unos criterios sobre el Estado de derecho, los derechos humanos y el cumplimiento de los acuerdos internacionales que luego ha ido aplicando a los países candidatos, a los que se asocian e incluso a sus acuerdos bilaterales, al menos como exigencias. Eso no ha sido así con Israel. Tiene el trato de mayor deferencia, casi como un país del espacio económico europeo, y una exigencia cero. Se comporta como Rusia y se le trata como a Suiza.*

JS: Hay que partir de una base, y es que Israel es un país muy avanzado, con una economía muy sólida, una especie de Silicon Valley en mitad de Oriente Próximo. Ir hoy a Tel Aviv y ver el desarrollo tecnológico impresiona. El panorama cambia en Jerusalén. Los fundamentos para una estrecha relación comercial y económica son obvios. Además, en la Unión Europea hay hasta cuatro o cinco países incapaces de mover un dedo contra un gobierno israelí que pudiera interpretarse de forma equívoca.

LB: *Y luego está el terrorismo palestino y su influencia sobre todo el terrorismo en la zona.*

JS: Todo este tema produce una enorme frustración. Mientras entre los palestinos y los árabes sigan saliendo voluntarios para suicidarse costará mucho acabar con el problema.

LB: *Claro, es muy inquietante observar la relación que hay entre el terrorismo en general y la situación de los palestinos, tal como pone en evidencia el caso de aquel jordano que se cargó a un equipo entero de la CIA en Afganistán, que efectivamente era médico y había estado curando niños en Gaza antes de desaparecer y ponerse al servicio de Estados Unidos como agente doble con el propósito de jugársela. Es terrible, ¿no?*

JS: Junto a casos como éste, están los pobres a los que les pagan para que se suiciden y dejen el dinero a sus familias. Mientras ese círculo no se rompa, mientras haya cola de voluntarios, vamos muy mal.

LB: *¿En qué momento se decantará esto?*

JS: No lo sé, pero el fanatismo, de cualquier tipo, no puede ganar la partida.

LB: *Si como decíamos antes la fórmula de los dos estados tiene caducidad, cuando ya no sea posible desaparecerá definitivamente del horizonte y sólo quedará la eventualidad de un Estado binacional en el que todos los ciudadanos tengan los mismos derechos.*

JS: O una solución nueva que ahora nadie ve. Porque si no, van al *apartheid* y la pérdida de toda la legitimidad.

LB: *¿Puede ser que hayamos llegado ya a este punto? Ahora mismo lo piensan muchos palestinos y empiezan a pensarlo incluso muchos israelíes.*

JS: Creo que no. Entre los palestinos son mayoría los que aspiran a dos estados con fronteras justas. En Israel, los que quieren quedarse con Judea y Samaria saben que acabarían en un Estado donde serían minoría. El *apartheid* para mantener su identidad sería imposible. Dos estados es aún la mejor solución, la única posible.

10

El ascenso de los emergentes

Un amigo de China • ¿Una alternativa asiática al poder occidental? • La cuarta generación de dirigentes chinos • El genio de Deng Xiaoping • Zhao Ziyang, el Gorbachov chino • Países reemergentes • Las relaciones entre China y la Unión Europea • Los BRIC • Globalización sin democracia • La nueva distribución del poder • Multipolaridad y multilateralismo • La soberanía responsable • La reforma de las Naciones Unidas • El fracaso de la Conferencia del Clima de Copenhague • El derecho de veto en el Consejo de Seguridad

LLUÍS BASSETS: *China es el gran agente global que nos está pasando la mano por la cara a todos. A los estadounidenses y a los europeos. Usted no ha tenido que tratar mucho con China por obligación pero sí lo ha hecho por devoción, y ha tenido muy buenas relaciones con los dirigentes de Pekín.*

JAVIER SOLANA: Las he tenido y las tengo. Me parece un país fascinante y clave en la actualidad.

LB: *En China imagino que el rey, Samaranch y usted son de los españoles más conocidos.*

JS: No estoy seguro, pero la verdad es que he intentado ser muy cuidadoso con China. La historia demuestra que si tú tratas bien a un país en su ascenso, cuando llegan arriba lo normal es que te respeten. Pero si pones dificultades en el momento del ascenso, cuando llegan te lo hacen pagar. China es un gran país, agradecido con quienes le ayudaron. No olvidemos que China no es un país emergente, es un país reemergente. Es el Imperio del Medio. La primera vez que visité Pekín, en la casa de protocolo junto a la mía estaba Nixon. Siempre lo consideraron un amigo, nunca lo olvidaron. Son agradecidos.

LB: *Pero hay que acertar, claro. Saber acertar quiénes son los que suben de verdad y los que no.*

JS: Con China no hay duda. Tienen muchos problemas, pero los resolverán. Aunque también hay que vigilarles. Tienen unos problemas de energía muy serios, unos problemas formidables de protección social, mucha gente bajo el umbral de la pobreza. Y lo que no puede ser es que tengan la sensación de que todo lo que les proponemos es para limitar su crecimiento, como algunos pueden pensar con el cambio climático. Estamos abocados a vivir con China, y lo más inteligente es acompañarles y tratar de influirles, aconsejarles. Hay que evitar lo contrario: excitar sus susceptibilidades y arrinconarles o estimular que se encierren en sí mismos. No estuve de acuerdo con las amenazas de boicot antes de los Juegos Olímpicos, por ejemplo. En política internacional, algunas cosas no se dicen en público; si hay que hablar, se hace en privado.

LB: *Todas las grandes potencias y países serios exigen en cierta forma la misma regla, ¿no? En público, piropos; pero lo que tengas que decirme de malo me lo dices en privado...*

JS: Hay una escuela de política —equivocada— que tiene mucha facilidad para reacciones excesivas. En mi opinión, las cosas no deben ser así. Si necesito advertirte un día, te lo digo en público. Pero si lo que quiero es resolver un problema seriamente, entonces lo hago en privado. Así he entendido siempre la política.

LB: *No es como suelen verse las cosas en Europa.*

JS: En general, sí. En ciertas ocasiones puede no hacerlo el Parlamento Europeo, que sólo tiene un instrumento que es la declaración pública. Pero es que no tiene otras vías de comunicación.

LB: *Pero también los gobiernos tienen distintos estilos. Los hay muy gesticulantes, como es el caso francés ahora.*

JS: Quien se toma la política en serio no puede hacer todo en la plaza pública. Se trata de arreglar los problemas, no de apuntarse cada vez un tanto. La política tiene un componente de pedagogía incluso en el marco internacional, no de estridencia.

LB: *Hablaba usted de acompañar a China en su ascenso. Pero hay un momento en que parece como si China estuviera esbozando una alternativa propia, asiática y sin los condicionamientos del multilateralismo global. Me refiero a la Organización de Cooperación de Shanghai (OCS), creada en 2001, para temas como inteligencia, policía e incluso militar con Rusia y todos los otros países de Asia central. Parece una agrupación a la contra, en la que al final acaban apareciendo todos los «malos». China a veces parece preferir que no la acompañemos.*

JS: Sin duda, China desea jugar un papel regional y a nosotros nos interesa que lo haga. Asia es un lugar potencialmente difícil y no hay estructurado ningún esquema de seguridad regional. El ARF (Asian Regional Forum) aún no tiene los elementos para jugar ese papel. La Organización de Cooperación de Shanghai como usted dice nace para cooperar en temas como el terrorismo, el tráfico de drogas, etcétera. No es una organización con voluntad militar ni a la contra, como usted afirma. Si acaso un embrión para la gestión de crisis naturales. Es imposible que el número de países que participan puedan llegar a acuerdos más allá. Yo establecí relaciones entre la OCS y la Unión Europea y visité su sede.

LB: *Y hay un momento en que parece que entre Moscú y Pekín quieren construir la alternativa a Washington.*

JS: Hay una foto de unas maniobras en los Urales, en la que salen Hu Jintao y Putin con los prismáticos. Pero como digo es cooperación antiterrorista, contra la delincuencia, cooperación frente a las catástrofes; y no hay apenas cooperación militar más allá de la gestión de crisis. En sentido estricto no la hay, ni la habrá en mucho tiempo, porque ni los chinos ni los rusos la quieren. Tampoco hay que ser ingenuo y creerlo al pie de la letra, también es una señal que nos envían para que sepamos que pueden hacer estas cosas. Pero, por otra parte, es muy contradictorio aceptar que vamos a un mundo distinto y que las cosas han de cambiar, y cuando los nuevos, los emergentes, se quieren juntar les decimos que eso no nos gusta...

LB: *También parece una alternativa frente a la ASEAN (Asociación de Naciones del Sudeste Asiático).*

JS: No, nada tienen que ver. Muchos países de la OCS son miembros o asociados de la ASEAN. La ASEAN es un gran invento que proporciona estabilidad en el sudeste asiático. En cierta manera les gustaría ser como la Unión Europea. De hecho, el grupo de «sabios» que dieron el último impulso pasó largas temporadas en Bruselas.

LB: *En China ahora está en el poder la cuarta generación y ya se prepara la quinta. En Davos vimos al vicepresidente actual, Li Keqiang, al que ya se reconoce como el futuro primer ministro.*

JS: La actual es la última generación que conoció la Revolución Cultural. La próxima será de transición. La siguiente ya se habrá formado dentro del sistema creado por Deng Xiaoping tras la Revolución Cultural. Es la leva de 1953, que tenía veinticuatro años en 1977, a la muerte de Mao Zedong. Han ido a la escuela todavía en época maoísta, pero terminaron su formación en la era Deng. Es, por tanto, la primera generación de dirigentes que han desarrollado toda su carrera en el actual sistema.

LB: *Probablemente es una generación muy poco maoísta, porque ha sufrido todavía los efectos de la Revolución Cultural en su bachillerato, pero no son como la generación anterior, que se quedaron sin formación universitaria y los mandaron al campo a desaburguesarse. Algunos de la*

generación actual precisamente han vivido esta experiencia porque sus
padres sí fueron deportados al campo.

JS: Una historia muy impresionante, como casi todo en China. Ese descomunal «examen de selectividad» que organizaron cuando terminó la Revolución Cultural, al que se presentaron jóvenes entre dieciséis y treinta años. De golpe ingresaron en la universidad abierta de nuevo más de un millón de jóvenes, la élite de la élite, de la que han salido los líderes políticos, los directores de cine, los escritores, los cuadros, los ingenieros o los empresarios.

El fin de la Revolución Cultural se produjo con la muerte de Mao y el «golpe» de Deng Xiaoping y otros en 1977. A mí me impresiona que casi coincida con nuestras primeras elecciones democráticas. Nosotros, los españoles, conocemos bien lo que se puede hacer en un período de tiempo corto, de 1977 a 2010. En China en el mismo período se ha producido un cambio extraordinario. Han sacado de la pobreza extrema más gente que la población de Estados Unidos, más de quinientos millones de personas, y producen al año más ingenieros que el resto del mundo. Valgan estos dos ejemplos. Cierto que no todo es perfecto, también tuvieron su momento negro en 1989 en Tiananmen.

LB: *¿Qué generaciones de dirigentes chinos ha tratado usted?*

JS: Deng fue realmente un genio, pero no le traté, sólo le vi tres veces. Traté a Jiang Zemin, que se convirtió en el delfín de Deng después de Tiananmen. Con ocasión de un viaje de Felipe González a China en 1985, en el que le acompañé, conocí al entonces primer ministro, Zhao Ziyang, que luego jugó el papel más abierto en Tiananmen y cayó en desgracia.

LB: *Fue entonces cuando Deng le contó a González aquello de*
«gato negro, gato blanco, lo importante es que cace ratones».

JS: Fue aquella visita, en efecto. Zhao era un hombre encantador, un aperturista. Acaban de publicarse sus memorias [*Prisio-*

nero del Estado], que sus editores consiguieron sacar del país. Deng Xiaoping fue un visionario, una figura de enorme trascendencia histórica, y el auge de China le debe muchísimo

LB: *Pero entonces China no era todavía un jugador de primera fila en la escena internacional.*

JS: Entonces todavía estaba Deng, y se estaban plantando las semillas. Su impronta viene de la teoría de las cuatro modernizaciones, agrícola, industrial, científico-técnica y de defensa, que permitieron un paso trascendental en la adaptación de China, sobre todo desde el punto de vista interno, puesto que condujeron a las grandes reformas de su economía. Pero no significaba todavía, ni mucho menos, que se convirtiera en un jugador internacional.

LB: *¿En qué momento surgió en China el interés por el mundo?*

JS: Hay que subrayar que la proyección internacional no les interesa mucho, ni siquiera ahora. Lo que les interesa es la estabilidad, que les permita sacar a la gente de la pobreza. Cuando les hablas de «derechos humanos», te responden que el primero de todos es comer y que ellos han sacado de la miseria a centenares de millones de personas. Y les duele que eso no se reconozca. Por otra parte, sí mantienen una serie de reclamaciones sobre lo que consideran su área de influencia, como el contencioso sobre el mar de la China meridional, que habrá que ver cómo se desarrollan. Y recordemos que han sobrepasado a Japón como segunda economía del mundo, y ello conlleva responsabilidades. En Asia y en los asuntos globales deberían dar confianza a sus vecinos y no tomar ninguna decisión perturbadora de los equilibrios y la estabilidad.

Hablamos de países emergentes, pero debiéramos decir re-emergentes, como ya he dicho. Algunos han sido muy importantes, potencias mundiales incluso, y dejaron de serlo. A principios del siglo XVIII, China y la India pesaban en el mundo más que Europa.

Eso es lo que los chinos reivindican cuando organizan acontecimientos como la Expo de Shanghai o los Juegos Olímpicos.

LB: *Pero eso choca con su presentación como un país todavía pobre.*

JS: Claro, quieren ofrecer la imagen de la máxima modernidad pero a la vez te recuerdan que a unos cuantos kilómetros de Shanghai encuentras la China pobre. Lo que quieren destacar es el cambio, la capacidad de transformar y de sacar de la pobreza a su país. Yo he estado en Xian dos veces en visita oficial. La primera vez dormí en un hotel con unas cucarachas gigantes que se paseaban por la habitación. La segunda vez que fui, habían desaparecido las cucarachas y todo rastro de miseria, estábamos ya en un país moderno y en una ciudad que vive del turismo.

LB: *Pese al papel de Deng, al parecer el auténtico ingeniero de las reformas es ese personaje que usted conoció, Zhao Ziyang. Al menos así lo reivindica en sus memorias.*

JS: Bueno, Zhao fue el dirigente que acudió a la plaza de Tiananmen a dialogar con los estudiantes y lo hizo para evitar que terminase en un baño de sangre. Fue un momento clave con grandes dudas sobre si China seguiría el camino de Deng o si iba a haber una involución también en el modelo. En ese sentido, su papel es muy destacado, pero acabó cayendo en desgracia.

LB: *Tiananmen fue también el momento en que quedó desnudo el poder. Fue un punto en que las decisiones dejaron de tomarlas los órganos del partido y las tomaron en casa de Deng Xiaoping un grupo informal de personas al que llamaban la reunión de los viejos. Allí decidieron disolver a los estudiantes de Tiananmen y destituir al secretario general. Zhao era la máxima autoridad y se hizo todo sin contar con él ni con los órganos regulares del partido. Por eso en sus memorias deja traslucir su obsesión por conseguir lo que él llama un gobierno de las leyes y no de los hombres. Porque se da cuenta de que incluso teniendo unas reglas, cuando llegan a la crisis, no las respetan. Probablemente él era o quería ser el Gorbachov de China.*

JS: No estuvo nunca en la cárcel, sólo bajo arresto domiciliario. Es una historia muy interesante. Zhao era una persona notable, con un gran impacto popular y una enorme influencia, hasta el punto de que el actual primer ministro, Wen Jiabao, salió de su círculo de colaboradores más estrechos. Wen es también una personalidad interesante, que llama la atención por su naturalidad.

LB: *A las dos generaciones siguientes usted las ha tratado en las cumbres con la Unión Europea, ¿verdad?*

JS: He participado en todas las cumbres en China durante más de diez años. He tratado mucho a sus dirigentes y a los ministros de Asuntos Exteriores.

LB: *Pero además hay una cosa muy interesante de los chinos, que es que aunque desde aquí nos parezcan todos iguales, resulta que Jiang Zemin era más liberal que los actuales, que son más socialdemócratas, dicen los especialistas.*

JS: Los matices son complejos y los términos de comparación difíciles. Pero lo que está claro es que hay que considerarlos como lo que son, un país importante, al que hay que respetar. Conocen muy bien el funcionamiento de la Unión Europea, lo que no sucede de igual modo en la India, donde se nos conoce menos y se nos entiende peor. Los chinos se han preocupado y saben qué hace el director general de la Competencia o qué funciones tiene la Comisión. Y tienen mucha gente dedicada a aprender. Nos conocen muy bien.

LB: *No siempre comprenden las resoluciones europeas, sobre todo las del Parlamento Europeo, pero lo mismo les pasa con Estados Unidos, aunque ya no con el Congreso, sino incluso con el presidente.*

JS: Mi impresión, ya antes de las últimas tensiones por la visita del Dalai Lama a Washington y la venta de armas a Taiwan, era que las relaciones entre Estados Unidos y China no terminaban de funcionar. Pero mis amigos chinos me aseguran lo contrario, y se refieren a la sensación existente de que están ante una gran oportunidad de mejorar las relaciones que no hay que desaprovechar, y a la excelente imagen de Obama en los círculos políticos chinos. Quizá el problema es que las expectativas, aquel esfuerzo de relación entre Estados Unidos y China, un G-2 que iba a gobernar el mundo, eran poco realistas. No salió bien la relación en Copenhague. En fin, ya no se piensa en términos de un G-2, esa idea nunca tuvo arraigo real.

LB: *O sea, que la presión sobre el yuan y el problema de la paridad de las monedas están en el origen de la actual tensión.*

JS: Los desequilibrios están ahí, y son un elemento de desconfianza muy fuerte que ponen de manifiesto también la dificultad de encontrar mecanismos para gobernar la globalización.

LB: *Todos los presidentes han vendido armas a Taiwan y han recibido al Dalai Lama. Da la impresión de que, por razones probablemente económicas o incluso monetarias, son los chinos los que han subido la apuesta. ¿No será que saben hacerse muy bien los ofendidos?*

JS: China no quiere estar en una posición subordinada. Quiere ser un socio a todos los efectos, un *stake holder* en la terminología de Bob Zoellick, el director general del Banco Mundial, y que no se tome ninguna decisión donde ellos no estén. Por otra parte, se consideran, y quieren que se les considere, como un país en vías de desarrollo. «Somos pobres —dicen—, y por tanto no nos pidan más de lo que podemos dar. Y además les queremos recordar que hemos sacado de la pobreza al equivalente o más de toda la actual población americana.» Por otra parte, son el país con más cascos azules en misiones de paz. Lo resaltan y están orgullosos de ello.

LB: *Una de las máximas preocupaciones chinas en las relaciones internacionales es no salir malparados de las reuniones y de los conflictos, la idea de salvar la cara. Algo que les sucede un poco a todos los asiáticos y que hace la cooperación con ellos distinta.*

JS: A nadie le gusta salir mal parado de los conflictos; a ellos tampoco. Son tranquilos y serenos en las reuniones. Si alguien no está de acuerdo con una frase, la dejan caer, no se pelean. Tienen un sentido diferente del tiempo y de lo que podríamos llamar la «armonía» confuciana. Para ellos no es necesario resolver los problemas inmediatamente. Se «convive» con ellos y se resolverán cuando maduren. Tienen un sentido del concepto de soberanía profundo, al igual que los indios. Han vivido la colonización y ahora quieren respirar sin interferencias. Y, sobre todo, ser respetados. Por eso la cooperación multilateral es mucho más complicada y todo se vuelve muy intergubernamental, de gobierno a gobierno exclusivamente.

LB: *Por eso será muy difícil organizar con ellos el gobierno del mundo globalizado.*

JS: No tiene necesariamente que ser más difícil. Pero, sin duda, los que estaban acostumbrados a creer que el mundo occidental hacía y deshacía a su manera tendrán —tendremos— que cambiar. Nada se podrá resolver seriamente sin contar con los países emergentes. No será fácil, pero es inexorable. Hay cosmovisiones diferentes que debemos tener en cuenta y hacerlas convivir constructivamente. El G-8 está llamado a desaparecer. No es concebible que se le atribuya ningún tipo de responsabilidad global. Dentro de pocos años, en un hipotético G-8, salvo Estados Unidos, no estaría ninguno de los miembros actuales. Así está cambiando el mundo, más nos vale aceptarlo.

LB: *¿Y el G-20?*

JS: El G-20 ha prestado un gran servicio ya en la crisis económica. No será del ámbito de la política sino de la economía. La política, la seguridad o la defensa, para que se puedan tomar decisiones efectivas y no tropiecen constantemente con vetos y dificultades, deberán buscar geometrías muy variables. Quedará probablemente una estructura del mundo occidental para momentos de emergencia no formalizada. Luego habrá que buscar fórmulas para involucrar al resto de la comunidad internacional al afrontar problemas como el de Irán y la proliferación nuclear o el terrorismo. Pero la economía va a ser tan importante y tan determinante en un futuro próximo que más vale que tengamos unas estructuras eficaces y adaptadas donde se puedan tratar y permitan tomar decisiones efectivas.

LB: *De pronto se ha notado casi de forma visible, física, cómo algunos países han cambiado de tamaño.*

JS: Sí, estamos en un mundo nuevo donde la relación de fuerzas ha cambiado mucho más de lo que se esperaba. Los países emergentes han ocupado el escenario. Incluso el más occidental de todos, que es Brasil, es ante todo emergente, y como tal se comporta. Es interesante. Nuestras ideas y valores —la megatendencia globalizadora basada en la democracia y la economía de mercado— han acabado imponiéndose. Pero la consecuencia ha sido este otro mundo donde los que han sabido utilizar estos procesos ocupan con fuerza una mayor parte del escenario en detrimento del poder y la influencia de los iniciadores del proceso. No es «el fin de la historia», es el principio de «otra historia», la de un mundo más desoccidentalizado con un centro de gravedad que se desplaza hacia el Pacífico desde el Atlántico.

LB: *¿La hegemonía está, pues, totalmente perdida?*

JS: Depende de qué hegemonía hablemos. Hay que situar estos cambios en tres planos: el militar, el económico y comercial y el de la sociedad civil, los derechos humanos y la democracia, lo que va del *hard power* hasta el *soft power*. En el primer plano, Estados Unidos sigue teniendo la hegemonía y pasará mucho tiempo antes de que la pierda. Es verdad que la importancia de este plano es menor que antes, porque avanzamos hacia un concepto de guerras asimétricas, en las que no es evidente que la hegemonía militar te dé la victoria. Nadie te puede ganar, pero no está claro que tú vayas a ganar. Tenemos varios ejemplos a la vista. En el segundo plano, que es el económico, prácticamente todo el mundo se ha adaptado a la economía de mercado, estatalizada en algunos casos como China y Rusia, pero en el fondo una economía de mercado. Y queda el tercer plano, que es donde encontramos mayores dificultades. Un mundo globalizado en lo económico no necesariamente trae consigo una globalización política, democracias, derechos humanos y libertades individuales, al menos a corto plazo.

LB: *Desgraciadamente, la globalización bloqueada en el tercer plano, el de las libertades y el derecho, parece que puede convertirse en el nuevo horizonte. Ésta es la lección de China, ¿no?*

JS: Somos ganadores y perdedores a la vez. Ganamos en ideas y perdemos en poder. La pérdida de poder es muy seria; para empezar, en población. Estamos ante un cambio demográfico impresionante. También en relación con el PIB mundial. En ambos casos gana Asia, y dentro de Asia, China y la India. No hay más remedio que adaptarse. Por ejemplo, se acabó el G-7, como ya he dicho, que había nacido para controlar la economía mundial. Será muy difícil de mantener. La desaparición del G-7 como tal es la primera cosa que veo clara. Quizá quede como un foro informal de contactos para cuestiones concretas.

LB: *¿Cómo es la nueva distribución de poder? ¿Se puede entender meramente como un desplazamiento geográfico hacia Oriente?*

JS: La nueva distribución de poder entre estados se mueve hacia Oriente. Pero entre nosotros hay también una nueva distribución de poder dentro de los estados. Los gobiernos «mandan» menos, los estados pierden poder hacia el sistema financiero; los mercados; los nuevos actores de la comunicación social; las grandes corporaciones multinacionales; las organizaciones no gubernamentales; los actores no estatales, sean buenos o malos, como las mafias o los grupos terroristas. Como he dicho, es el mundo multipolar.

La multipolaridad hay que saberla «gobernar». Multipolaridad sin multilateralismo, sin una «arquitectura de gobierno» puede conducir al conflicto. La multipolaridad desnuda conduce a un comportamiento de suma cero —unos ganan y otros pierden—, lo que, como bien sabemos, hace más probable el conflicto. Los «instrumentos globales de gobierno» deben coadyuvar a que la suma pueda ser positiva. ¡Ahí está el reto! La Europa bismarckiana fue un ejemplo de cómo la falta de estructura, en este caso regional, de gobierno de una situación multipolar puede acabar en tragedia. Los europeos lo sabemos muy bien.

LB: *Ahí tropezamos con el mundo desgobernado en que estamos ahora mismo.*

JS: Sí, cualquier problema de hoy puede convertirse en global. Necesitamos soluciones globales. Pero la legitimidad, la política y los recursos siguen siendo locales. Y ahí está la dificultad, la gran paradoja del momento: la ausencia de mecanismos para hacer lo que hace falta, que es atacar globalmente los problemas globales. Hay ejemplos bien claros. La crisis económica nace en Estados Unidos para resolver un problema, algo que, visto desde la distancia, es moralmente correcto: ayudar a que tenga casa quien no la tiene. El problema es que por hacer eso mal, con codicia, hemos acabado donde hemos acabado, en una crisis financiera global de la que aún no hemos salido. El cambio climático necesita también de respuestas globales, de todos, de lo contrario destruiremos el planeta, el único que tenemos.

LB: *Hay un desbordamiento de las soberanías. E incluso una necesidad de superarlas para resolver los problemas.*

JS: Tenemos que acuñar nuevos conceptos. No hay duda de que el mundo es interdependiente. Hay que hacerlo responsablemente interdependiente. Nadie contamina sólo su atmósfera al emitir CO_2, porque no hay una soberanía atmosférica, sino que es de todos. Por lo tanto, cuando contaminamos lo hacemos con un bien común. Hay que repensar la cuestión de la soberanía en el mundo de hoy, con los problemas globales de hoy, y hay que construir una soberanía responsable, porque tus acciones afectan a tu vecino y al mundo. Sé que es difícil, pero este concepto de soberanía responsable tiene que tener consecuencias prácticas.

LB: *¿Aplicable también a las libertades y los derechos humanos?*

JS: Creo que sí. Si hay un Estado que no se responsabiliza de sus ciudadanos, la comunidad internacional tiene derecho a defenderlos. Eso es la responsabilidad de proteger, que me parece un gran avance para la causa de las libertades y los derechos humanos. Fue un concepto aportado por la última reforma de las Naciones Unidas. De hecho, el único cambio aceptado por todos. Por desgracia, luego ha sido imposible aplicarlo porque hay países que temen que sea una vuelta al colonialismo por la puerta trasera y se oponen frontalmente.

LB: *Éste es el otro gran problema de la nueva arquitectura. Las Naciones Unidas se hallan manga por hombro, todavía sin la reforma que necesitan.*

JS: Las Naciones Unidas están perdiendo peso, y eso no es bueno. La prueba es la Cumbre del Clima en Copenhague, en la que los acuerdos se tomaron al margen y sin la intervención de la institución que convocaba, que era las Naciones Unidas. Aun así, siguen siendo insustituibles. Hay países que necesitan a las Naciones Unidas más que las Naciones Unidas necesita a los países. Las Naciones Unidas representan la legitimidad, por ejemplo a la hora de evitar la ruptura de países. Sin legitimidad no hay política, sólo hay fuerza bruta.

LB: *Pero hay que reformarlas de una vez.*

JS: En el proceso de gobernanza mundial hay que empezar por lo menos difícil, coordinar las instituciones internacionales existentes: Fondo Monetario Internacional, Banco Mundial y Organización Mundial del Comercio, de forma que las tres funcionen de una manera mucho más eficaz y coordinadas. Adaptar el peso relativo de los distintos países. Hoy China tiene en el FMI el mismo peso que Bélgica. Con todo mi respeto a Bélgica, no es razonable. Porque si de esta crisis salimos más proteccionistas, será una catástrofe. En segundo lugar, hay que estudiar si necesitamos alguna organización nueva. Quizá podría ser una organización medioambiental que se ocupe del cambio climático y de las negociaciones sobre reducciones y cuotas de emisiones. Como habrá que partir de cero, esta organización se puede hacer más moderna, más pequeña, con menos burocracia. Y, en tercer lugar, hay que potenciar la legitimación internacional, algo que sólo lo proporcionan directamente las Naciones Unidas. Si las Naciones Unidas no existieran habría que crearlas, eso está claro. Pero deben funcionar bien y deben ser eficaces. Lo contrario es muy negativo y es lo que genera los problemas de legitimidad. Solucionar la cuestión de legitimidad pasa porque el Consejo de Seguridad funcione de otra manera.

LB: *Tal como decía usted hace un momento, las Naciones Unidas necesitan un Consejo de Seguridad y una Asamblea General legitimados, que permitan luego limitar la soberanía de los estados miembros. Y esto va en la dirección contraria.*

JS: Va a costar mucho cambiar el Consejo de Seguridad; para empezar, porque las propias zonas geográficas y de interés que deben contar para la reforma del Consejo de Seguridad no se ponen de acuerdo sobre qué países deben convertirse en miembros permanentes.

LB: *¿El primer paso no debiera ser que los europeos refundieran en la práctica el veto a un solo voto?*

JS: Lo importante es que los dos que tienen el derecho de veto tengan una sola voz. Cuando te preguntan qué cree Europa respecto a Irak y resulta que esos dos países están en campos contrarios, ¿qué conclusión sacas? Que desde las instituciones no se puede hacer nada. ¿Es posible que termine sentándose un solo representante europeo? Conceptualmente sería una buena solución, pero los que son miembros argumentan que tendríamos menos cuota en el Consejo de Seguridad. En mi opinión, perderíamos votos pero quizá ganaríamos en otras cosas. Es un tema difícil y complicado en todas partes; tampoco los africanos se ponen de acuerdo entre ellos, como vimos en el último ensayo de reforma de Kofi Annan que fracasó.

LB: *Finalmente, nadie quiere renunciar a lo que tiene, veto o silla.*

JS: No estoy tan seguro, yo veo factible una modificación práctica del derecho de veto, aunque parezca difícil o imposible. Con el veto tiene que haber un mecanismo como el que se inventó la Unión Europea, el llamado Compromiso de Luxemburgo, que obliga a seguir discutiendo; obliga a explicar y justificar la posición cuando está en juego el interés vital de uno de los socios; y finalmente cuando se toma la decisión más tarde ya se ha conseguido resolver parte o todo el problema. Esto excluye el veto por sistema, o como una actitud *a priori*, antes de cualquier discusión. En una primera fase hay que convertir el veto en un mecanismo excepcional. ¿Cómo se define eso? Pues no se define, se deja al sentido común y se avala por el respeto mutuo. Está claro, de otra parte, que no puedes utilizar el Compromiso de Luxemburgo todas las mañanas. Hay otras posibilidades: por ejemplo, que deba utilizarlo más de un país a la vez para que sea plenamente válido. No tienen por qué ser reformas escritas y selladas, sino acuerdos entre los países que ahora lo tienen. Es necesario hallar un mecanismo que permita avanzar rápidamente de forma pragmática, sin necesidad de que tengamos que llegar a un cierre completo de la reforma del Consejo de Seguridad. Podemos hacer algunos cambios que den algo más de legitimidad y de credibilidad rápidamente.

LB: *En Europa teníamos tres cosas importantes que afectan a la soberanía: la moneda, el veto (los que lo tenían) y el arma nuclear (los que la tienen). Si en 1985 nos hubieran pedido en qué orden iríamos renunciando, probablemente no habríamos puesto la moneda la primera.*

Los alemanes han cedido el marco, pero ¿alguien va a ceder el veto y la bomba nuclear?

JS: Ya he dado mi opinión. Lo deberían hacer. El ejemplo vale en política.

LB: *En los años noventa, en el momento del gran impulso de Maastricht, algunos creímos que esto iba a pasar, que el veto y el arma se iban a poner en común. Esto estaba en el horizonte en aquel momento, y ahora ya no lo está.*

JS: Puede volver. No está todo escrito y la integración continuará. Y si las cosas siguen sin cambiar, nos iremos haciendo cada vez menos relevantes.

11

Será un gran presidente

Un presidente reformista y reformador • La polarización y el sectarismo partidistas • Estados Unidos no cambia de la noche a la mañana • Continuidades en política antiterrorista • Un mundo más difícil de lo que creíamos • Dificultades con Europa • Afganistán y el futuro de la OTAN • La desoccidentalización del mundo • La nueva política exterior estadounidense • Atasco en Oriente Próximo

LLUÍS BASSETS: *Usted dejó Bruselas prácticamente en el primer aniversario de la victoria electoral de Obama, momento en que empezaron a proyectarse sombras sobre la hasta entonces fulgurante trayectoria del presidente estadounidense.*

JAVIER SOLANA: Hay que partir de una base, Obama es un muy buen presidente y cuando termine su presidencia lo comprobaremos. Pero es verdad que la gente empezó a bajar de la nube tras una campaña extraordinaria. Conozco a Obama y he hablado con él en varias ocasiones. No es un revolucionario; es un reformista, un reformador. En mi opinión, se le ha pedido y se le está pidiendo más de lo que él puede dar. Entre todos hemos creado unas expectativas y una narrativa tan exageradas respecto a lo que podía hacer, que iban más allá incluso de lo que él pensaba. Es una cuestión de percepción pública. Pocos presidentes se han encontrado con tanto entusiasmo colectivo y una situación más difícil, con la crisis económica y dos guerras en marcha.

LB: *La impresión que ha dado Obama con sus magníficos discursos ha sido la de una solución instantánea a todos los problemas. Kissinger ha imaginado la metáfora del maestro de ajedrez que juega una simultánea. Nos decíamos que si está jugando seis o siete partidas a la vez, terminará avanzando o ganando en alguna. Un año después no había resuelto nada y ha tardado hasta marzo en aprobar una reforma del sistema de salud que quería terminar después de su primer verano en la Casa Blanca.*

JS: Aprobar la reforma sanitaria en marzo no puede verse como un debe. La han intentado casi todos los presidentes y él lo ha conseguido en un tiempo relativamente corto, y en medio de una profunda crisis. Es verdad que todos éramos muy optimistas, al menos en política exterior. Pero hay que tener en cuenta la dinámica política interna. Para muchos, como para mí, fue difícil entender el comportamiento del Partido Republicano. En ningún momento Obama encontró en ellos el más mínimo apoyo. No hay un solo voto republicano a favor de ninguna de las propuestas que hace Obama. La polarización de los republicanos nos tiene que hacer pensar a nosotros los españoles sobre la situación que a veces puede crearse. El país generador de la crisis más importante del siglo no encuentra en su propio seno el consenso suficiente para apoyar al presidente cuando todos sabíamos que un fracaso en sacar adelante las reformas necesarias sería un fracaso mundial. Me cuesta entender esa actitud y ese sectarismo. Parece que algunos prefieren el fracaso de todos antes que el éxito de Obama.

LB: *Quizá se ha producido también un enorme error de análisis por parte no tanto de Obama, o de él solo, como de sus estrategas. Hubo en algún momento el espejismo de que la victoria electoral de Obama sería un auténtico cambio de época, con un realineamiento electoral para treinta años como el que hizo Roosevelt. Fruto de un cambio sociológico, incluso demográfico, con la incorporación de los negros a la participación electoral y de los hispanos al voto demócrata, que daría paso a una larga época progresista. Se ha demostrado que era un error. Las movilizaciones de los Tea Party republicanos nos indican que la derecha aún tiene una enorme fuerza y unas raíces muy sólidas y extendidas. Hay como un doble espejismo. Un espejismo producido por la fuerza de la palabra, que crea unas expectativas excesivas, y luego hay un espejismo producido por algunos análisis, que inducen a creer en una victoria más profunda de lo que ha sido.*

JS: Ciertamente, pensar que Estados Unidos iba a cambiar de la noche a la mañana del rojo republicano al azul demócrata fue un error. Hay que contar además con los efectos de la crisis económica y el impacto de los enormes niveles de paro en la opinión pública. Para la clase media blanca el desempleo está siendo un auténtico drama. Pero recuerde que lo que ha logrado Obama hasta ahora es extraordinario. Se ha dominado la parte más dura de la crisis en tiempo récord, ha logrado aprobar la reforma sanitaria, ha cambiado la percepción exterior de Estados Unidos y ha reestructurado el sistema financiero por ley, por poner cuatro ejemplos de una gestión rápida y eficaz.

LB: *Pero frente a esta brillante gestión se producen sorpresas, como la elección de un republicano en Massachusetts, un feudo demócrata.*

JS: Es el ejemplo de la fluidez de la política. Los esquemas sirven para poco, como las previsiones y análisis. Sabemos que todos los parámetros con los que contamos, la crisis, el paro, la globalización, no terminan de sernos útiles, porque por encima de todo en los países democráticos lo que acaba imponiéndose es la fluidez de la política. Obama tuvo un apoyo esencial en la campaña electoral en Ted Kennedy, cuando la familia Kennedy y el propio Ted abandonaron a Hillary y apostaron por él. Además, Ted Kennedy fue su aliado e incluso la bandera del reformismo en relación con el sistema sanitario. Pero enfermó y murió como un héroe nacional, con el final de un gran titán y reconocido por la gente casi como si hubiera muerto un presidente de Estados Unidos. Dos meses después, un desconocido barrió todo lo que había sido la tradición de décadas e hizo que se perdiera el escaño que necesitaban para que la reforma de la sanidad no quedara bloqueada en el Senado y sucumbiera al filibusterismo. Obama tenía sesenta escaños en el Senado que le permitían sacar adelante su reforma de la sanidad, y lo que nadie podía imaginar es que fuera precisamente el escaño del viejo Kennedy, un escaño del Massachusetts demócrata, el que rompiera la mayoría y paralizara la reforma. Es muy interesante analizar cómo ha sido el 2009 de Obama, porque es la política real. Contra todo pronóstico, y en un mundo muy difícil.

LB: *Un tema en el que el balance es mediocre, y especialmente decepcionante, según mi punto de vista, es en el ambicioso plan relacionado con los derechos humanos. Guantánamo está abierto; Bagram, el centro de detención en Afganistán del que se ha hablado muy poco, está abierto y funcionando a pleno rendimiento con las mismas reglas que en la anterior Administración; la CIA tiene permiso para seguir haciendo* renditions; *por no hablar de los bombardeos y asesinatos selectivos en Pakistán.*

JS: Vamos a los principios, que valen para los asesinatos selectivos en Pakistán y para el asesinato del dirigente de Hamas en Dubai por agentes israelíes. Estas prácticas no se pueden admitir. Van contra el derecho internacional. Van contra nuestros valores que ensalzan el «No matarás». Eso es venganza, y la venganza organizada por un Estado contra una persona que se halla en otro Estado que no está en guerra contigo no se justifica. No puede tomar cada uno la justicia por su mano, personas o estados. Va contra todas las leyes. Obama está de acuerdo con esta afirmación y continúa haciendo todos los esfuerzos para cambiar las cosas. Me hubiera gustado que hubiese sido más rápido en esta dirección, pero las resistencias fueron muchas. Sin duda incluso en Afganistán la contrainsurgencia ha estado basada en la protección de la población. Así pues, estoy de acuerdo en que todavía queda mucho por hacer.

LB: *Eso significa que alguien tiene más poder que el presidente. ¿Quiere decir que aquel complejo militar-industrial que denunció el propio Eisenhower sigue funcionando y tiene más poder que Obama?*

JS: No, no creo que sea eso. En esas políticas tiene el apoyo de todo el mundo, forma parte de una visión compartida por amplios sectores de la sociedad estadounidense. Por otra parte, las fuerzas armadas están cambiando.

LB: *Pero el gasto militar sigue siendo muy importante.*

JS: Sí, es verdad. El presupuesto revisado de 2010 es superior al de los años de la guerra fría. Porque a los soldados hay que pagarles. Antes, cuando eran de conscripción, no era necesario; y la tecnología militar es cada vez más cara.

LB: *Y Obama cuida mejor a los soldados que el anterior presidente. Ahora, desde el punto de vista, para entendernos, del militarismo y de las técnicas y prácticas, a un año vista ya podemos decir que es un presidente como todos los presidentes. No ha introducido ni un cambio cualitativo en las cosas que hace y autoriza. Incluso con el uso de los* drones *(aviones teledirigidos) para asesinatos selectivos en el extranjero, en países donde ni siquiera los estadounidenses están como ocupantes, que están matando a más gente que con Bush.*

JS: Lo interesante e importante son los cambios conceptuales que se están produciendo en la doctrina militar. Veamos el discurso del almirante Mullen, el jefe del Estado Mayor, y del general Petraeus con la consigna «Defendamos a la población». Se han invertido los términos de la acción: antes se quería derrotar al enemigo aun a costa de la población civil; ahora se sabe que la mejor forma de vencer a un enemigo que se esconde entre la población civil es defender y proteger a ésta. La última operación en Helmand (Afganistán) es interesante por cómo está concebida y cómo se hace. Evidentemente hay errores, pero no es una operación por sorpresa, al contrario. Se anuncia con mucho tiempo. Y el ministro del Interior de Karzai, seguramente el mejor ministro que tenía, porque ya no está en el gobierno, se va a Helmand, se reúne con todos los dirigentes de las tribus, les explica lo que va a pasar, les dice «esto es inexorable, así es como va a suceder», y les ayuda a organizar la salida de la gente. Ponen un edificio a su disposición y crean una nítida separación de la población respecto a los talibanes. Es una manera de hacer la guerra muy particular, guiada por la idea de defender a la ciudadanía. Eso sí es un cambio, y un cambio muy importante porque no es sólo de la política, sino también de la acción militar y del jefe del Estado Mayor, que cree que es más beneficioso proteger a los ciudadanos y que eso facilita alcanzar el objetivo. El objetivo no es conquistar ni ganar una guerra contra un enemigo tradicional. Es una guerra contra un enemigo difuso que está perdido y mezclado con la población.

LB: *¿Merece el Nobel de la Paz cuando tiene dos guerras en marcha?*

JS: No sé quién lo ha dicho, pero yo estoy totalmente de acuerdo: el Premio Nobel de la Paz no lo puede recibir un presidente de un país que tiene la pena de muerte. Es una contradicción total. Lo de las guerras es importante, pero la clave es la pena de muerte. En eso creo que hay que ser radical.

LB: *Entiendo que para un gobernante, cuando le localizan a unos dirigentes muy peligrosos, debe de ser muy difícil no dar la orden de liquidarlos, aunque estén en un país tercero como Pakistán, sobre todo si tiene los medios y la oportunidad de hacerlo.*

JS: Por eso quiero referirme más al conjunto. ¿Qué nos pone de manifiesto el primer año de Obama? No que sea incapaz o que haya fracasado. Nos pone de manifiesto que el mundo es más difícil de lo que habíamos pensado y que era un sueño pensar que todo se iba a arreglar en veinticuatro horas. Lo que Obama ha logrado es que actuemos de forma más acompañada. Nos hemos sentido todos más unidos en la gestión de esta dificultad, mientras que con

Bush no sucedía así, porque creíamos que se equivocaba. Como hemos visto desde el principio, lo de Irak es incomprensible, y el futuro muy incierto. En cambio, las decisiones que ha ido tomando Obama son todas ellas comprensibles y explicables, lo cual no quiere decir que haya apoyo a la guerra de Afganistán en las sociedades europeas. Generar la pedagogía de que esa guerra es necesaria no es tarea fácil y corresponde a los parlamentos decidirse.

LB: *A pesar de que las tensiones y las disonancias entre Estados Unidos y Europa no hacen más que crecer. Por ejemplo, ahí está la crisis de gobierno y la convocatoria de elecciones en Holanda porque el gobierno no tenía ya mayoría para permanecer con sus tropas en Afganistán.*

JS: Holanda es uno de los países con más bajas en el conflicto y presente en la parte más dura. Usted sabe muy bien que para mí este conflicto no tendrá una solución exclusivamente militar, lo que no quiere decir que no sea necesario mantener tropas en el terreno durante un tiempo. También se retirará Canadá, que no es europeo.

LB: *Los columnistas conservadores más malévolos dicen que Obama es el presidente para gestionar la decadencia estadounidense.*

JS: Son los que quieren que Obama fracase. El balance de Obama hasta ahora no se debe contabilizar como un fracaso, sino como una muestra de las grandes dificultades de un mundo en transición, inmerso en una terrible crisis económica y en la dificultad que compartimos todos para encontrar una geometría que lo gestione.

Todo es bastante más objetivo y no depende exclusivamente del presidente. De entrada, hay una gran dificultad para organizar la nueva arquitectura internacional. El G-20 puede resolver temas de naturaleza económica, pero todavía es un ámbito muy difícil para la política y para la seguridad. Y queda mucho por hacer. Pero más que las instituciones, los desequilibrios económicos son los que estarán entre los elementos más determinantes de la hegemonía en el mundo en los próximos años, según los análisis de prospectiva. Hay cosas que son muy objetivas. Estados Unidos, que es el país líder y el más rico, es también el país más endeudado; y en cierta manera, el banquero de este país es China. En este tipo de cosas es donde está el origen de la decadencia de los imperios. ¿Cuánto tiempo se puede estar viviendo de otros y ser el líder? Es lo que el historiador Paul Kennedy ha estudiado a fondo en su libro sobre la caída de los imperios.

LB: *Dejó de tener razón e igual vuelve a tener razón.*

JS: En todo caso, lo que vemos, sea cual sea el peso norteamericano, es que estamos ante un proceso acelerado de transferencia de poder en el mundo hacia el Este, una desoccidentalización. Con todo lo que eso conlleva. Esto, si quiere, está por encima de Obama, aunque Obama también es un síntoma de ello. El triunfo de las ideas que surgen del mundo occidental, como la globalización, por ejemplo, al beneficiar en términos generales a mucha gente crea nuevos polos que conducen a un reequilibrio en el mundo, por tanto a una pérdida del poder y la influencia que ha tenido hasta ahora el mundo occidental frente a los BRIC (Brasil, Rusia, la India y China).

LB: *La occidentalización ha hecho despertar a un mundo que es muy distinto y que influye en el conjunto.*

JS: Ésta es una de las contradicciones positivas que estamos viviendo. Surge un mundo nuevo, o si me permite, resurge un mundo nuevo. Como he dicho, en 1750 China y la India representaban el 50 por ciento del PIB mundial, y Europa apenas el 32 por ciento. En la historia es más bien un resurgimiento; hemos vivido unos siglos excepcionales.

LB: *¿Usted cree, entonces, que Obama, con su bagaje familiar y cultural, tiene más facilidad de comunicación con este mundo desoccidentalizado que otros anteriores presidentes?*

JS: Creo que Obama tiene una educación y una trayectoria vital más abierta y más global que muchos, lo que le puede facilitar comprender el mundo en que vivimos. Vivir en Indonesia, en Hawai, viajar por África... La biografía de David Remnick, *El puente*, es muy ilustrativa de la amplitud de su formación y sus experiencias.

LB: *A estas alturas ya sabemos que los discursos de Obama son muy importantes. Lo fueron en su larga campaña electoral y lo han sido en su primer año presidencial. Me gustaría que me glosara los que según su parecer son realmente más trascendentes.*

JS: Creo que son bastante obvios; por quedarme con tres, el de la raza, el que pronunció tras ganar en Iowa y el de la inauguración.

LB: *Vayamos, pues, al balance de Obama. Quisiera empezar por una cosa muy trivial y casi personal: ¿usted era más de Hillary o más de Obama? Me refiero a los primeros compases de las primarias, antes de que Obama ganara en Iowa.*

JS: Yo tenía una relación personal con Hillary desde hacía años. Al fin y al cabo todo mi mundo americano era muy clintoniano, por razones personales y por razones políticas. Y además al principio no conocía a Obama. Enseguida empezó a sorprenderme, entre otras cosas ver cómo muchos se iban pasando a su campo. Creo que durante la campaña electoral Hillary cometió algunos errores en momentos importantes. Fue una campaña con dos cosas sorprendentes. Si miramos la prensa en la antesala de la campaña, estaba pensada para que se enfrentaran Rudy Giuliani y Hillary Clinton. Pero ninguno de los dos llegó; fue Obama contra McCain, otro ejemplo de la fluidez de la política que demuestra la importancia de la campaña electoral estadounidense y la vitalidad de su democracia. El otro tema sorprendente fue la cantidad de dinero que estuvo en juego en la campaña, por unos mecanismos o por otros, ya sea por los nuevos mecanismos de participación y recaudación a través de internet, pequeñas aportaciones que acaban sumando grandes cantidades, y luego las inmensas sumas que provienen de los grandes donantes. Ahí Obama, que fue uno de los que impulsó con McCain la enmienda para reducir los gastos electorales, al final optó por renunciar a los fondos públicos y contar en exclusiva con la financiación privada, lo que le permitió contar con mucho más dinero, pero supuso una cierta contradicción al menos para mí.

LB: *Pero tardó en cuajar la idea de que iba a ganar. Hillary Clinton era la candidata natural.*

JS: En algunos sectores de la sociedad estadounidense había una gran preocupación por el voto oculto. No estaba claro que se hubiera superado de verdad la cuestión racial. Ni todo el mundo estaba convencido de que lo que se expresaba en las encuestas era realmente lo que la gente pensaba y que no había una opinión oculta que surgiría con el voto, como había sucedido otras veces. También circulaba la idea, que a mí me preocupó mucho, de que si Obama no ganaba podría producirse una situación difícil con los afroamericanos. Recuerdo que un chico negro de clase media, con corbata y traje, me dijo: «Si Obama pierde, esto va a ser ingobernable, porque vamos a retroceder muchos años». En cierto modo, la elección de Obama fue una manera de validar la calidad de los avances realizados en las últimas décadas desde el presidente Johnson. Porque llega un momento en que hay que ver si los avances son reales, y si no hubiera ganado el candidato afroamericano precisamente por su condición de afroamericano, la situación habría sido grave y preocupante.

LB: *Obama tuvo un comienzo presidencial fulgurante.*

JS: Sí, hizo enseguida las cosas que tenía que hacer: anunciar el cierre de Guantánamo, prohibir la tortura y garantizar el hábeas corpus. También en cuanto a nombramientos. Como ya he comentado, el segundo día fue al Departamento de Estado y nombró a George Mitchell, uno de los grandes negociadores de paz para Irlanda del Norte y para Oriente Próximo, como su representante personal para la región y le encargó que pusiera de nuevo en marcha la negociación entre israelíes y palestinos. Fue una decisión arriesgada, con un mensaje claro, porque Mitchell fue quien hizo el informe sobre la Segunda Intifada en 2000 por encargo de Clinton, en el que yo participé. Nombró a Richard Holbrooke, el negociador de los Acuerdos de Dayton, para que se hiciera cargo de Afpak, el embrollo que significan juntos Pakistán y Afganistán. Pronunció el discurso de El Cairo sobre las relaciones con el islam y concedió la primera entrevista a la cadena de televisión al-Arabiya. Yo estaba en El Cairo esa noche y pude comprobar el impacto que tuvo la retransmisión de la entrevista, muy bien montada, muy bien traducida. La gente estaba contenta y esperanzada. Lo mismo se puede decir sobre el posterior discurso en la Universidad de El Cairo. En cuanto a las relaciones con la Unión Europea, poco después de tomar posesión, vinieron a Bruselas tanto el vicepresidente Biden como la secretaria de Estado Clinton, donde se reunieron con las instituciones. Y en mayo de 2009 hicimos una visita conjunta a Sarajevo el vicepresidente Biden y yo. Nos entrevistamos con todos los líderes políticos de Bosnia-Herzegovina, lo que fue un hito, nunca antes se había visto de manera tan palpable el acuerdo con que actuábamos en esa región del mundo.

LB: *El cambio es evidente en política exterior, pero con escasos frutos.*

JS: El arranque en política exterior ha sido extraordinario, tanto respecto al Mediterráneo como al mundo árabe e islámico, pero también a escala global. El primer viaje de Hillary no fue a Europa, ni México, ni Canadá, los viajes tradicionalmente obligados en los primeros días del nuevo secretario de Estado; fue a China. Se fue a Pekín e hizo un viaje espectacular, de una semana, con mucha actividad de diplomacia pública, universidades, televisiones, se reunió con multitud de gente... Fue un acto de compromiso con China bien claro. No habló de nada que pudiera ofender a China y se concentró en transmitir una señal clara: debemos entendernos con China y lo vamos a hacer. Logró volver a empezar de cero con Rusia, que ha sido lo que de momento mejor le ha funcionado y que ha dado ya fruto con la firma de la revisión del tratado START II de reducción de armas nucleares estratégicas. Después el presidente hizo un viaje a Asia de una semana larga, y vivimos un debate con la falsa impresión de que el mundo iba a ser gobernado por dos, el G-2. Pero si llegamos al final de su primer año de presidencia y ponemos la moviola para atrás, vemos que donde no se ha avanzado ni un milímetro es en Oriente Próximo.

LB: *Que quizá es la piedra de toque del cambio en la política exterior norteamericana, el punto realmente decisivo.*

JS: Así es. No se ha avanzado por las mismas razones de siempre, que son las que han impedido los avances en anteriores ocasiones, y es que al final la decisión estadounidense es la decisión que toma Israel. Quizá esta vez no sea así. Eso deseo, y creo que hay un cambio en la sociedad estadounidense, incluso en el estamento militar, donde se da más importancia a la paz en Oriente Próximo como objetivo estratégico estadounidense en la región.

LB: *El balance, entonces, es duro. Todo son órdagos. El de China, el de Netanyahu con los asentamientos...*

JS: El balance no es fácil. Yo soy positivo, pero lo que quiero subrayar son las grandes dificultades que tiene Obama. Se trata de problemas globales que requieren soluciones globales porque pertenecen a un mundo global. ¿Y quién lidera esto? ¿Quién asume las responsabilidades? Mientras estamos dejándonos la piel tratando de estabilizar Afganistán, China se está quedando con toda la riqueza que existe en el subsuelo de ese país. Estamos en un mundo de poder y de intereses; esto es la política. Sin duda, hay un componente que tiene que ver con la química, con los valores compartidos, con el entusiasmo que se puede generar en un mo-

mento determinado. Pero al final es poder. Y hay que saber jugar-
lo bien, y saber que la política internacional es muy muy difícil.
Ésa es la sensación que yo tengo. Todo es muy largo, juegas con el
interés de muchas personas y de muchos países. Simplificar las
cosas o ignorar las dificultades no conduce a nada. Como querer
meter la quinta velocidad o que las cosas cambien como se di-
suelve el nescafé en el agua, como decía Hubert Védrine, el ex
ministro francés de Exteriores. Hacer política internacional no es
como darle al botón para que funcione una máquina siguiendo
unas instrucciones. Un poco de esto ha pasado con Obama. No
es la solución instantánea, porque esa solución no existe, pero
será y es ya un gran presidente, un presidente transformador de su
país y del mundo.

12

Epílogo: Primer año lejos de Bruselas

Entre un tratado y otro • Llega la crisis del euro • El Directorio Europeo • Una Alemania irreconocible • El fracaso del G-20 • Populismos europeos • La socialdemocracia no supo civilizar el futuro • Dudas sobre el Estado del bienestar • Situación de urgencia en Oriente Próximo • Protagonismo turco y brasileño • Las sanciones contra Irán • El avispero afgano se complica • La crisis española • El escaso poder de los más poderosos

LLUÍS BASSETS: *No ha transcurrido ni un año desde que empezó a aplicarse el Tratado de Lisboa y ya hay voces de decepción, muchas más que las que expresan satisfacción por lo conseguido. Una de las críticas señala que Lisboa ha llegado demasiado tarde y en un momento de cambio global tan brusco que el tratado ha quedado corto y Europa se ha quedado descolocada. ¿Comparte usted esta apreciación? En cualquier caso, ¿cabe hacer una primera evaluación sobre la aplicación y el funcionamiento del tratado o es todavía prematuro?*

JAVIER SOLANA: No creo que Europa esté tan descolocada ni que las cosas vayan tan mal. Todavía es prematuro hacer ahora una evaluación. En este tiempo todavía conviven estructuras «dobles», entre un tratado y el otro. Según veo yo las cosas, la figura del presidente europeo se está asentando y luego se ha avanzado claramente en la organización del Servicio Exterior Europeo, sobre el que acaba de alcanzarse el acuerdo básico e indispensable en el Parlamento Europeo. Si lo que se esperaba con la aplicación del tratado era un big bang, es verdad que no se ha producido. Pero era una idea errónea.

LB: *¿Cree necesaria una reforma del Tratado de Lisboa, tal como se ha sugerido desde Alemania, para resolver los problemas de gobernanza económica de la zona euro?*

JS: Se puede hacer mucho y llegar muy lejos sin necesidad de cambiar otra vez los tratados. Pero se necesitan voluntad y liderazgo. A este respecto, yo siempre pongo el ejemplo de mi experiencia como Alto Representante. La figura estaba definida en una línea y media del Tratado de Amsterdam. Con esto en las manos se puede hacer poco o mucho. Y creo que se hizo bastante a base de voluntad y de entusiasmo. Si fuera necesario modificar el tratado, ya llegará el momento de hacerlo y se hará. Pero insisto en que hay muchos márgenes que se pueden aprovechar sin cambiarlo todo; hoy conocemos las enormes dificultades que plantea hacerlo.

LB: *Su partida de Bruselas parece corresponder a un momento especial, en el que se extiende una sensación de declive en cuanto a la presencia internacional de la Unión Europea. Empieza con la Cumbre de Copenhague. Pero sigue luego con la negociación con Irán. Y con muchos otros asuntos en los que se percibe una Unión Europea ausente o distraída. Quizá 2010 pasará a la historia como el momento de la irrupción del mundo multipolar en el que Europa tiene menos peso y escasa visibilidad. ¿Sigue siendo usted optimista en cuanto a la capacidad europea para desenvolverse en la escena internacional?*

JS: Es un momento de sentimientos encontrados. De una parte, la satisfacción de tener el tratado aprobado. Recuerdo lo que sufrimos desde los referendos francés y holandés. Los problemas con Polonia, los esfuerzos de la presidencia alemana, los últimos inconvenientes de la presidencia checa. Hubo que tener una gran tenacidad. Pero ciertamente a la llegada de la crisis quedó empañado el proceso. Imagine usted lo distinto que hubiera sido tener un tratado aprobado en su día, en 2004 o en 2005, y perfectamente rodado en el momento en que amenazaba la crisis. Toda esta convulsión que hemos vivido internacionalmente habría tenido lugar en una Europa en plenas facultades. Pasaremos todavía tiempos difíciles. Otros son los que se sienten más protagonistas ahora. Pero Europa se recuperará y jugará el papel que le corresponde. Para ello hay que trabajar y reformarse. Aplicar el tratado en su letra y en su espíritu y no dejarse llevar por tendencias nacionalistas que siempre se hacen sentir en momentos de crisis. Sería una gran equivocación. Yo soy optimista.

LB: *¿En qué medida responde a causas objetivas o a las nuevas personalidades encargadas de dar la cara por la Unión Europea en el mundo?*

JS: Hay causas objetivas evidentes, pero como en todo las personalidades también cuentan. Para bien y para mal. Prefiero no añadir nada más sobre esta cuestión.

LB: *Usted se ha ahorrado también la mayor crisis política europea desde 1989 o incluso antes. ¿Ha echado en falta estar en el cogollo del debate y de la pelea estos meses en que se discutían el rescate de Grecia, luego la creación del Fondo Europeo de Estabilización y la gobernanza económica del euro, o las pruebas de solvencia de los bancos europeos?*

JS: Siempre me ha gustado pelear en tiempos difíciles. Nunca me he asustado. Pero la parte esencial de la crisis era financiera, una cuestión que no estaba en el centro de mis competencias. Me hubiera encantado echar una mano, por supuesto.

LB: *¿Cree usted justos los reproches o sarcasmos acerca de que un Directorio Europeo o incluso internacional es el que decide la política española y dicta a Zapatero las reformas y recortes que tiene que hacer?*

JS: Me parece un reproche de quienes no entienden nada o entienden poco. España es parte de Europa. En esos momentos tenía la presidencia rotatoria. La vicepresidenta segunda de nuestro gobierno presidía el Ecofin, donde se tomaban las decisiones. Seguro que los griegos no nos culpan a nosotros por presidir. Una institución de la que todos formamos parte no impone, sino que discute y acuerda lo mejor para todos, aunque sea duro. Esa posición sólo puede surgir de quienes tienen complejo de inferioridad o no entienden nada o tienen mala fe. ¡Escuchar expresiones como que España es un protectorado! Es una estupidez.

LB: *Al principio de nuestras entrevistas evocábamos la estrecha amistad que se trabó entre Helmut Kohl y Felipe González a propósito de la unificación alemana. Ahora parece que el caudal de amistad entre los dos países se ha agotado y que las relaciones entre Merkel y Zapatero son exactamente lo contrario de aquéllas. ¿Qué ha sucedido?*

JS: Las relaciones no son las «contrarias». Son distintas. No podemos olvidar la historia. La relación entre Felipe González y Helmut Kohl estaba basada en experiencias vividas juntos realmente inolvidables para los dos. El ingreso de España en la Comunidad Europea y la reunificación alemana sellaron una amistad inquebrantable. Todo ello tuvo repercusiones determinantes en las relaciones entre Alemania y España. Yo las he vivido. Merkel llegó después con unas vivencias muy distintas. Anteriormente, Schroeder y Aznar representaron a España y Alemania durante casi una década. No fue precisamente una luna de miel. No sería justo culpar a Zapatero de ello. Venía de antes. Yo lo siento mucho. Para España una relación fuerte con Alemania es fundamental. Pero no olvidemos que Alemania también ha cambiado en sus relaciones con Europa. No es lo mismo hoy hablar de Europa al ministro Schäuble, coetáneo de Kohl, que a algunos de la generación de Merkel. Todos tenemos que hacer un esfuerzo para recuperar esta relación. La seriedad económica es fundamental para ello.

LB: *La gobernanza mundial tampoco ofrece señales para el optimismo. Cuando usted estaba a cargo de la política exterior, el G-20 parecía dar signos de convertirse en el foro finalmente capaz de liderar la marcha económica global. Ahora, en la reunión de Toronto el pasado junio, la cuarta desde la institucionalización, ha transmitido mensajes abiertamente negativos. ¿Qué ha sucedido en este intervalo para que las cosas empiecen a torcerse?*

JS: Las cosas no se han torcido, pero es verdad que todos esperábamos más del G-20 tras su primera reunión en Washington. Antes nadie sabía que el G-20 existía. Hemos superado, según creo y espero, la parte más aguda de la crisis, y a ello no es ajeno el esfuerzo de coordinación del G-20. Pero, claro, hay muchas cosas que no me gustan tal como se han desarrollado. Por ejemplo, el debate entre estimular la economía y recortar el déficit debió resolverse de forma más coordinada. Queda la duda sobre el crecimiento de los países desarrollados: ¿de dónde saldrá si se recortan los déficits drásticamente? Tampoco me ha gustado que la reunión haya sido precedida por otra del G-8.

LB: *Dedicada a temas marginales y bien poco políticos. ¿Vamos hacia una fórmula G-2 entonces?*

JS: No lo creo. La relación entre Pekín y Washington es importante pero a la vez insuficiente para la gobernación mundial.

LB: *En este medio año se ha confirmado todavía más la tendencia al populismo de derechas en toda Europa, sobre todo con los resultados de las elecciones en Hungría, Holanda y Bélgica, y el retraimiento de los grandes partidos. ¿Le preocupa la deriva ideológica europea?*

JS: Claro que me preocupa la deriva ideológica europea. Creo que tiene mucho que ver con el miedo y la incertidumbre generados por la crisis. Algunas tendencias, no obstante, vienen ya de antes. En algunos países se hizo una gran demagogia con la ampliación: recuerde la historia del fontanero polaco, al que se atribuía la pérdida de oportunidades de trabajo para los franceses. Nunca llegó, y sin embargo hizo mucho daño su utilización demagógica y populista.

LB: *¿Y la crisis al parecer inacabable de la socialdemocracia?*

JS: La socialdemocracia, desgraciadamente, ha perdido terreno en Europa. No se dieron cuenta de lo que se avecinaba. Nadie lo hizo. Pero la socialdemocracia debió ser más consciente de los cambios que serían necesarios. La política en parte es saber «civilizar el futuro». La socialdemocracia no ha sabido hacerlo esta vez. Hubiera sido una magnífica oportunidad. No puede repetirse. Hay que pensar más, analizar más, comprometerse más. Y estar dispuestos a hacer más pedagogía y tomar decisiones difíciles pero necesarias para poder tener un futuro civilizado al que he hecho referencia. De lo contrario será «incivilizado», propiciando miedos y egoísmos. Hoy es necesario aplicar la solidaridad para poder vivir mejor todos mañana. Si España, o Europa, hubieran tenido mejores contratos de inserción juvenil, habríamos tenido menos paro entre los jóvenes y sin duda mayor productividad.

LB: *La conciencia de que tenemos que disminuir el tren de vida ha llegado finalmente a la opinión pública. Pero la gente empieza a temer también por el Estado del bienestar europeo. ¿Hasta dónde cree usted que las reformas afectarán al estilo de vida y al nivel de protección al que estamos habituados los europeos?*

JS: No creo que haya que disminuir el tren de vida salvo que creyéramos que toda nuestra existencia mejoraría a la velocidad del AVE. Eso fue un espejismo. Seguiremos mejorando a un ritmo más moderado, llegando a todas las estaciones del Estado del bienestar, pero el AVE social sólo lo tomarán los más necesitados. Los demás pueden ir más despacio. Eso es lo justo. El mundo ha cambiado. Afortunadamente, la globalización ha hecho aumentar el nivel de vida de millones de ciudadanos en el mundo, pero todavía quedan muchos que viven en la extrema pobreza. Nuestras responsabilidades hacia ellos también existen. Pero no es un juego de suma cero.

LB: *¿Vamos a un modelo de sociedad sin apenas solidaridad, a la americana, en el mismo momento en que Obama intenta crear una sociedad estadounidense a la europea con su reforma sanitaria?*

JS: Europa no se encamina hacia una sociedad sin apenas solidaridad como la estadounidense. Más bien veremos cambios en dirección contraria. La ley de salud aprobada por Obama es para sus detractores una ley europea.

LB: *Una de las grandes novedades europeas es el extraño gobierno británico de coalición entre un euroescéptico y un europeísta. Si nos atenemos al discurso pronunciado por William Hague el pasado 1 de julio sobre política exterior y europea, en nada mejora su aproximación a la Unión Europea, al contrario. ¿Cree usted que esta nueva fórmula de gobierno británica puede aportar alguna novedad esperanzadora en cuanto a política europea?*

JS: Creo que la presencia de los liberal demócratas limitará las tendencias más euroescépticas del Partido Conservador. Pero sería utópico pensar que se vayan a convertir en euroentusiastas. Por supuesto, prefiero esta coalición desde la perspectiva europea. Escucho reflexiones en el Reino Unido sobre la «fantasía» que significa pensar que se puedan mantener aislados y jugar a la vez un papel airoso en el mundo. Son pocas voces pero solventes. Nada está finalmente escrito.

LB: *Usted ha tenido en muy buena consideración a Turquía y a sus dirigentes. ¿Cómo valora el nuevo papel de Turquía en Oriente Próximo?*

JS: Tengo muy buena relación con Turquía. Es un gran país. He visto con satisfacción que el estupendo informe del grupo de reflexión presidido por Felipe González insiste en el compromiso europeo con el ingreso. Turquía tiene problemas, sin duda. Pero está creciendo al 7 por ciento y su papel en la región es cada vez más crucial. Ha solventado las dificultades con todos sus vecinos, incluida Armenia. En palabras de su ministro de Exteriores Ahmet Davutoglu, avanzan hacia una *pax otomana*, aceptada por los países de la región. Me satisface ver una zona tan convulsa tranquilizada gracias a la ayuda turca. En ocasiones los turcos pueden creer que algunas cosas son más fáciles de lo que realmente son. Su ministro de Exteriores tiene mucha energía y ha hecho una reflexión muy seria sobre el papel de su país en el mundo de hoy.

LB: *Robert Gates ha culpado a los europeos del alejamiento turco. ¿Comparte usted su opinión?*

JS: Los estadounidenses nunca han entendido las relaciones entre la Unión Europea y Turquía, como ya he dicho. Ellos piensan que es un TLC como el que tienen formado con México y no se dan cuenta de que eso ya lo hicimos con Turquía en los setenta. Ahora se trata de poner otra estrella en la bandera, lo cual es mucho más complejo. Por mi parte, creo que tenemos un compromiso y soy partidario de que se cumpla.

LB: *En estos seis meses también se han producido varios virajes en las relaciones entre Netanyahu y Obama. Algunos pocos comentaristas, Robert Kagan por ejemplo, creen que el primer ministro israelí va a ser un interlocutor serio y que está dispuesto de verdad a paralizar los asentamientos y a negociar la paz y los dos estados. Pero son mayoría los comentaristas, israelíes incluso, que creen lo contrario. ¿Cuál es su valoración?*

JS: Las relaciones entre Estados Unidos e Israel generan una gran esperanza. Han pasado cosas importantes que no siempre se tienen en cuenta. Recordemos el nombramiento de George Mitchell como enviado especial, el discurso de Obama en El Cairo y el cambio de posición del *establishment* militar estadounidense, que puede concretarse en el discurso del general Petraeus en el Senado sobre el interés estratégico que tiene la paz para la seguridad de Estados Unidos. Además de lo bien que está haciendo las cosas el primer ministro palestino Salam Fayad. Estas últimas reflexiones me hacen ser objetivamente más optimista. Pero el tiempo apremia. Hay que actuar rápidamente. Es una región muy frágil en la que pueden producirse cambios muy importantes en liderazgos cruciales. Son muy frustrantes los pasos atrás de Netanyahu sobre los asentamientos. Hay que apoyar a Obama en esta cuestión. Respecto a su último encuentro de junio, después del incidente de la flotilla turca, no sabemos de verdad de qué han hablado y qué están negociando.

LB: *¿Cabe tratar a Israel como si fuera un país occidental tal como propuso Aznar hace años respecto a su integración en la* OTAN *y ha vuelto a hacer ahora con su artículo en* The Times *«Si cae Israel caemos todos» (17 de junio de 2010) y la creación de una asociación de incondicionales del gobierno israelí?*

JS: Israel es un país al que respeto enormemente. Su energía y su capacidad creadora son impresionantes. Como he dicho, Tel Aviv se está convirtiendo en una especie de Silicon Valley, uno de los centros más dinámicos de investigación del mundo. A la vez, alrededor de Jerusalén veo crecer el integrismo religioso, que parece incompatible con Tel Aviv. Ésas son sus contradicciones. Pero la mayor de todas es no haber alcanzado la paz, no comportarse como un país respetuoso con la legalidad internacional. Todos defendemos el derecho a su seguridad, pero no a expensas de otros. No es posible. A los más inteligentes les inquieta su futuro, teniendo en cuenta los problemas demográficos. Tienen que alcanzar la paz con los países árabes, forzosamente. No hay tiempo para muchos procesos. Sólo hay tiempo para la paz. Porque además, el tiempo no corre a su favor. Prefiero no juzgar las palabras de Aznar al respecto.

LB: *¿Cómo juzga la interferencia de Lula y Erdogan en las relaciones con Irán?*

JS: Todo intento para resolver el problema nuclear iraní, al que he dedicado tantas horas, merece la bienvenida. Sí creo que hay que coordinar los esfuerzos entre los países de la comunidad internacional para que las gestiones sean eficaces. El papel de Rusia y China es esencial, así como el de los miembros del Consejo de Seguridad y de la Unión Europea. No me gusta ver en el Consejo de Seguridad cómo países que han decidido tener los mismos objetivos en un tema de tanta importancia votan de forma diferente. Los cinco permanentes, incluidos Rusia y China, de una parte, y Brasil y Turquía, no permanentes, de otra. Todos son además miembros del G-20. Si queremos que se avance en la gobernanza mundial, habría que trabajar juntos en la solución de la crisis económica y también en los asuntos esenciales de otros aspectos de la estabilidad mundial. La proliferación es uno de ellos.

LB: *¿Tendrá alguna utilidad la cuarta oleada de sanciones contra Irán o hay que empezar a hacerse a la idea de que Israel finalmente no va a permitir el desarrollo de la bomba y se decidirá a atacar?*

JS: Las nuevas sanciones aprobadas por el Consejo de Seguridad van más allá que las anteriores y llevan el compromiso de China y Rusia. Por lo que percibo, están teniendo efecto. No sé si será suficiente para cambiar las posiciones de unos y de otros. En cualquier caso, me resisto a pensar en soluciones estrictamente militares.

LB: *Hablemos también de Afganistán. La destitución de McChrystal ha desmoralizado todavía más el campo aliado. Crece el número de países que sólo piensan en sacar a sus tropas. En Alemania el tema ha suscitado una crisis política que ha llevado a un cambio en la cúspide del Estado. La sensación de que todo se ha hecho mal, casi desde el primer día, es creciente. ¿Cree usted que tiene alguna salida esta guerra?*

JS: La destitución del general era perfectamente de esperar. En cualquier país democrático el poder militar debe estar supeditado al poder civil. La llegada del general Petraeus era lo natural, a pesar de que fuera el responsable del cuartel general central que cubre toda la región, incluido Irak. Fue el patrocinador de la nueva estrategia anti insurgencia que le dio buenos réditos en este último país. No sé si conseguirá lo mismo en Afganistán. Irak a fin de cuentas es un país. Afganistán, en cambio, lo es menos: está menos estructurado y es más tribal. Lo que sí tengo claro es que no hay salida militar. Habrá una salida, *comprehensive* le llaman los estadounidenses, es decir, integral o completa, que será fundamentalmente política y dentro de un marco regional. Hay necesidad de ver progresos tangibles y claros. Las opiniones públicas de los países más involucrados están fatigadas y los recursos destinados a Afganistán son muy grandes. Evidentemente no se puede abandonar el país sin más. Pero tampoco proponernos metas irreales, inalcanzables.

LB: *Finalmente, hablemos de España. Cuando usted llegó a los asuntos internacionales, nuestro país se hallaba probablemente en la cima de su prestigio internacional contemporáneo. Ahora estamos en un momento depresivo y con una imagen exterior no muy buena. La imagen quizá idealizada de la España de la transición democrática y del pacto constitucional ha quedado perturbada por las peleas en torno a la memoria histórica, la expulsión de Garzón de la Audiencia Nacional, ahora la sentencia sobre el Estatuto de Cataluña y, sobre todo, el estallido de la burbuja inmobiliaria, la corrupción urbanística y las enormes tasas de desempleo alcanzado. Parece que el milagro español también ha pinchado. Las peripecias de la presidencia de la Unión Europea y el hundimiento de la imagen de los políticos, empezando por el presidente pero siguiendo por el jefe de la oposición, han terminado de redondear esta imagen de fracaso. ¿Qué nos ha sucedido? ¿Veníamos de unas expectativas excesivas y unas percepciones falsas sobre España, o las engañosas y efímeras son las estampas tenebrosas actuales?*

JS: Los países importantes, y España lo es, no cambian en prestigio y en reconocimiento internacional de la noche a la mañana. El de España sigue siendo el mismo que tuvimos antes en términos generales. Un país serio, comprometido con las grandes instituciones internacionales, que apuesta por la paz y la estabilidad mundiales, eso es España. Además formamos parte del G-20, y esto es importante. Hoy estamos atravesando una de las crisis económicas más importantes de la historia. No lo podemos olvidar. No es un país deprimido, pero sí es un país consciente del momento difícil que se vive. Aunque el momento es tan difícil como lo es el de todos los demás. En esta situación, se necesita liderazgo, pedagogía y responsabilidad colectiva. Yo echo en falta una mayor capacidad de diálogo y de compromiso de todos para superar la crisis e iniciar la definición de nuestro futuro. Vivimos unos momentos de cambio internacional de los que quizá no somos conscientes. En estos momentos es cuando se pueden bajar con rapidez varios peldaños de la escalera que luego serán muy difíciles de recuperar por la mayor competencia internacional. Hemos vivido en nuestra historia momentos difíciles no hace muchos años. Supimos gestionarlos bien, pero es que además quisimos gestionarlos bien. No hay razón para no hacerlo ahora. Sólo nuestra falta de voluntad colectiva.

LB: *Una apostilla final. Quisiera que me comentara dos acontecimientos de estos últimos meses, la erupción del volcán islandés y el escape terrible de petróleo en el golfo de México, sobre todo en la medida en que nos han ofrecido sendos ejemplos de los límites de la acción política para resolver los problemas.*

JS: Es verdad, aunque son dos casos distintos, porque en el asunto del volcán no ha intervenido la mano humana en el desastre, mientras que en el accidente de BP en su yacimiento petrolífero todo es efecto de la acción del hombre. En este caso nos encontramos ante una demostración de cómo una gran potencia, la mayor del mundo y de la historia, es incapaz de resolver y atajar un problema. Estamos viviendo un nuevo reparto de poder en el mundo que tiene consecuencias externas muy visibles en cuanto a los nuevos agentes de la acción internacional. Pero hay también cambios internos dentro de las estructuras de poder. Los poderes, todos los poderes se han debilitado. Los gobiernos mandan menos. También manda menos el gobierno de la primera superpotencia. Lo demuestra el fracaso una y otra vez de los intentos de atajar la fuga de petróleo y las dificultades de Obama en la gestión política del accidente, para evitar que termine convirtiéndose en un lastre y en una responsabilidad que recaiga sobre sus espaldas.

Glosario

AED, Agencia Europea de Defensa.

Afpak, Afganistán-Pakistán, denominación técnica que se da a los territorios en que está teniendo lugar la guerra contra las talibanes y al-Qaeda.

Al-Qaeda, la Base, organización terrorista islámica.

ASEAN, Asociación de Naciones del Sudeste Asiático.

Auswärtige Amt, Ministerio Federal de Relaciones Exteriores de Alemania.

BCE, Banco Central Europeo.

BM, Banco Mundial.

BRIC, apelativo genérico de los países emergentes a partir de las iniciales de Brasil, Rusia, la India y China.

Brookings, *think tank* estadounidense centrado en economía, gobierno y política exterior.

Carnegie Endowment for International Peace, Fundación Carnegie para la Paz Internacional, *think tank* estadounidense dedicado a fomentar la cooperación entre las naciones y la implicación de Estados Unidos en la estabilidad internacional y en la resolución de conflictos.

CE, Comunidad Europea, antecesor de la Unión Europea.

Chequers, residencia del primer ministro británico.

Comisión Chilcot, investiga las responsabilidades en la decisión británica de invadir Irak.

Comisión Goldstone, comisión creada por el Consejo de Derechos Humanos de las Naciones Unidas con el fin de investigar las violaciones a los derechos humanos que tuvieron lugar durante la Operación Plomo Fundido que enfrentó a Israel con Hamas en la Franja de Gaza entre diciembre de 2008 y enero de 2009.

COREPER, Comité de Representantes Permanentes de la Unión Europea.

Consejo OTAN-Rusia, creado para establecer mayores lazos de cooperación entre los países de la OTAN y Rusia.

Die Linke (La Izquierda), partido político alemán fundado por Oskar Lafontaine y surgido como escisión del SPD.

ETA, País Vasco y Libertad, organización terrorista vasca.

Foreign Office, Ministerio de Exteriores británico.

G-2, formado por Estados Unidos y China.

G-7, club formado en 1977 por Alemania, Canadá, Estados Unidos, Francia, Italia, Japón y el Reino Unido.

G-8, G-7 más Rusia.

G-20, el G-8 más Arabia Saudí, Argentina, Australia, Brasil, China, la India, Indonesia, México, República de Corea, Sudáfrica, Turquía y la Unión Europea.

GAL, Grupos Antiterroristas de Liberación, organización terrorista.

Hamas, Movimiento de Resistencia Islámico, organización política y militar palestina.

Hezbollah, Partido de Dios, organización chií libanesa.

MI5, Servicio de Inteligencia Interior británico.

MI6, Servicio de Inteligencia Secreto británico.

OLP, Organización para la Liberación de Palestina, movimiento político palestino.

OMC, Organización Mundial del Comercio.

ONU, Organización de las Naciones Unidas.

OSCE, Organización para la Seguridad y la Cooperación en Europa.

OTAN, Organizacion del Tratado del Atlántico Norte.

Pacto de Varsovia, alianza militar de la Unión Soviética y sus satélites durante la guerra fría.

PESC, Política Exterior y de Seguridad Común.

PESD, Política Europea de Seguridad y Defensa.

PFP, Partnership for Peace, Asociación para la Paz.

PNAC, Project for a New American Century, Proyecto para un Nuevo Siglo Americano.

Quai d'Orsay, Ministerio de Asuntos Exteriores de Francia.

RAND Corporation (Research and Development), *think tank* norteamericano centrado en temas de temas de investigación y análisis para el ejército estadounidense.

SACEUR, Comandante Supremo Aliado en Europa.

SED, Partido Unificado de la Alemania oriental.

SEAE, Servicio de Acción Exterior Europeo.

SPD, Partido Socialdemócrata Alemán.

START II, Tratado de Reducción de Armas Estratégicas.

START III, Tratado de Reducción de Armas Estratégicas que da por superada la guerra fría.

TLC, Tratado de Libre Comercio, fue firmado en 1994 entre México, Estados Unidos y Canadá.

UEO, Unión Europea Occidental.

UNICEF, Fondo de Naciones Unidas para la Infancia.

UNMOVIC, Comisión de las Naciones Unidas de Vigilancia, Verificación e Inspección para las armas de destrucción masiva en Irak.

UNPROFOR, Fuerza de Protección de las Naciones Unidas para el mantenimiento de la paz en la antigua Yugoslavia.

Cronología

1982

28 de octubre. El PSOE gana las elecciones generales con mayoría absoluta.

3 de diciembre de 1982. Nombrado ministro de Cultura.

1983

12 de enero de 1983. Entrevista del ministro de Cultura Javier Solana con Fidel Castro en La Habana.

1985

5 de julio de 1985. Nombrado portavoz del gobierno.

3 de septiembre de 1985. Viaje de Felipe González, presidente del gobierno, a China.

1986

17 de enero de 1986. Establecimiento de relaciones diplomáticas con Israel.

12 de marzo de 1986. Celebración del referéndum para la permanencia de España en la OTAN.

1988

7 de julio de 1988. Nombrado ministro de Educación.

1989

3 a 5 de octubre de 1989. Acompaña al rey Juan Carlos en su primera visita de Estado a Polonia.

9 de noviembre de 1989. Caída del muro de Berlín.

2 de agosto de 1990. Invasión de Kuwait.

1991

16 de enero de 1991. Primera guerra de Irak o guerra del Golfo.

25 de junio de 1991. Proclamación de la independencia de Eslovenia y de Croacia.

30 de octubre a 21 de noviembre de 1991. Se celebra en Madrid la Conferencia de Paz para Oriente Próximo. Se reúnen Israel, Siria, Líbano, Jordania y una representación palestina. No interviene la OLP.

1992

7 de febrero de 1992. Firma del Tratado de Maastricht o Tratado de la Unión Europea.

6 de abril de 1992. Estallido de la guerra de Bosnia.

24 de junio de 1992. Nombrado ministro de Asuntos Exteriores.

1993

3 de enero de 1993. Firma del tratado START II (Strategic Arms Reduction Treaty, Tratado de Reducción de Armas Estratégicas) entre Estados Unidos y Rusia.

11 de julio de 1993. Mueren ocho mil musulmanes a manos de las tropas serbias en Srebrenica, en Bosnia-Herzegovina.

20 de agosto de 1993. Acuerdos de Oslo, alcanzados en Noruega en 1993. Conocidos como la Declaración de Principios, se llevaron a cabo entre el gobierno israelí y la OLP.

13 de septiembre de 1993. Firma de los Acuerdos de Oslo en Washington entre Isaac Rabin y Yasir Arafat.

1993 a 1994. España es miembro del Consejo de Seguridad de la ONU.

1994

10 a 11 de enero de 1994. Cumbre de la OTAN en Bruselas que aprobó el denominado Partnership for Peace (Asociación por la Paz), desti-

nado a estrechar las relaciones de la OTAN con otros estados europeos y la antigua Unión Soviética.

1 de septiembre de 1994. Nombrado secretario del Consejo de la Unión Europea.

1995

9 de marzo de 1995. Apresamiento del barco *Estai* en aguas canadienses. La llamada «guerra del fletán».

3 a 5 de agosto de 1995. Operación Tormenta desencadenada por el ejército croata para acabar con la denominada República de Krajina serbia.

Segundo semestre de 1995. Presidencia española del Consejo de la Unión Europea. Al ser nombrado secretario general de la OTAN el 5 de diciembre de 1995, Javier Solana fue sustituido por Carlos Westendorp como ministro de Asuntos Exteriores.

27 y 28 de noviembre de 1995. Proceso de Barcelona enmarcado en la celebración de la Conferencia Euromediterránea.

5 de diciembre de 1995. Nombrado secretario general de la OTAN.

14 de diciembre de 1995. Fin de la guerra de Bosnia. Firma de los Acuerdos de Dayton en París.

20 de diciembre de 1995. Las fuerzas de la UNPROFOR son integradas en la Fuerza de Implementación de la OTAN (IFOR), cuya tarea consistía en poner en práctica el Acuerdo Marco General de Paz en Bosnia y Herzegovina, conocido como los Acuerdos de Dayton.

1997

27 de mayo de 1997. Firma en París del Acta Fundacional OTAN-Rusia.

8 y 9 de julio de 1997. Cumbre de Madrid. Celebrada para debatir qué países miembros del antiguo Pacto de Varsovia iban a ingresar en la OTAN. Se invitó a la República Checa, Hungría y Polonia a entablar negociaciones para su adhesión.

1998

28 de agosto de 1998. Bombardeo de Sudán por aviones estadounidenses. Destrucción de la planta farmacéutica de al-Shifa.

16 a 19 de diciembre de 1998. Operación Zorro del Desierto. Bombardeo norteamericano de Irak, ordenado por Bill Clinton.

1999

15 de enero de 1999. Masacre de Racak. Fuerzas serbias asesinaron a cuarenta y cinco albanokosovares en la localidad de Racak.

6 de febrero a 18 de marzo de 1999. Conferencia de Rambouillet.

22 de marzo a 11 de junio de 1999. Bombardeos de la OTAN sobre la República Federal de Yugoslavia.

23 a 25 de abril de 1999. Cumbre de Washington de la OTAN. Se aprobó el llamado nuevo concepto estratégico que reflejaba los cambios producidos tras el final de la guerra fría.

7 de mayo de 1999. Bombardeo accidental de la embajada china en Belgrado.

6 de octubre de 1999. Deja el cargo de secretario general de la OTAN.

17 de octubre de 1999. Asume el cargo de secretario del Consejo de la Unión Europea.

18 de octubre de 1999. Nombrado Alto Representante del Consejo para la Política Exterior y de Seguridad Común (PESC).

2000

29 de septiembre de 2000. Comienza la Segunda Intifada.

17 de octubre de 2000. Cumbre de Sharm el-Sheij organizada por el presidente de Estados Unidos Bill Clinton. Surge el encargo del informe de la Comisión Mitchell.

2001

21 a 27 de enero de 2001. Cumbre de Taba entre Estados Unidos, Israel y la Autoridad Palestina para alcanzar un acuerdo de paz en torno al conflicto palestino-israelí.

26 de febrero de 2001. Tratado de Niza. Entró en vigor el 1 de febrero de 2003.

30 de abril de 2001. Presentación del informe de la Comisión Mitchell sobre la Segunda Intifada. Es conocida como Informe Final del Comité Investigativo de Sharm el-Sheij. Fue elaborado por Suleyman

Demirel, Thorbjorn Jagland, Warren B. Rudman, Javier Solana como Alto Representante de la Unión Europea y presidido por George J. Mitchell.

13 de agosto de 2001. Acuerdo de paz de Orhid entre las autoridades de Macedonia y los rebeldes albaneses del NLA (Ejército de Liberación Nacional albanés).

22 agosto de 2001. Inicio de la Operación Essential Harvest (Cosecha Esencial) con tres mil quinientos efectivos de la OTAN para desarmar a los miembros del NLA.

11 de septiembre de 2001. Ataque contra las Torres Gemelas de Nueva York y el Pentágono por parte de al-Qaeda.

7 de octubre de 2001. Guerra de Afganistán.

2002

14 de marzo de 2002. Acuerdo de principios de las relaciones entre Serbia y Montenegro dentro de la unión del Estado.

29 de marzo de 2002. Inicio de la Operación Escudo Defensivo, que pone cerco a la Mukata en Ramallah y que conduce al aislamiento de Yasir Arafat hasta el 1 de mayo de 2002.

23 de junio de 2002. El gobierno israelí aprueba la construcción del muro de Cisjordania.

18 de septiembre de 2002. Segundo cerco por el ejército israelí a la Mukata. Se levantó el 29 de septiembre de 2002.

2003

5 de febrero de 2003. Intervención del secretario de Estado norteamericano Colin Powell ante el plenario del Consejo de Seguridad de la ONU a favor de la invasión de Irak y sosteniendo que dicho país tenía en su poder armas de destrucción masiva.

7 al 9 de febrero de 2003. Conferencia Anual Internacional de Munich sobre Política de Seguridad.

16 de marzo de 2003. Cumbre de las Azores.

20 de marzo de 2003. Comienza la guerra de Irak.

4 de mayo de 2003. Javier Solana recibe el encargo de elaborar «una doctrina de seguridad europea».

12 de junio de 2003. Inicio de la Operación Artemis en la República Democrática del Congo, la primera operación comunitaria de tipo militar llevada a cabo fuera de Europa.

12 de diciembre de 2003. Presentación por Javier Solana de «Una Europa segura en un mundo mejor. Estrategia Europea de Seguridad».

2004

18 de junio de 2004. Aprobación de la Constitución Europea.

9 de julio de 2004. La construcción del muro israelí en Cisjordania es ilegal según el Tribunal Internacional de Justicia de La Haya.

11 de noviembre de 2004. Fallecimiento de Yasir Arafat en Clamart (Francia).

21 de noviembre de 2004. Inicio de las protestas que dieron lugar a la «revolución naranja» en Ucrania.

2005

23 de enero de 2005. Víktor Andríyovich Yúshenko es proclamado presidente de Ucrania. Fin de la «revolución naranja».

14 febrero de 2005. Asesinato del político libanés Rafiq Hariri en Beirut, Líbano.

27 de abril de 2005. Retirada de las tropas sirias del Líbano.

29 de mayo de 2005. Referéndum francés para ratificar la Constitución de la Unión Europea. Ganó el no con un 55 por ciento de los votos.

1 de agosto de 2005. Nombramiento de John Bolton como embajador de Estados Unidos en la ONU.

2 de agosto de 2005. Mahmud Ahmadineyad es elegido presidente de la República Islámica de Irán.

14 a 15 de agosto de 2005. El gobierno de Ariel Sharon culmina el plan de retirada unilateral israelí o Plan de Desconexión de la Franja de Gaza.

15 de noviembre de 2005. Israel y la Autoridad Palestina aceptan la supervisión del paso fronterizo de Rafah por medio de la Misión de Asistencia Fronteriza en el Paso Fronterizo de Rafah, conocida también como EU BAM Rafah. La misión permanece paralizada a la espera de su reactivación desde el 9 de junio de 2007.

2007

14 de febrero de 2007. Publicación del informe del Parlamento Europeo sobre la denominada «rendición extraordinaria», el eufemismo para designar el secuestro de sospechosos de terrorismo y su entrega a terceros países para su interrogatorio sin garantías jurídicas.

17 de mayo de 2007. Javier Solana recibe el Premio Carlomagno.

27 de noviembre de 2007. Conferencia de Annapolis con la presencia del primer ministro de Israel Ehud Ólmert y el presidente de la Autoridad Nacional Palestina Mahmud Abbas. Se realizó en la Academia Naval de dicho nombre en el estado de Maryland, Estados Unidos, bajo los auspicios del presidente de dicho país, George W. Bush.

13 de diciembre de 2007. Aprobación del Tratado de Lisboa que sustituye a la Constitución Europea.

2008

7 de agosto de 2008. Inicio de la guerra entre Georgia, y las repúblicas prorrusas de Osetia del Sur y Abjasia y la misma Rusia de otro. Conocida como guerra de Georgia o guerra de Osetia del Sur. El 22 de agosto de 2008 se replegaron parcialmente las tropas rusas de las ciudades de Georgia.

2009

20 de enero de 2009. Barack Obama se convierte en el 44 presidente de Estados Unidos.

27 de enero de 2009. Entrevista al presidente estadounidense Barack Obama en la televisión árabe al-Arabiya.

17 de febrero de 2009. Barack Obama firma la Ley de Estímulo Económico de 787.000 millones de dólares con el objetivo de remediar los efectos de la recesión económica causada por la crisis de las hipotecas *subprime*.

31 de marzo de 2009. Benjamin Netanyahu es elegido primer ministro de Israel.

5 de abril de 2009. Discurso del presidente de Estados Unidos Barack Obama en Praga, donde estableció las líneas generales de la nueva estrategia estadounidense para garantizar, en un futuro a largo plazo, «un mundo sin armas nucleares».

3 de junio de 2009. Barack Obama visita Arabia Saudí.

4 de junio de 2009. Barack Obama pronuncia su discurso en la Universidad de El Cairo en el que pide un «nuevo comienzo» entre el mundo islámico y Estados Unidos y la búsqueda de la paz en Oriente Próximo.

2 de julio de 2009. Se inicia la Operación Khanjar, un ataque llevado a cabo por la OTAN en la provincia de Helmand, en Afganistán, contra los grupos talibanes.

15 de septiembre de 2009. Publicación del informe Goldstone elaborado por la misión del Consejo de Derechos Humanos de la ONU encargada de investigar las presuntas violaciones cometidas durante la ofensiva israelí contra la Franja de Gaza entre diciembre de 2008 y enero de 2009; denuncia la comisión de crímenes de guerra y crímenes contra la humanidad por parte del ejército israelí y los militantes palestinos.

24 de septiembre de 2009. El Consejo de Seguridad de la ONU aprueba por unanimidad una resolución destinada a erradicar las armas nucleares del planeta.

22 de septiembre de 2009. El director de la AIEA (Agencia Internacional de la Energía Atómica) Mohamed El Baradei informa a Estados Unidos sobre la construcción de una instalación subterránea secreta dedicada a enriquecer uranio cerca de la ciudad de Qom, en Irán.

9 de octubre de 2009. Se concede el Premio Nobel de la Paz a Barack Obama.

29 de noviembre de 2009. Secuestro de tres cooperantes españoles en Mauritania.

30 de noviembre de 2009. Javier Solana deja su puesto como Alto Representante del Consejo para la Política Exterior y de Seguridad Común.

7 al 18 de diciembre de 2009. XV Conferencia Internacional sobre el Cambio Climático que se celebró en Copenhague.

2010

12 de enero de 2010. Terremoto de Haití.

19 de enero de 2010. Asesinato del líder de Hamas Mahmoud al-Mabhouh en un hotel de Dubai (Emiratos Árabes Unidos) por miembros del servicio secreto israelí.

20 de febrero de 2010. La falta de acuerdo del gobierno de coalición de Holanda supone la retirada de los mil quinientos soldados holandeses en Afganistán a partir del 1 de agosto de 2010.

23 de marzo de 2010. Barack Obama promulga con carácter de ley la Ley de Protección al Paciente y Cuidado de Salud Asequible.

8 de abril de 2010. Firma en Praga del START III (Strategic Arms Reduction Treaty, Tratado de Reducción de Armas Estratégicas) entre Estados Unidos y Rusia por el que ambos países dan por superada la guerra fría y los tratados START I y START II.

1 de mayo a 31 de octubre de 2010. Celebración de la Exposición Universal de Shanghai 2010.